KB175726

소박한 미래

자급자족을 위한 農인문학 특강

소박한 미래

자급자족을 위한 農인문학 특강

ⓒ 변현단 2011

초판 1쇄	2011년 06월 28일		
초판 3쇄	2018년 12월 17일		

지은이	변현단	펴낸이	이정원
		펴낸곳	도서출판 들녘
출판책임	박성규	등록일자	1987년 12월 12일
편집주간	선우미정	등록번호	10-156
편집	박세중·이동하·이수연		
디자인	조미경·김원중·김정호	주소	경기도 파주시 회동길 198
기획마케팅	나다연	전화	031-955-7374 (마케팅)
영업	이광호		031-955-7381 (편집)
경영지원	김은주·장경선	팩스	031-955-7393
제작관리	구법모	이메일	dulnyouk@dulnyouk.co.kr
물류관리	엄철용	홈페이지	www.dulnyouk.co.kr

ISBN   978-89-7527-974-4 (03300)

소박한 미래

자급자족을 위한 農人문학 특강

변현단 지음

들녘

2010년 겨울, 구제역과 조류독감 바이러스가 전국을 강타했다. 전국의 축산
농가에 불어 닥친 구제역으로 수백만 마리의 소·돼지가 매몰되었다. 구제역
파동의 엄청난 충격 속에 조류독감 바이러스의 발생은 관심을 벗어난 틈을
타서 도시권으로 진입했다. 이 사태가 우리에게 주는 교훈은 무엇일까?

기후 변화는 가속화되고, 석유는 점점 고갈되고, 물가는 치솟고, 식량자급
률은 바닥이다. 자동차를 팔아서 식량을 구해올 것인가? 밭농사라고 안심
할 것인가?

세계 금융자본주의는 몰락하고, 남은 석유를 독차지하려는 패권 다툼으로
중동 지역은 조용할 날이 없다. 몰락해가는 자본주의를 전쟁을 통해서라도
다시 세워 보자는 음모와 광기가 번뜩인다. 자, 이런 마당에 돈이 많다고 한
들 무슨 소용 있으랴! 성역처럼 여겨지던 밥상을 질병의 근원이 점령하고,
스트레스는 가중되며, 나의 몸은 알게 모르게 병들어가고 있다. 국가와 사
회는 내 생명을 책임질 수 없다. 이건 아닌데……, 이건 아닌데…….

　농부학교 첫 강의를 시작하던 날 나는 교육생들에게 이런 화두를 던
졌다. 아니나 다를까, 모두 뜬금없다는 표정을 지었다. '이게 뭔 소리야?
나는 농사짓는 걸 배우러 농부학교에 왔는데. 세계 금융위기, 자본주의

몰락, 식량자급이라니? 그런 건 신문에서나 떠드는 게 아니었나?' 하고 생각하는 모양이었다.

귀농을 생각하는 사람들, 도시에서 텃밭 농사를 지으려는 사람들은 '왜 내가 그런 생각을 하게 되었는지, 어떻게 사는 것이 행복한 것인지'에 대한 명백한 답을 알지 못 한다. 자신이 행하고자 하는 바가 이 사회를 바꾸는 변혁이라는 사실, 자신이 추구하는 철학과 가치가 이 사회를 구원해줄 것이라는 사실을 알지 못 한다.

대부분의 사람들은 별다른 철학관 없이 살아간다고 생각한다. 그러나 우리는 엄마 뱃속에서 나오는 순간부터 부모가 가진 '보편적 시각'을 학습했다. 자신의 선택이 아닌 부모의 가치와 철학을 학습하게 되는 것이다. 아이가 최초로 접하는 이가 누구인지, 어떤 공동체인지에 따라 삶의 방식이 결정된다고 보아도 과언이 아니다.

현재 우리 사회가 양육과 교육을 통해 주입하려고 하는 철학과 가치는 무엇일까? 그것들이 우리의 삶에 만족과 행복을 주는가? 그게 아니라면 우리는 어떤 철학을 가지고 어떻게 살아야 할까? 이 같은 깨달음을 얻으려면 우리 사회가 어떻게 움직이고 있는지, 경제 구조와 생활양식이 어떤 관계에 있는지, 낱낱이 분석해야 한다. 모든 사회경제 구조는 뚜렷한 철학 아래 움직이고 있기 때문이다. 더욱이 농의 삶을 살고자 하는 사람이라면 사회경제 현상을 바로 보고, 그 구조를 제대로 읽을 수 있는 정확한 '눈'을 가져야 한다.

대다수 사람들은 세계 경제와 석유 문제를 다루는 뉴스를 접해도 '나와 상관없다'는 식으로 반응한다. 본인의 삶에 영향을 끼치기는 하지만 자신이 해결할 수 없는 일이라고 생각하고, '누군가' 나서서 해결해주기를 기대한다. 하지만 우리의 삶과 생활양식은 그물망처럼 연결되어 있다. 세상 모든 일이 '나'를 비켜 지나가지 않는다는 뜻이다. 높은 실업률, 물가폭등, 곡물부족 등 우리 생활에 직접적인 영향을 끼치는 게 얼마나 많은가? 심지어 내가 먹는 음식조차 나 혼자만의 문제로 그 치지 않는다. 하지만 우리는 여전히 일상의 주체가 '나'라고 굳게 믿고 있다. '착각'을 학습하는 '관습적 사유'에 길들여진 탓이다.

반면 사물의 원리를 직관하는 생태적 사유는 삶의 이면과 행간을 읽 게 해준다. 자신을 직시하고 타인의 행태를 바로 보게 해주니까.

행복한 삶이란 농사를 짓는다고 얻어지는 게 아니다. 자신의 행위와 자신을 둘러싼 모든 것을 '생태적' 키워드로 재고할 때 비로소 가능해 진다. 생각이 바뀌어야 생활이 바뀐다. 농사도 마찬가지다. 농사를 지어 보면 그 사람의 사유방식과 경향성이 보인다. 일거수일투족에 자신의 관점이 드러나고, 몸에 익은 것들이 드러난다.

지금 우리는 커다란 변화 앞에 서 있다. 인간이 생태계의 원칙대로 자연에 종속되지 않는 한, 이 세상이 자연을 닮아가지 않는 한, 우리는 모두 자연의 거대한 정화력에 의해 사라질지도 모른다.

나는 이 책에서 우리가 문명이 초래한 재앙으로부터 벗어나려면 무 엇을, 어떻게 해야 하는가를 짚어 보았다. 자신도 모르게 길들여진 사 회구조적 가치들을 차례차례 벗겨내면서 새로운 삶을 위한 사유방식을 모색했다. 내가 농부인 만큼 문제의 핵심을 농사를 통해 짚어 보았다.

『소박한 미래』는 농인문 교양서이다. 내가 굳이 '農'에 '인문人文'을 붙이는 이유는 농사만큼 우리의 정신과 삶을 하나로 묶어주는 개념이 없다고 판단한 탓이다.

이 책은 가장 먼저 현재 우리가 당면한 문제점들을 사회구조적 측면 에서 짚어 보고, 시급한 문제 중의 하나인 건강과 음식을 다룬다. 또 상식이라고 여기는 많은 것들이 편리함에 길들여진 문명적 오류였음을 밝힌다. 그리고 몸을 돌보고 삶을 살리기 위한 농사를 다룬다. 농사에 관심 있는 분들은 이 장을 자세히 읽으면 되는데, 나는 여기서도 농사의 기술을 세밀하게 다루기보다 농사의 원리를 다루는 데 역점을 두었다.

어쩌면 "뭐 이런 골치 아픈 내용을?" 하는 분도 있을 것이다. 그러나 고백하건대 농부학교 수강생 모두 '골치 아픈' 내용을 아주 신나게 듣고 가셨다. "속이 뻥 뚫린다!"거나 "뭔가 삶의 윤곽이 잡히는 것 같다!"고 말하면서. 생활은 결국 생각에 지배된다. 오죽하면 '생각대로'라는 광고 문구가 회자되었을까?

책이 완성되기까지 물심양면으로 도움을 준 연두농장 식구들, 특히 류여사 님에게 감사드리고, 거친 강의에 큰 박수를 보내준 농부학교 수강생 여러분에게 고마운 마음을 전한다.

뭔가를 바꾸고 싶어하는 분들, 구조적인 문제의 해결책을 찾고 대안을 모색하는 분들, 그리고 무엇보다도 자연과 인간을 대하는 마음을 바로잡고자 노력하는 모든 분들께 이 책을 바친다.

2011년 6월
변현단

밥상 전쟁

자연은 말한다

농農살림 사람살림

미래예측과 살아남기

문제를 찾아서

다시 식량이다!

작년 12월, 미국에서 S510법안이 통과되었다. 지구 어딘가에서 어떤 음모가 조용히 진행되고 있는지, 그것이 우리 일상과 어떤 관계가 있는지, 대중 언론은 왜 그것을 다루지 않는지 알아보자.

"식량을 장악하라, 그러면 너희가 세상을 지배하리라!"

성경 구절처럼 들리는 이 문장은 1970년대 미국 국무장관을 했던 키신저(Henry Alfred Kissinger)의 말이다. 일단 이 말을 기억해두자.

구제역은 왜 일어났을까?

안동에서 발생한 구제역이 순식간에 전국으로 번진 이유는 무엇인가? 11월에 이미 안동에서 구제역이 발생했음에도 불구하고 파악이 늦어지는 사이, 경기도 파주의 분뇨 처리 기계업자가 11월에만 두 번 안동의 구제역 발생 농가를 다녀왔다. 파주로 구제역이 퍼졌다는 사실이 확인된 시점은 지난해 12월 14일. 보름 이상 방치된 사이 구제역은 걷잡을 수 없이 퍼져나갔다. 포천의 사료 차량이 강원도 지역을 옮겨 다니던 중 화천에 전파되었고, 이어서 횡성 등 양돈 단지가 있는 지역으로 퍼졌다. 인근의 경기도 여주·이천까지 퍼진 구제역은 위탁 사육과 정액 배송을 비롯, 여러 가지 모임과 사료 배송 경로를 통해 급기야 천안을 위시로 충청 지역으로 확산됐다. 11월에 돼지 농가에서 발생한 구제역에는 이동 제한 등 방역 조치가 내려지기까지 2주가 넘는 시차가 있었다. 돼지 농가에서 처음으로 구제역 의심 신고가 접수된 것은 2010년 11월 23일이다. 5일 후인 28일 같은 곳에서 들어온 구제역 의심 신고는 결국 양성 판정을 받았다. 이때부터 차단 방역을 실시했지만 전파력이 빠른 구제역 바이러스는 이미 주변 농가를 오염시킨 뒤였다.

사료와 분뇨 등의 자유로운 이동으로 감염 속도는 한층 빨라졌다. 게다가 부실한 매몰 작업이 혼란을 가중시켰다. 이천의 부실 매몰 현장에서 사체를 먹은 야생 동물과 조류를 통해 바이러스가 급격히 번져나갔다. 더욱 심각한 문제는 부실 매몰로 인한 침출수 유출에 따른 수질 오염이다. 수질 오염은 동물과 인간 모두에게 치명적이다. 물은 인간의 식수로만 사용되는 게 아니다. 방사능과 마찬가지로 오염된 물의 사용은 지구에 존재하는 모든 생명에 위협을 가한다.

독소를 품고 자라는 가축들

구제역은 왜 일어났을까? 진실을 한 번 들여다보자. 구제역 발생의 원인을 따지려면 먼저 우리 농가의 공장형 축산업부터 살펴야 한다.

축사는 한두 걸음 정도 겨우 옮길 수 있을 만큼 비좁다. 사육되는 가축들은 평생 몇 미터도 걸을 수 없다. 고작해야 서 있거나 몸을 구부려 자는 것 외에는 몸을 움직일 수 없다.

위생 상태는 더 말할 나위가 없다. 시멘트 바닥에 쌓여 있는 돼지

분뇨는 사람이 치워주지 않는 한 썩게 마련이다. 지독한 가스를 배출하면서. 하지만 사육자는 아주 가끔 분뇨를 치워주고 물로 사육장을 청소한다. 돼지에게는 면역을 기를 수 있는 정화 공간이 허락되지 않는다. 한 평도 안 되는 작은 공간에서 태어났다가 도살당할 때까지 사육된다. 소들이 처한 사정도 별반 다르지 않다.

사료 문제도 심각하다. 돼지나 소가 먹는 사료는 예전에 그들이 먹었던 것과 다르다. 옛날에는 사람이 먹다 남긴 음식 쓰레기와 쌀뜨물이 가축의 사료였다. 이른바 '구정물'이다. 소는 풀을 뜯어 먹었고 겨울에는 볏짚을 썰어 삶은 것을 먹었다. 호박이나 옥수수처럼 사람이 먹는 것을 나누어 먹기도 했다. 농사를 짓는 데 가장 큰 일손 역할을 했던 소와 달리 돼지는 오직 고기로서만 제 역할을 한다. 돼지는 한 번에 10마리 정도를 낳기 때문에 잔칫상엔 으레 돼지고기가 올라왔다.

하지만 이제 소와 돼지는 인간의 입맛에 맞는 고기를 만들어주기 위해 존재하는 '잠시 살아 있는 생물'일 뿐이다. 좋은 사료를 먹이는 이유도 따지고 보면 육질이 좋은 돼지고기를 만들기 위해서다. 그들을 살찌워서 맛있는 고기로 사용하는 데 옥수수만큼 좋은 사료가 없다.

사육자들은 가축을 빨리 키워서 유통시켜야 하기 때문에 성장 호르몬이 함유된 사료를 선택한다. 짠밥으로 만든 양돈 사료 역시 안전하지 않다. 거기에도 각종 화학물질이 섞여 있다. 아파트에 늘어선 음식 쓰레기통을 열어 보라. 도저히 사료로는 사용할 수 없는 것뿐이다. 화학 세제로 설거지를 하고 난 뒤 걸러지는 음식물 쓰레기여서 그 안에는 화학 물질이 분해되지 않은 잔존한다. 이런 것을 고온에서 끓인다고 문제가 해결될까? 성장 호르몬 투입 탓에 가축들은 자연스럽게 생장하기 어렵다. 뒤틀릴 수밖에 없다. 그래서 감염이나 질병에 취약하다. 사료에 항생제를 넣는 것은 그런 이유에서다.

양돈 농가는 대개 수백 마리에서 수천 마리를 사육한다. 소는 수십 마리, 닭이나 오리는 기본이 수천에서 수만 수이다. 수천 마리의 가축을 먹이면서 집에서 만든 사료를 대기는 어렵다. 백여 마리의 닭 사료를 만드는 데도 하루 몇 시간은 소비된다. 그러니 수천 마리의 가축을 사육하려면 당연히 공장의 힘을 빌 수밖에.

산란계, 육계를 비롯한 양돈 사료 전 제품에는 다음과 같은 사료 배합 규칙이 적용된다.

- 과학적인 배합 설계로 열 스트레스를 최소화한다.
- 필수아미노산 수준을 높여 하절기 사료 섭취량 감소에 따른 가축의 성장 저하 현상 최소화한다.
- 미량 미네랄 및 비타민 성분을 강화하여 고온 스트레스를 최소화한다.
- 항곰팡이제 및 항산화제를 첨가하여 사료의 변질을 예방한다.
- 철저한 원료 및 제품 품질 검사로 신선하고 균일한 제품을 공급한다.

사육 환경이 열악한 상태에서 사료에 좋지 않은 처방제와 예방제(모두 화학 약품이다)를 섞으면 질병 감염에 취약해진다. 게다가 약물에 대한 내성이 길러져서 치료 효과를 보기도 어렵다. 큰 질병 없이 고기로 출하된다 해도 실제로는 화학 약물의 독성이 가득한 소나 돼지가 된다. 중국에서 독소 가득한 돼지를 사육한다고 비난할 일이 아니다. 우리도 마찬가지니까.

문제는 여기서 그치지 않는다. 이렇게 사육된 소나 돼지, 닭이나 오리의 분뇨가 작물의 퇴비를 만드는 데 사용되기 때문이다. 똥은 그들이 먹은 음식에 따라 질이 달라진다. 위에서 예로 든 것처럼 각종 항생제와 화학 영양제, 호르몬제가 포함된 똥으로 퇴비를 만든다면 아무리 발효 과정을 거친다 해도 소용이 없다. 토양에 잔여분이 남아 오염을 촉진하고 그것은 곧 수질 오염으로, 더 나아가 식물로 전이되어 결국 그 피해가 고스란히 인간에게 돌아오기 때문이다. 구제역에 걸린 가축의 매몰 문제도 다를 바 없다. 자연적으로 정화되는 데 시간이 오래 걸리기 때문에 생태계에 악영향을 미칠 것은 불 보듯 뻔하다.

발 없는 구제역이 천 리를 가는 이유

공장형 축산을 비롯한 현대식 농업은 지역과 국가의 경계를 무시하고 끊임없이 시장을 확대한다. 특히 사료 시장은 세계를 넘나드는 구조다. 미국에서 들여온 사료 원료는 한국에서 배합된다. 원료를 보면 원산지가 다 제각각이다. 이렇게 완성된 배합 사료는 전국 농가에 공급된다. 사료를 통해 바이러스나 각종 전염체가 옮겨온다는 뜻이다. 가축 분뇨도 퇴비로 이용된다. 분뇨를 필요로 하는 퇴비 공장이나 농장에서 이것들을 가져간다. 가축 분뇨의 수거는 한 곳에서만 이루어지지 않는다. 당연히 분뇨를 통해 전염체나 오염물질이 이동된다.

사육되는 과정에서 수없이 투여되는 항생제나 치료제도 이동 과정 속에서 전파된다. 또한 전국 각지에서 오는 가축들이 모인 도살 공장에서 전염되는 것도 간과할 수 없는 문제다. 도축된 고기는 지역을 넘어 세계로 이동한다. 공장형 축산을 포함한 현대 농업은 무궁무진한 시장을 노리며 세력을 확장하고 있다. 구제역, AI 등 가축 전염병들이 발생하자마자 전국적으로 확대되는 것은 그런 이유에서다.

사람과의 접촉도 마찬가지다. 전국이 일일 생활권에 들어간 데다 비행기로 몇 시간 이내면 전 세계를 오가게 됨으로써 기후와 지형에 대한 면역력이 취약한 사람은 쉽게 전염병에 걸린다. 대표적인 예가 신종 플루다. 이렇듯 교류는 바이러스 확산의 근본 원인이 된다. 한 지역에서 끝날 것이 전 세계를 집어 삼키고서야 겨우 끝나는 셈이다.

누가 우리의 입맛을 길들였나?

현대식 농업과 범세계적 거래 방식이 구제역을 발생시킨 구조적 원인에 해당한다면 소비자들의 식습관은 보다 근본적인 문제라 할 수 있다. 요즘 사람들은 거의 매일 고기를 먹는다. 우리나라의 경우도 그렇다. 어떤 아이들은 햄, 소시지, 피자, 치킨 등 가공 음식이 없으면 아예 숟가락을 들려고 하지 않는다. 특히 우유를 비롯한 유제품은 필수 간식으로 매일 먹는다. 어른들도 마찬가지다. 음료수의 일종으로 매일 먹는다.

'고기를 안 먹으면 힘을 못 쓴다'는 어르신들의 고기 사랑은 가난한 시절을 보상이라도 하듯이 밥상을 점령하기 일쑤다. 덕분에 40대 초반 이하부터는 키도 크고 덩치도 크다. 체격이 완전히 서구화된 것이다. 이른바 유제품을 상용하고 고기를 원료로 한 식품을 자주 먹은 세대다. 그보다 더 어린 청년들은 일명 '후라이드 치킨' 세대라고 할 수 있다. 내가 자장면 세대라면 그들은 튀김 닭을 간식으로, 또 맥주 안주로 즐겨 먹는 세대인 셈이다. 그러니 이들의 체형 역시 변할 수밖에.

우리의 식습관은 언제부터 이렇듯 고기에 길들여졌을까?

식습관은 주로 정부가 주도한 프로그램에 의해 만들어진다. 물론 그

배후에는 다국적 기업을 비롯한 수많은 업체들의 보이지 않는 손이 있다. 60~70년대 정부 정책을 지휘한 사람들에겐 배고픔을 해결하는 게 관건이었다. 그래서 식량 증산을 서둘렀고, 화학 비료와 농약을 남용했다. 더불어 다수확 중심의 개량종을 육성하는 녹색혁명이 시작된다.

70년대 하반기에는 미국에서 유제품과 밀가루가 차관 형태로 들어왔다. 급기야 74년에는 '분식의 날'이 지정되었고, 학생들은 '국민 건강을 위해 분식을 장려하자'는 구호 아래 강제로 밀가루로 만든 음식을 먹어야했다. 하지만 이것은 밀가루가 미국의 차관이라는 점, 그리고 밀가루를 주원료로 하는 식품 회사들을 위한 정책이었다고 보는 게 옳다.

당시에는 간식과 주식이 모두 쌀과 잡곡으로 이루어졌다. 공장형 가공식품은 거의 없었다. '국민의 건강'은 언제나 핑계였을 뿐이다. 건강 구호가 2010년에는 '국민 건강을 위해 쌀 소비를 권장한다'로 바뀐 것만 보아도 알 수 있다. 문제는 '건강'이 아니라 소비 진작이었다. 정부 주도로 행해지는 일련의 식문화 정책 배후에는 반드시 기업의 이익이 도사리고 있다.

낙농업의 발달에 이어 식문화 정책은 급기야 '고기'를 권장하기에 이른다. 정부는 당연히 공장형 축산을 독려했다. 축산업에 뛰어든 농가들은 톡톡한 현금 재미를 보았다. 따라서 수익이 많은 공장형 축산이 기하급수적으로 늘어났고, 마침내 FTA로 수입이 전면화되면서 국내산과 수입산 고기가 경쟁하게 되면서 구제역이 발생했다.

저장 시설의 발달과 석유 산업은 육식 문화를 한층 더 강화했다. 냉동육은 대형 마트를 통해 소비자 밥상에 올라온다. 미국과 호주에서 들여오는 고기는 대규모 공장에서 만들어진다. 모두 다국적 기업의 산물이라고 봐야 한다.

다국적 기업의 기반은 무엇인가? 바로 석유다. 석유는 전 세계인의 손발이 되어서 지구를 단일화 시키고, 획일화하는 데 일익을 담당한다. 음식, 의복, 전자기기, 자재 등 모든 사람이 이제는 석유를 자원으로 부를 축적한 기업의 생산물을 소비하고 있다. 석유 지배 쟁탈전이 치열해지는 것은 모두 그런 까닭이다.

문제는 우리가 구제역에 걸린 고기를 먹느냐 안 먹느냐가 아니다. 정말 중요한 것은 글로벌 권력과 국가, 그리고 대기업이 합작해서 만들어낸 음식 문화와 거기서 발생하는 단기 이익에 눈이 먼 '공장식 축산'의 가속화에서 얻어진 결과물이 바로 구제역이라는 사실을 깨달아야 한다는 점이다.

생로병사를 지배당하다

현대의 생로병사 시스템은 매우 흥미롭다. 한 번 살펴보자. 우리는 C기업에서 운영하는 산부인과에서 태어난다. 며칠 동안 모유를 먹다가 J식품 회사에서 나오는 분유를 먹고, M사의 기저귀를 차고 자란다. 교육 과정을 모두 마치고 나면 S기업에 노동력을 판다. 그 대가로 급여를 받아서 생활에 필요한 것들을 L에서 운영하는 대형 마트에서 사온다. 식품은 또 어떤가? 먹는 것 대부분을 크고 작은 식품 회사의 생산물으로 채우고, K사 전자제품이 옵션으로 들어간 아파트에서 산다. 대기업에서 운영하는 보험을 들고 병에 걸리면 S병원에 가서 N제약 회사의 약을 처방받는다. 생의 마지막 순간도 D장례식장과 상조 회사에 의지하여 보내게 된다. 경제적 여유가 좀 있으면 A에서 운영하는 실버타운에서 살다가 생을 마감한다. 우리는 한평생을 기업들의 손아귀에서 벗어나지 못 한다.

구제역 이야기를 하다가 웬 뜬금없는 말이냐고 할지도 모르겠다. 하지만 생각해보자. 우리는 자신의 노동력을 기업에 팔고, 기업은 우리의 노동력을 산다. 그들은 이윤을 남겨 그것으로 임금을 지불한다. 기업이 살아남으려면 반드시 '이윤'을 남겨야 한다. 그렇다면 이윤은 어떻게 발생하는가? 그 필연적 구조를 한번쯤은 심각하게 재고할 필요가 있다. 우리의 생활을 하나부터 열까지 속속들이 지배하고 있는 기업과 우리의 삶을.

현재의 공장식 축산은 석유, 물류, 음식 문화가 한 덩어리가 되어 움직인다. 대다수 사람들은 구제역의 발생과 연원이 나와 무관하다고 생각하겠지만 실은 식품 기업과 식량 문제, 생활 시스템과 긴밀하게 연결되어 있다. 인간의 생로병사가 '나' 하나만의 문제가 아니라는 사실, 나의 생로병사를 결정하는 것 역시 기업이라는 사실을 깨달아야 한다. 더불어 구제역이 발생했을 때 이익을 보는 이가 누구이며 손해를 보는 이가 누구인가 하는 것까지!

농부는 사라지고 그림자만 남다

2009년의 농정제도를 살펴보자. 당시 이명박 정권이 들어서면서 정부는 농업의 구조조정을 외쳤다. 소작농을 제한하고, 축산 시설을 현대화하고 규모화 하겠다면서. 하지만 현대화나 규모화는 일반 농민들이 쉽게 단행할 수 없는 부분이다. 구제역으로 축산 농가 대부분이 쓰러졌으니 정부가 본격적으로 나서 현대화와 규모화를 단행할 수 있었다. 정부는 구제역 문제를 현대화된 시설이 부족해서 일어난 것이라고 본다. 그래서 기업을 축산에 적극적으로 끌어들인다. 제일 먼저 대기업 유통 회사를 끌어들여 그들이 생산 시설을 관리하고 투자하도록 유도한다.

뿐만 아니다. 농업 경영체 등록을 의무화하여 관리한다. 농업 경영체는 일반 농가를 하나의 '기업'으로 바라본다는 시각이다. 중앙관리 시스템으로 DB화 한다는 목적을 가지고. 이제부터는 농사를 지으려고 해도 농업 경영체로 등록해야 한다. 집약된 데이터베이스는 정부의 품질 관리원이 관리한다. 정부는 또 2011년 하반기부터 산지에서 저온유통창고를 확립할 것을 의무화했다. 이는 '소비자를 위한' 것이라고 한다.

농가에서 유정란을 생산한다고 하자. 예전에는 생산된 유정란을 자기들이 알아서 포장한 뒤 소비자에게 보냈다. 그런데 이것을 본 품질 관리원이 '부적격' 판정을 내린다. 이유는 '저온창고 유통체계법안'에 걸렸기 때문이다. 유정란을 소비자에게 보내려면 먼저 저온창고를 갖추고, 배달 시스템도 마련해야 한다는 것이다. 즉 시설이 되어 있는 곳에서만 취급할 수 있다는 이야기다. 직거래를 해왔던 농민들은 더 이상 마음대로 유통을 할 수 없다. 직거래를 하는 소비자들은 유통이 부적합하거나 부적격하다고 판단되면 거래를 중단하면 그만이다. 그런데 왜 이런 법이 생겼을까?

이것은 농가들의 직거래가 활발하게 되면서 장기적으로 기업 유통에 방해가 된다고 생각해서 만들어진 법이다. 하지만 누가 과연 저온창고를 제대로 갖출 수 있겠는가? 부농이나 기업만이 할 수 있는 일이다. 결국 대규모 유통 회사가 지역 생산자들을 유통의 고리에 묶어

족쇄를 채우고 자기 마음대로 조정하겠다는 뜻이다. 일반 농가는 직접 생산물을 유통할 수 없고, 재력과 시스템을 갖춘 농가나 유통 회사만이 농산물을 거래할 수 있다는 규정인 것이다. 일반 농가를 유통 회사에 종속시키는 이런 제도는 농민들을 유통 회사의 하청업자이자 농업 노동자로 전락시킨다.

농업 노동자는 월급을 받는다. 하지만 농민들은 모든 불이익을 자신이 고스란히 떠안아야 한다. 자연히 농부는 파산하게 되고, 그들의 토지는 기업의 소유가 된다. 이처럼 불 보듯 뻔한 앞날에 대항하려면 체계적인 시스템을 만들어야 한다. 농민과 소비자 모두 안심하고 직거래를 할 수 있는 조직적인 시스템을 만들어 대항해야 한다. 이렇게 해서 탄생한 것이 바로 '생산자 협동조합'이다.

이 제도는 사실 2009년부터 실시된 농업 구조조정의 핵심이다. 이런 규정은 식약청 규정에서도 드러난다. 안전한 음식이란 미명 아래 살균 처리 공정을 거쳐야만 나라 사이에서 장사를 할 수 있게 한 것이다. 신선한 야채는 방사선처리(irradiation)나 훈증 방제처리(fumigation)를 해야 하고, 유제품은 멸균과 균질화를 거쳐 죽은 음식을 만들어야만 통과된다. 이 과정에서 우유 속에 갖가지 약이 투여된다. 항생제, 사료에 살포된 살충제, 그리고 1994년 몬산토가 유전자 조작으로 만든 성장 호르몬 같은 것들이다. 동물의 젖은 임신출산 과정에서만 생성될 수 있지만, 유전자 조작을 한 젖소들은 성장이 빨라져 우유를 보다 많이 생산하게 된다. 사람들은 우유를 마시면서 간접적으로 호르몬도 함께 마신다.

일부에서는 안전한 먹을거리를 찾고자 생우유를 먹는다. 유기농 사육 농가와 계약을 해서 생우유를 사 먹는 것이다. 하지만 저온 살균이나 균질화 처리를 하지 않은 우유를 사거나 파는 것은 불법으로 규정되어 있다. 그래서 소비자들이 조합을 만들어서 소의 소유자로 등록하는데, 이것이 바로 '협동조합'이다. 소의 소유자가 되어 생산된 우유를 마시는 형식을 취한다. 하지만 이런 조합 시스템도 안전하지 못하다. 언제든 기업에 공격을 당할 수 있으니까. 기업의 이익에 상충하게 되면 슬며시 '법'이 들어서지 않았는가?

간단한 이야기다. 이제는 소규모 개인 농가를 허락하지 않겠다는 뜻이다. 축산은 기업이 맡을 테니, 농사나 지으면서 유통은 기업에게 맡기라는 것과 다름 아니다. 국민은 기업이 유통하는 안전한 것만 먹으라면서! 결과적으로 생산자인 농민이 빠진 구조, 농업 노동자만 남는 구조, 기업이 국민의 생명권을 차압한 구조로 되는 셈이다.

시민 필번의 사료재배 위법 판결 사건

2009년 11월, 미국과 캐나다에서 S510법안이 발의되었다. 2010년 12월에 미국과 캐나다 의회에서 통과되어 대통령과 총독의 서명 형식만 통과하면 실현되는 법들이다. 미국에서는 '식품안전 현대화법률'(Food Safety Modernization Act)이라는 것으로, 캐나다에서는 '소비자 상품 안전법률'(Consumer Products Safety Act)이라는 것으로 이름은 약간 다르나 내용은 대동소이하다. 이 법이 실현되면, 지금까지 당연시되던 것들은 불법이 되고, 지금까지 실행되던 것들을 계속하면 범죄자가 된다.

예를 들어 작물에서 씨를 받는 일, 씨를 보관하는 일, 소작으로 농사짓는 일, 기른 농작물을 파는 일, 농작물의 운반 등이 모두 불법으로 간주된다. 농가와 소비자의 직거래도 사라진다. 하다못해 텃밭에 자기 먹을 것만 심어도 식품 관리청뿐 아니라 국가 안보문제에 걸려 농사를 못 짓게 될 형국이다. 농부들의 판매권을 박탈하고 종자부터 생산 전 과정을 간섭함으로써 농부를 기업의 하청 노동자로 만들거나 대기업의 공장식 농사를 담당하는 농업노동자로 만드는 것이다.

이 법안에 따르면 생산물을 팔거나 사려는 사람들은 모두 밀매업자로 취급된다. 반면 GM식품, GM동물, 살충농약, 호르몬, 식품 방사능 처리 등은 의무화된다. 국제 식품안전법(Codex Alimentarius), 국제 보건기구(WHO), 국제 식량기구(FAO), 국제무역기구(WTO)와 보조를 맞추게 되고 만약 충돌이 일어날 경우 국내법 우선 원칙에 따라 식품안정청이나 보건 당국, 또는 경찰이 의심의 소지가 있다고 판단하면 즉시 구금, 압수, 몰수에 이어 건당 100만 달러까지 벌금을 부과하게 된다. 이에 대한 상고나 이의 제출은 불가하다. 한 번 내린 결정이 마지막 판결이 된다는 점에서 소름 끼치는 처사라 할 수 있다.

S510법안은 텃밭 농사조차 허락하지 않는다. 다시 말해 기업이 주는 것만 먹어야 한다는 뜻이다. '국민들의 건강을 위한 곡물 생산 금지 법안'으로 명명된 S510법안은 '텃밭에서 나오는 것을 이웃과 나눠 먹거나 판매하는 것을 엄금하며, 이는 자격을 획득한 기업에서만 가능하다'고 명백히 규정한다.

기업의 특징은 끝없는 독식이다. 그래서 농업을 산업적 측면에서만 다루려고 하면서 농민의 참여를 금하는 것이다. '식품 안전 현대화 법률'이 제정되는 작금의 상황 아래 기업과 정부는 소작농들더러 아무 염려할 필요가 없다고 강조한다. 하지만 이 얼마나 공허한 말인가? 과거 기록을 보면 대기업의 이익에 상반될 때에 정부가 어떤 식으로 기업과 결탁했는지 금방 알 수 있다.

미국에서는 이런 사건이 있었다. 필번(Roscoe Filburn)이란 사람이 자기 닭에게 먹이기 위해 뒷마당에 밀을 심었다. 그랬더니 정부 직원이 찾아와 밀을 너무 많이 심었다면서 모두 없애라는 명령을 내렸다. 1940년 당시엔 정부가 인위적으로 곡물 값을 올리기 위해 단위 면적당 수확량을 정해 놓고 시장 공급량을 억제하고 있을 때였다. 필번은 밀을 팔기 위해 농작한 게 아니었는데도 미국 정부는 대농을 위해 이런 조치를 취했던 것이다. 당시 미국의 경제 상태와 사회상은 스타인벡(John Steinbeck)의 소설 『분노의 포도*Grapes of Wrath*』에 자세하게 소개되었다. 대공황이라는 사태 아래 미국의 서민과 농부들은 하루하루 연명하기도 힘든 상황이었다. 경제 공황은 늘 부의 소유가 중산층에서 소수 재벌의 손으로 옮겨가면서 발생한다. 덕분에 소작농들 대부분이 파산했고 이들은 거지처럼 떠돌아야 했다. 반면 기업형 대농은 크게 확장되었다.

농부 필번은 법정에 억울함을 고소했지만 법원의 판결은 기상천외했다. 그가 농사를 지음으로써 그가 시장에서 소모해야할 분량의 밀이 덜 소모되었고 그 때문에 정부의 세금 수익이 줄었으므로 죄를 인정한다는 것이다. 결국 그는 패소했다. 비록 60년 전의 일이지만 판례법을 따르는 미국은 이 원칙에 따라 자기가 먹기 위해 뒷마당에 채소를 심었다고 해도 시장 원리를 방해하고 세금 수입을 떨어뜨린다고 판단되면 해당 공무원이 와서 모든 걸 끝장낼 수 있다는 뜻이다. 정부와 기업의 횡포를 보여주는 웃지 몰할 판례라고 할 수밖에.

'식물공장'이 농업을 지배하다

산업에서 최대의 생산성을 얻는 새로운 농업 형태, 최첨단 기술이 융합된 자동화 농업이야말로 기업이 꿈꾸는 식물공장이다. 인류의 농업은 자연 환경을 극복하기 위한 '시설재배'까지 이른다. 최근 인구 증가, 도시화, 기상 이변 등 악화되는 농업 환경과 식량 부족이라는 위기 앞에 인간의 집약적 노동이 들어가지 않는 식물공장 건립은 반드시 필요했다. 몬산토의 GM종자 연구실은 각 나라와 지역에서 가져온 종자를 배양 실험하는 식물공장이다. 시설 내에서 햇빛, 온도, 수분, 양분 등을 조절하여 작물에게 최적의 조건을 제공하는 시설이다. 이것은 IT와 BT, 건축 기술 및 농업 기술을 비롯한 다양한 기술이 집약된 기술의 결정체라 할 수 있다. 여기 사용되는 핵심 기술을 다섯 가지 이니셜을 따 'PLANT'라고 정리한다.

사막이나 바다, 극지 등 환경에 구애받지 않고 어디에서나 건설이 가능하다는 의미, 즉 장소의 한계를 극복할 수 있는 점을 중요시 하여 첫 번째로 '장소'(PLACE)를 든다. 그 다음 음극선관 형광등, 고압나트륨, LED 등 다양한 광원을 이용하여 작물의 광합성과 생육을 조절할 수 있는 '빛'(Light), 파종부터 수확까지 자동화가 가능한 '자동화'(Auto), 식물 생장에 적합한 양분을 공급하여 품질을 높이고 기능 성분을 강화하는 '양분'(Nutrient), 그리고 마지막 조건으로 열대에서 온대까지 다양한 식물을 재배하고 생육 속도와 수확기를 조절할 수 있는 '온도'(Temperature)를 든다.

이 같은 인위적인 식물공장 건설 기술로 주문 생산 및 계획 생산을 가능하게 하고, IT나 BT산업과의 결합을 추진해 새로운 시장 창출을 계획한다. 가장 중요한 것은 식물공장에서는 기후에 영향을 받지 않고 연중 안정적으로 생산할 수 있다는 점이다. 이들은 식물공장이 도시민들에게 식물 생장의 전 과정을 체험하고 학습할 수 있는 기회를 제공한다는 점을 부각시킨다. 또 도심 속 오아시스의 역할을 도맡음으로써 삶의 질을 향상시킨다는 것, 식물공장 내에서 이루어지는 자원의 재활용으로 환경오염 방지가 가능하다는 점을 내세운다. 하지만 이것은 다만 생각일 뿐이다.

식물공장을 확대하기 위해 기업과 정부는 관련 법안과 제도를 정비하려고 서두르고 있다. 하지만 산업 시스템 속에서 인간의 식량을 언제까지 가두어 재배하는 일이 과연 성공할까? 석유 문명이 끝나는 순간 그들의 꿈도 단박에 끝장날 텐데!

21세기형 「동물농장」

이제 우리는 한 평짜리 공간만 있으면 세계가 어떻게 돌아가는지 알 수 있다. 인터넷 덕분이다. 컴퓨터만 켜면 인터넷을 이용해 지구 반대편에 있는 은행과 거래하고 온갖 정보를 흡수하거나 움직일 수 있다. 흥미로운 일이다.

하지만 그와 동시에 불안도 증폭된다. 떠돌아다니는 개인 정보, 누군가 나를 통제하거나 정보를 조작할 수 있다는 두려움, 순간의 실수(혹은 고의적인 조작)로 세계가 하루아침에 전쟁 모드로 도입할 수 있으니까. 가장 두려운 것은 누군가가 올바른 정보가 아닌 날조되거나 강요된 정보를 매개로 자신들의 이해관계를 관철해나갈 수 있다는 점이다. 또 미디어가 발달된 쪽의 일방적 정보 폭격으로 폐쇄적인 집단들은 자신의 의견 한 번 제대로 표명하지 못한 채 일방적으로 매도당할 수 있다. 리비아 전쟁이 바로 그 실례이다.

카다피 정권은 다양한 채널을 가지지 못 했다. 반면, 서방의 채널은 그들의 의도를 다양한 채널을 통해 유포할 수 있었다. 정보를 독점하는 대신 다양한 정보 가운데 수집과 통합 절차를 거쳐 여론의 흐름을 끌어내어 통제할 수 있었다.

인터넷은 또 중앙 집중 시스템 해킹의 가능성을 늘 내포하고 있다. 현대의 은행들은 온라인 전산망에 의해 관리된다. 만일 어느 한 곳이 고장 나거나 침입을 받는다면 전 거래망이 멈추거나 오작동 될 수 있다. 전산망이 뚫린다고 가상해 보자. 이때 발생하는 불편함과 불이익이란 상상을 초월한다. 바이러스 하나 때문에 사회 시스템이나 개인의 일상이 마비될 수도 있다.

우리나라는 2017년까지 전자 신분증과 전자 칩을 디지털화할 예정이라고 한다. 디지털화는 '중앙통제'를 의미한다. 스마트폰만 예로 들어도 알 수 있다. 스마트폰을 쓰는 사람들끼리는 서로 위치와 정보를 공유한다. 하지만 주변에 누가 있든, 내 친구가 어디에 있든 그것은 우리의 중요한 관심사가 아니다. 주변 사람들을 통제할 이유가 없기 때문이다. 그렇다면 과연 누구에게 '통제'의 기술이 필요한 걸까?

식량 지배, 전자 시스템을 통한 개인과 정보의 통제, 구제역, 현대화와 규모화라는 가면을 쓴 농정 정책, S510법안 등이 어떤 결과를 양산하게 되는지 이제는 우리 스스로 짐작하고 예단할 수 있어야 한다. 나와 상관없어 보이는 사회 경제적 양상들이 어떻게 나의 일상과 연결되어 있는지 깨달아야 한다. 행복한 삶을 위해 '농사'를 자발적으로 선택했듯이 나의 행복을 또 다시 빼앗기지 않으려면 지금부터라도 이런 사실을 직시해야 하지 않을까?

미래를 팔아 현재를 사다

풍요로움의 잣대가 '소비'라고?

나는 이른바 386세대다. 60년대에 시골에서 태어나 80년대에 도시에서 학교를 다니면서 청년기를 보냈다. 당시 농촌에서는 근대화와 산업화라는 이슈 아래 기계화가 진행되었다. 나는 서구식—엄밀하게 말하면 미국식과 일본식 짬뽕—교육을 받으면서 팝송을 따라 부르고 청바지를 입었다. 화려하게 만개하기 시작한 도시에서 청년기를 보낸 우리는 역시 도시에 포진된 대기업에서 소비 조장에 일조하며 일했다. 내 세대에 속하는 대부분의 사람들도 마찬가지 과정을 겪었을 것이다. 지금 세대도 마찬가지다.

우리가 버는 돈은 소비를 위한 대가이다. 영화를 보는 것도, 음악을 듣는 것도, 성적 관계를 가지는 것도 모두 '돈'이 필요한 소비활동이다. 욕망은 곧 소비의 욕망에 다름 아니다. 어쩌면 더욱 강력한 욕망을 채우기 위해 일하는지도 모른다. 낡은 것을 버리고 새로운 것을 소비하도록 자신을 강제하면서. 그리고 남들처럼 소비하지 않으면 존재의 이유가 없어지기라도 하는 것처럼.

이 같은 '소비 유혹'은 기업에 의해 끊임없이 확대되고 재생산된다.

뭔가 새로운 것, 이슈가 되는 것을 소유하지 않으면 행복하지 못 할 것처럼 의식을 조장한다. 그래서 대부분의 사람들이 소비 유혹에 포로가 된다. 기업은 소비자들을 자극해서 행복이나 권력, 부의 상징처럼 간주되는 신상품을 사도록 부추긴다. '나'의 풍요로움이 곧 '소비'의 풍요로움에 있는 것처럼. 소비의 회오리에서 빠져나가고 싶어도 선불리 그럴 수가 없다. 가족 때문이기도 하고, 타인의 시선 때문이기도 하다. 우리는 결국 소비 수단을 버는 기계에 불과해진다.

기업은 항상 "우리가 그대들을 먹여 살렸다."고 소리친다. 경제 사정이 어렵다고 하면 텔레비전이나 미디어에서는 '소비자 경제가 꽁꽁 얼어붙었기 때문'이라고 말한다. 왜냐하면 우리의 경제 체계가 '소비'에 의존한 산업자본주의 경제이기 때문이다.

산업자본주의는 특히 남보다 뛰어나고 싶다는 경쟁심을 부추긴다. 존경과 칭찬에 대한 욕망을 불러일으킨다. '소비가 곧 생산이다'라는 산업자본주의의 기반은 이제 물질 본래의 사용 가치를 넘어 과도한 탐욕과 과도한 욕구 분출로 인한 쓰레기 양산을 불러왔다. 소비할 돈이 없으면 우울하고 불안한 대중의 심리를 산업자본주의는 교묘하게 이용한다. 그래서 자유의 의미조차 소비의 자유이자 물질적 풍요로움을 누릴 수 있느냐 없느냐의 의미로 제한된다.

이러한 인식은 여성의 역할 변화에서도 드러난다. "어떤 며느리 얻고 싶어요?"라고 물으면 "돈 잘 버는 며느리 얻고 싶다."고 대답한다. '살림 잘 하는' 며느리를 구하고 싶은 염원은 이제 옛 이야기가 되어 버렸다. 돈만 있으면 모든 것을 살 수 있다는 생각, 돈이면 다 된다는 생각이 '알뜰한 살림 솜씨'를 걷어찬 것이다. 이제 모든 사람이 '돈'이 없으면 아무것도 할 수 없다고 믿는다.

돈은 태생적 문제아다

돈 때문에 일어나는 사건사고의 종류와 양은 상상을 초월한다. 가족과 형제, 부부, 동료들 사이의 갈등에서도 돈 문제가 주를 이룬다. 이제 돈은 우리 시대의 '최고 신'이 되었다. 돈이 세상에 탄생하는 순간 신의 외피를 입은 모양이다.

과거 농촌 사회에서 화폐는 교환의 수단이었다. 그 당시엔 필요한 양만큼 생산하고 소비했다. 먹는 것은 농사를 통해 자급했고 집도 자연 자원을 이용해서 손수 만들었다. 가족은 생산 공동체인 동시에 소비 공동체였다. 뿐만 아니다. 생활필수품조차 가족이 직접 만들어서 사용했다. 옷을 만들 때도 가족과 이웃이 함께 했다. 나무를 삶고 껍질을 벗겨서 곱게 만든 뒤 집에서 직접 실을 짰다. 여성들이 밤늦도록 방적하는 일은 그들의 일상이었다.

그러나 석탄을 비롯한 화석 연료가 대거 등장하면서 대량 생산이 가능해지자 생활양식이 크게 변모한다. 동시에 화폐는 금과 은을 대신하는 기능을 넘어서 돈 자체를 곧 '상품'으로 인식하게 되었다.

신용을 담보하는 지폐가 도입되면서 이자 놀이 즉 대부업을 하는 은행이 생겼고, 필요한 만큼만 생산하고 소비했던 어부나 농부들에게 기계와 선박을 사들여 대량 생산을 하게끔 부추겼다. 이들은 은행에서 대출 받은 돈으로 기계와 선박을 구입했고, 물고기를 대량 잡아들이거나 곡물을 대량으로 생산하기 시작했다. 문제는 바로 이 지점에서 발생한다.

대량 생산의 목적은 이윤 발생이다. 그래야만 은행에서 받은 대출 이자를 갚을 수 있으니까. 기업과 은행은 신용의 관계이자 상생의 관계이다. 대량 생산은 곧 대량 소비를 낳았다. 기업은 대량 소비처를 찾고 값싼 원자재를 수급하는 일에 눈이 벌게져 식민지 개척에 박차를 가하기 시작했다. 따라서 전쟁이 불가피해지고 시장을 선점하기 위한 무기를 계발하는 군산 복합체가 생겨나기 시작한다. 유전자원의 개발로 세계는 단일 시장이 되고, 세계 금융권이 형성되었으며 생활양식마저 단일하게 바뀌었다.

생활양식의 변화는 종전의 필수품 목록을 단박에 바꿔버렸다. 이제는 자동차나 전자기기가 없는 생활을 상상할 수조차 없게 되었다. 현대식 필요 시설의 증가와 더불어 도로 건설을 비롯한 각종 개발 산업은 전 지구의 산과 들을 무작위로 파괴했고, 단일 생활권이라는 기치 아래 기후는 물론 생태계마저 교란되었다. 식량과 물 부족 문제는 불가피해지고 현대적 농업 방식으로 인한 토지 황폐화가 가속화되었다. 그러나 가장 큰 문제는 석유자원의 정점이 에너지 문제를 극대화시켰다는 사실이다. 이 모든 사건의 단초는 무엇일까?

비용의 사회화, 이익의 사유화

돈은 원래 소비를 위해 만들어진 것이다. 그러므로 단순한 구매수단이 되어야 옳다. 감자는 먹어야 가치가 있고 옷은 입어야 가치가 있는 것처럼 모든 재화와 물질은 소비될 때 비로소 사용 가치가 발생한다. 사용 가치가 있는 물건을 편리하게 교환하고자 등장한 화폐는 신용 경제의 등장으로 '돈' 자체로서 기능하게 되었다. 소비와는 거리가 멀어졌다는 이야기다. 원래는 물건처럼 소비되어야 마땅하거늘. 원칙적으로 따지자면 돈 역시 노화되어야 하고, 오래 가지고 있으면 그 가치가 감소되어야 한다. 하지만 돈은 이미 그 자체로서 상품이 되었다.

상품으로서 가치가 매겨지면서 소비나 감소를 통해 없어지지 않고 오히려 '이자 발생'이라는 독특한 가치를 창출한다.

돈이 새로운 부를 창출하는 수단으로 등장한 것은 1711년 프랑스에서다. 당시 돈을 신용으로 하는 금융 자본이 생겼고, 사회적 합의에 의해 뒷받침되는 중앙은행이 금융 신용을 발행시켰다. 이어 대부하는 업무로서 시작한 금융 자본이 현대 기업을 탄생시켰다. '돈과 기업은 발 없이 천리를 간다'는 말처럼 이들은 세계 금융자본주의를 만들어 낸다. 그리고 세계화를 촉진하면서 기업과 정부의 결탁, 비용의 사회화와 이익의 사유화 과정을 밟는다. 이를 강력하게 보조했던 것이 바로 석유 자원이다.

먼저 우리 생활에서 돈이 어떻게 움직이는지 한 번 보자. 기업은 노동의 대가로 돈을 지불한다. 중앙은행에서 발행하는 돈을 지불하여 이것으로 생필품을 사거나 다른 소비활동을 할 수 있게 한다. 이것은 아주 간단한 것 같아도 정부와 약속에 기반한다. 결국 돈으로 모든 것을 해결해야 하는 소비자는 어떻게든 돈을 벌 수밖에 없다. 생산자는 생산자대로 소비자를 현혹할 수 있는 물건들을 많이 만들어서 그들이 지급했던 돈을 다시 거두어들인다. 돈의 순환 과정이다.

대다수 사람들은 돈을 벌면 일단 은행에 저축한다. 가장 단순한 축적 방식이다. 돈이 필요한 사람은 먼저 은행에 빌리러 간다. 하지만 은행에서는 무조건 돈을 빌려주지 않는다. 개인이든 기업이든 신용 상태를 우선적으로 체크한다. '신용'을 담보로 돈을 빌려주는 것이다. 개인이 노동의 대가로 번 돈을 저축하거나 빌린 돈에 대한 이자를 지불하는 것처럼 기업도 저축을 하거나 '이자'를 지불한다. 은행은 개인과 기업에게 이자를 넣었다 뺐다 반복하면서 차곡차곡 '돈'을 쌓기 시작한다. 결국 은행은 이자로 돈을 모으는 셈이다.

지불 방식도 한번 살펴보자. 예전에는 임금을 현금으로 지급했지만 요즘에는 거의 모두 은행 계좌로 자동 이체된다. 기업이 은행에 개설한 통장에서 근로자 개개인에게 급여가 자동으로 이체되는 것이다. 그러면 이체된 통장에 액수가 찍힌다. 기업 통장도 마찬가지다. 자금이 얼마나 있는지 오직 숫자로만 알 수 있다.

개인도 그렇지만 기업 역시 돈을 한꺼번에 빼지 않는다. 필요할 때 필요한 만큼만 뺀다. 이제 좀 더 찬찬히 (개인/기업과 은행) 거래 관계를 짚어 보자. 기업이든 개인이든 은행을 통해 돈을 거래한다. 하지만 실제로 은행에 그 돈이 다 들어 있다고 생각하는 것은 큰 착각이다. 돈은 지불 준비금으로 10% 정도가 있을 뿐이다. 만약 은행에 돈을 넣었던 모든 사람이 한꺼번에 은행에 가서 돈을 달라고 하면 그들은 돈을 내주지 못 한다. 실제로 이 같은 사건이 1800년대 프랑스에서 발생했다.

'돈이 돈을 번다'는 말이 있다. '돈을 주고 그 만큼을 산다'는 뜻이다. 즉 돈은 곧 상품이다. 이 같은 금융자본주의 시스템은 간단히 말해 공인된 '이자 놀이'로 정의할 수 있다. 돈의 실체는 없고 '허상'만 갖고 노는 놀이, 은행과 기업이 결탁하고 정부가 보증해주는 놀이인 셈이다.

우리는 노동의 대가인 돈을 은행에 넣는다. 기업은 그 돈을 투자와 이윤 창출의 목적으로 가져다 쓴다. 기업이 많이 도산하면 은행도 덩달아 도산하고, 은행이 도산하면 기업이 줄줄이 도산하는 것은 다 그런 이유 때문이다. 단 하루도 돈 없이 살 수 없는 세상. 그러나 꼼꼼히 따져보면 그림자를 가지고 거래하는 세상. 어쩌면 우리는 죽을 때까지 돈을 사용하는 주체가 되지 못 할 수도 있다. 단, 주식이나 선물 읍

션 등 개인의 푼돈으로 은행의 돈놀이에 가담하는 경우를 뺀다면.

석유를 먹고 석유를 입다

돈 주고 산 것을 몸에서 다 벗으라고 한다면 어떨까? 아마도 몸에 남는 게 하나도 없을 것이다. 옷은 말할 것도 없고 안경, 머리카락(퍼머와 염색으로 치장한), 임플란트 등 어떤 것도 돈으로 사지 않은 게 없는 까닭이다.

이번엔 내가 걸친 것 중에서 석유로 만든 것을 다 벗으라고 한다면? 마찬가지다. 옷, 신발, 양말, 가방, 안경, 안경알(요즘은 유리가 아닌 플라스틱 안경알이다), 퍼머한 머리까지.

집으로 넘어가 보자. 아파트에 사는 사람들은 전기가 없으면 꼼짝하지 못 한다. 10층이든 20층이든 두 발로 오르락내리락 해야 한다. 전기나 배터리를 이용한 벨을 눌러 현관문 열고 들어가도 일단 불을 켜야 한다. 주방에 들어서 보라. 눈에 보이는 모든 게 전자 제품이다. 가스가 없으면 밥도 못 해 먹는다. 쌀도 차로 운송한다. 화력과 원자력에 의존하는 전기 에너지라고 안심할지 모르지만 전력 피크가 오면 예비 전력으로 석유와 천연가스 수요가 급증할 것이다. 아파트에서는 심지어 똥도 맘대로 배설하지 못 한다. 배수 시설은 생각만 해도 끔찍하다. 석유, 전기 에너지가 공급 안 되면 모든 것이 금방 무너진다. 일본의 지진 사태를 보라. 원자력에 의한 전기 공급이 안 되자 생활의 불편이 여실히 드러났다. 아마 일본의 노인층은 전기가 없었던 시절, 모든 것이 불편했던 시절을 그리워했을지도 모른다. 편리만을 앞세운 현대 문명이 자연의 재앙 앞에서 얼마나 취약한지를 인간은 죽음을 걸고서야 경험한다.

현대 생활의 근간은 석유 에너지라 해도 과언이 아니다. 제약회사에서 만드는 약도 그렇다. 아스피린은 버드나무 껍질에 있는 살리실산을 추출하여 만들었지만 지금은 화학 분해를 통해 석유에서 추출된 것으로 만든다. 전자 의료기구, 인공 심장 등 생명에 연결된 많은 것들이 값싼 석유 추출물로 이루어져 있다.

석유 집중화는 농업에도 해당된다. 현대 농업은 석유로 만든 비닐을 애용한다. 비닐하우스에서 계절 없이 채소를 재배하고, 제초를 하지 않으려고 밭에 비닐을 깐다. 석유로 움직이는 트랙터로 밭을 갈아 화학비료를 넣고, 농약을 뿌려 벌레를 몰살한 뒤 수확 기계를 이용해서 쌀을 거둬들인다. 농업 과정 자체가 모두 석유로 움직이는 셈이다. 아무리 유기농업을 한다고 외쳐도 석유가 농업에 투입된다는 사실을 부인할 수는 없다. 우리나라의 산업 기반은 대부분 석유 자원으로 이루어졌다. 만일 심각한 유가 변동이 일어나거나 피크오일이 닥친다면? 아마도 우리나라는 문을 닫아야 할지도 모른다.

영원한 삼각관계 '석유·식량·에너지'

석유가 고갈되고 있다. 어제 오늘의 일이 아니다. 모든 것에는 시작이 있고 끝도 있다. 석유 자원이 몰려 있는 곳은 중동 지역이다. 미국의 석유 매장량은 고작 3%에 불과하다. 그런데도 석유 소비량은 전세계의 25~27%에 이른다. 미국이 끊임없이 중동과 부딪히는 이유는 바로 석유 때문이다. 우리나라가 친미 정권을 세워야 하는 이유도 같다. 중동 지역의 분쟁을 종교 때문이라고 오해하지만 실제로는 석유를 둘러싼 이권 다툼이 때문이다. 미국은 민주주의라는 미명 아래 내정 간섭을 통해 '점진적 정권 이양'을 종용한다. 아랍권이 단결되면 미국에 불리하니까. 친미 정권이 주도 세력인 우리나라 정부는 1960년대 이후부터 미국에서 대통령 승인 절차를 밟으면서 식량을 비롯한 정치, 경제, 무기 등 제분야에서 끊임없이 종속을 자처했다.

세계 유전의 상태를 보자. 80년대에는 896개의 유전이 발견되었고, 90년대는 510개, 2000년대에는 65개가 발견되었다. 문제는 유전의 발견이 점차 줄어드는 데 비해 산업은 갈수록 석유 자원에 의존적이 되어간다는 데 있다. 이제 석유 자원 없이 사는 것은 도저히 상상조차 할 수 없을 형국이다. 중동에서는 이런 말이 떠돈다. "아버지는 낙타를 탔고, 나는 롤스로이스를 탄다. 내 아들은 자가용 비행기를 타고 다닌다. 하지만 내 손자는 다시 낙타를 타게 될 것이다."

국제에너지협회에서는 2010~2020년 사이에 피크오일이 올 것이라도 예측했다. 세계가 필요로 하는 생산량이 턱없이 부족해지면 기어이 석유 전쟁이 일어날 판이다. 결국 고공행진을 계속하던 산업 성장은 전쟁으로 막을 내릴 것이다. 그리고 그 여파는 우리의 일상을 뒤흔들 것이다. 비정상적인 패턴으로 말이다. 생활수준이 급격히 떨어질 테고, 경제적으로 피폐해지며 식량 생산이 절대적으로 감소될 것이다. 그리고 내부에서는 정치 투쟁이 일어날 것이다.

1979년 미국에서는 '4~5개월 동안 석유가 부족하게 될 것'이라는 보도가 나가자 많은 사람들이 총을 쏘고 폭력을 행사했다. 우유가 없으면 물을 먹으면 되지만 석유에는 대체품이 없다. 우리는 이제 사실을 직시해야 한다.

'곡물수출금지, 가격규제, 전 세계는 식량 확보 전쟁 중!' 이것은

2011년 2월 6일자 매일경제 신문에 난 기사다. 내용인 즉 지난달 맥도날드가 햄버거 가격을 올리기로 결정하자 일부 국가에서 식량난을 이유로 수출 금지라는 극단의 조치까지 취하면서 '식량 전쟁'에 가세하고 있다는 이야기였다. 국내의 수입 형편을 봐도 짐작이 가는 일이다.

식량 가격이 폭등하자 1년 전에 비해 옥수수 수입가는 22.2%, 밀은 35%가 상승했다. 식량의 수입가 상승은 고스란히 물가 불안으로 이어진다. 국제 원자재에 대한 투기 수요도 가격 상승을 부추긴다. 대두, 소맥, 옥수수 가격은 최고가를 찍었다. 뿐만 아니다. 국제 유가 상승에 따른 바이오 에너지 수요도 식량 가격을 더욱 상승시키는 요인으로 작용했다. 2050년이 되면 옥수수류는 최대 100%, 쌀은 80% 상승할 것이라고 전망한다. 식량 안보에 대한 심각성이 전 세계적으로 대두되는 건 이상한 일이 아니다.

식량 문제는 석유 산업이 위축됨과 동시에 필연적으로 일어날 수밖에 없다. 석유 산업에 의존한 현대 농업과 사료, 식량 자원에 영향을 미치는 다국적 기업의 투기성은 이런 상황을 더욱 악화시킨다. 비단 농업뿐만이 아니다. 곡물 1kcal를 생산하려면 에너지 16kcal가 필요하지만 육류 1kcal를 생산하려면 70kcal의 에너지가 필요하다.

산업화된 농업은 물과 석유, 화석 연료에 의존하여 지구 온난화를 발생시킨다. 편리한 현대식 생활도 물과 석유에 의존하여 지구 온난화를 가속화한다. 그뿐 아니다. 육식 중심의 서구식 식단 역시 물과 석유에 절대적으로 의존한다. 의식주를 비롯한 현대인의 모든 생활에 석유가 들어간다는 것은 절대 빈 말이 아니다. 따라서 에너지 고갈에 따른 인류의 공멸은 불 보듯 자명하다. 일부에서는 석유 에너지를 대체할 연료 문제로 관심을 옮기고 있다. 하지만, 한때 원자력 에너지를 석유 에너지의 대안체로 생각했던 세계 정부는 2011년 초 발생한 일본의 원자력 사태를 지켜보면서 원자력은 대안 에너지가 될 수 없다는 점을 실감했다. 오히려 원자력을 전면 폐기하기로 선언한 독일처럼 전 세계가 원자력을 전면 폐기해야 할 것이다.

농경, 수탈과 통제의 문명이 시작되다

생명의 역사는 35억만 년이라고 한다. 인류와 그 직계 조상이 살아온 지난 200만 년 가운데 최근 2000~3000년을 뺀 99%의 기간 동안 인류는 수렵 채취 방식에 의존해서 살았다. 수렵 채취 시절에 대한 일반적 견해는 토머스 홉스의 말처럼 '구역질나고 짐승같이 단명한' 생활이라는 것이다. 그러나 인간은 환경과 조화를 이루면서도 충분한 식량을 얻을 수 있었다. 인류가 곡물 농사를 시작한 것은 기원전 1만 년 전이다. 수렵 채취에서 농경으로의 전환을 흔히 '진보'라고 평가하지만 내 생각은 다르다. 땅을 개간하고 씨를 뿌려 수확하려면 노동력이 엄청나게 들어감과 동시에 식량 부족과 기근의 우려도 훨씬 더 높아진다.

곡물 생산의 시작은 곧 축적을 의미한다. 수렵과 채취의 시대에는 저장이 어려워서 필요한 양만큼 채취하고 수렵했다. 조예족의 생활을 보자. 그들은 음식을 남기지 않고 모두 나눠먹었다. 저장의 필요성을 느끼지 않기 때문이다. 기껏해야 날씨를 이용하여 여분을 말렸다가 이동하면서 양식으로 사용했다. 반면 정착인들은 곡물을 수확해서 나락으로 6개월~1년 정도 저장했다.

곡물 생산이 본격화되자 저장고가 발달하기 시작했다. 축적의 역사가 시작된 것이다. 수렵과 채집 생활에서 이제는 한 곳에 정착하여 식량을 생산하는 구조로 양상이 변했다. 그래서 재배할 식물을 선택하고, 야생 동물을 길들이고, 농사짓는 토지의 조건을 따지게 되고, 관개 시설을 개발하게 된다. 정착 농경이 강 유역에서 발생한 것은 모두 이 같은 이유들 때문이다. 메소포타미아, 황하, 나일 강 유역에서 시작된 농경과 목축으로 주변의 인구는 급격히 늘어났고, '소유' 개념이 등장했으며, 사람들이 모이는 도시가 형성되기 시작했다.

도시민들은 경작지를 외곽에 두고 도심에 모여 살기 시작한다. 그러자 유휴 노동 인구가 등장했다. 곡물 농사로 잉여 생산물이 발생한 탓이다. '먹을거리'에만 집중했던 수렵 채취 시절과는 달리 사람들은 이제 다른 활동에 눈을 돌리는 여유를 가지게 되었다. 따라서 잉여 생산물을 거래할 수 있는 전문 상인이 출현하여 교환자이자 중간자 역할을 도맡음으로써 농경에 의존하지 않고 부를 축적하는 계층을 형성했다. 이처럼 전문 직업군이 형성되고 잉여 생산물의 일부를 거두는 지배 계급이 등장하면서 인류의 문명은 고대 국가로 넘어간다.

도시 국가들은 저마다 영토를 확장하여 경작지를 늘리고, 인력을 확보하여 생산 노동 인구를 증가시키려는 목적으로 전쟁을 일으킨다. 그 결과 거대한 국가가 형성되고 거대 권력이 탄생한다. 고대 국가는 이렇게 시작된다. 고대 문명은 이집트만이 아니라 마야, 잉카 등 아메리카 문명, 중국을 비롯한 황하 문명 등에도 나타난다. 물론 기후와 지형에 따라 특색 있게.

하지만 여유로워 보이던 삶은 곧 전환기를 맞는다. 농경 자체가 환경에 큰 영향을 끼쳤기 때문이다. 이집트, 마야 문명, 메소포타미아, 인더스, 중앙아메리카 등을 주축으로 이루어졌던 화려한 고대 문명은 환경 파괴와 수탈로 무너진다. 수확량이 많지 않은데 비해 인구가 대폭 증가함으로써 식량이 절대적으로 부족해진 탓이다.

나무를 베고 경작지로 만들었지만 연료용과 건축용으로 벌목된 삼림으로 토양이 침식되고 이후 작물 수확은 감소되었다. 세계 인구의 95%가 농민이던 이 시대 사람들은 만성적인 영양실조와 질병에 시달렸고 평균 수명도 짧았다. 에너지원인 탄수화물의 부족으로 사람들이 떼죽음하는 일이 빈번했고 지배 계급의 식량 차출로 갈등은 심화되고 전쟁 발발이 잦아졌다. 식량 자원을 둘러싼 갈등은 결국 문명과 국가를 지탱하던 자연 환경마저 서서히 붕괴하기에 이르렀다.

녹색혁명 삐딱하게 다시 보기

유럽이 세계무대에 등장한 것은 '신대륙 탐험'을 계기로 식민지 개척에 나설 때부터다. 유럽은 만성적인 식량 문제를 해결하려고 새로 개발한 항해술과 과학 기술의 발달에 기대어 시장을 개척하기 시작한다. 결국 동양과 아메리카 대륙으로 발을 내딛으면서 그들은 식민지 쟁탈을 통해 식량과 자원 기지를 확보하고 인구를 이동시키기 시작한다.

당시만 해도 각 대륙의 문명은 독자적으로 발달하고 있었다. 삶의 방식도 고유했다. 아메리카와 아프리카는 자연에 가까운 삶을 살고 있었으며, 인도와 중국은 자신의 영역에서 분쟁과 전쟁, 왕조 교체 등을 겪으면서 각자의 종교와 문화를 발전시켰다. 그러나 유럽의 등장으로 사정은 급변한다.

유럽의 종교와 문화는 인도와 중국을 약탈하기 시작한다. 처음엔 물론 쉽지 않았다. 하지만 '신문명'이라는 편리한 도구 아래 민중을 현혹하면서 다양한 개방 압력으로 이들의 철통같은 문화를 침탈하기 시작한다. 오래 지켜온 문화는 석유 문명 도래로 급격히 무너졌다.

화석 연료인 석탄을 이용한 영국의 산업혁명은 자국의 교통만이 아니라 유럽을 관통하는 교통의 발달과 전화기를 통한 통신시설의 발달, 그리고 무엇보다도 전기 에너지의 발견으로 바야흐로 전 세계의 주인으로 등장한다. 유럽이 아메리카를 점령하면서 비롯된 제국주의 전쟁은 식민지 종속화 및 생활 문화의 유럽화로 마침내 서구 문명의 세계화를 가속화한다. 그 와중에 중국과 한반도는 일본의 동아시아 제국건설이라는 식민지 전쟁의 도발을 경험한다. 세계는 '산업 경제적 패권 쟁탈'로 마침내 전쟁의 도가니에 빠진다. 반면, 화석 연료에 기반을 둔 산업화로 유럽과 북미 등 일부 국가는 풍요를 맛보기 시작한다.

농경과 수렵, 채집이 혼재된 상태에서 고유한 방식대로 삶을 꾸려가던 일부 국가들은 유럽인에게 '미개인'이라며 무참히 짓밟혔고 노예로 전락한다. 아이티는 사탕수수를 전진기지로 노예들을 후송하여 만든 대표적인 국가다. 아프리카는 유럽 열강의 침략으로 목화, 사탕수수, 고무 등의 생산지로 바뀌었고 침략자의 포화 아래 그들의 야생 동물은 마구잡이로 도축당한다. 생태 환경의 침탈이 극도에 달한 것이다. 뿐만 아니다. 인도는 차와 향료 등을 생산하고 공급하는 기지가 되었고, 중국은 섬유와 종이, 향료 등을 조달하는 곳으로 전락했다. 전 세계가 유럽의 부와 향락을 뒷받침하는 수단으로 탈바꿈된 것이다.

이 같은 식민지 쟁탈이 극대화된 것이 1,2차 세계 대전이다. 석유 문명 시대는 이때부터 본격화된다. 석유문명은 역사상 그 어느 때보다 극악한 방법으로 인류 문명을 멸망으로 가는 벼랑으로 내몰았다. 믿을 수 없는 일이지만, 이 모든 비극의 원인은 인류의 농경이다. 농사를 짓게 된 인류가 결국 전쟁을 일으키고 더 나아가 석유 전쟁을 도발한 것이다. 경작으로 시작된 문명이 진정한 도약을 이루기는커녕 급기야 인류를 파멸로 이끌고 말았으니 역사의 진행이란 때로 그 방향성을 알 수 없는 경우가 많다. 식량 생산 증대화가 목적이었던 산업혁명이 식량 부족의 결과를 낳았다는 사실도 역사의 아이러니다. 산업혁명 이전에 10억이었던 인구는 이후 65억으로 증가한다. 약 200년 사이에 인구가 이렇게나 많이 늘어난 것이다. 그러니 당연히 식량이 부족해질 수밖에.

식량 생산 증대에 큰 기여를 한 사람으로 우리는 독일의 생화학자 하버(Fritz Haber, 1868~1934)를 든다. 그는 인공 질소를 발견한 사람이다. 당시 화학 비료의 주성분인 질소(N)는 주로 칠레초석에서 얻고 있었다. 그런데 그것의 매장량이 점점 바닥을 드러내고 있었다. 그래서 화학자들은 가장 이상적인 대안으로 공기 중에 포함된 질소를 식물이 이용할 수 있는 형태로 고정시켜 비료로 만들고자 했다. 그 꿈은 하버와 보쉬(Carl Bosch, 1874~1940)를 중심으로 한 일군의 독일 화학자들에 의해 실현된다.

화학질소는 농업에 혁명을 초래한다. 질소가 1%만 부족해도 작물은 제대로 자라나지 못 한다. 하지만 질소는 토양에 머물러 있지 않고 분해된다. 뿌리혹박테리아를 가진 콩과식물은 공중에서 질소를 얻어 식물에 공급한다. 이 부족한 질소원을 하버라는 과학자가 유독가스를 만들던 와중에 발견한 것이다. 사람을 죽일 가스를 연구하다가 오히려 사람을 살리는 질소 비료를 만들어낸 셈이다.

화학 비료의 생산으로 식량의 대량 생산이 가능해졌다. 덕분에 인구 증가에 따른 식량 문제도 어느 정도 해결할 수 있게 되었다. 이것이 바로 '녹색혁명'이다.

녹색혁명은 화학 비료 사용, 종자 개량, 기계 투입에 힘입은 규모화와 기업화로 부족한 식량 문제를 실제로 잘 해결했다. 그러나 문제가 또 발생한다. 식량 문제를 해결한 것까지는 좋았는데 축산을 위한 농업과 환금 작물에 대한 기대치 상승으로 농업이 기업화된 것이다. 이로써 환경오염, 토양의 황폐화, 수질 오염, 탄소 발생이라는 심각한 문제를 껴안은 채 지구는 이제 온난화 문제에 직면하게 되었다.

식량 문제 해결의 길은 '자급'뿐이다

한국의 사료용을 포함한 곡물 자급률은 2009년 25.3%로 그 중 쌀 97%, 보리 58.3%, 밀 0.2%, 옥수수 0.7%, 콩 11.1%이다. 1959년의 식량 자급률은 100.4%, 곡물 자급률은 97%였다.

수치에서 알 수 있듯이 시간이 지날수록 자급률이 떨어지고 있다. 논농사를 하는 사람 대부분이 고령층으로 점차 농사를 짓기 어려워진데다 쌀이 남는다고 오판한 정부가 쌀 경작지에 다른 것을 짓도록 유도했기 때문이다. 다른 이유로 기후 문제를 들 수 있다. 기후 조건은 수확량에 영향을 미친다. 2010년에는 태풍과 홍수로 수확량이 감소해서 밀과 콩 등 잡곡류의 자급률이 5% 미만을 기록했다. 우리가 소비하고 있는 잡곡은 대부분 중국산이다. 쌀 이외에는 거의 대부분 외국에서 들여왔다고 보면 옳다.

자급률이 왜 5%밖에 안 되는 것일까? 우리의 밥상을 자세히 보면 실제로는 자급률과 별로 상관이 없다는 것을 알게 된다. 채소를 비롯해 쌀이나 일부 잡곡은 원산지가 모두 한국이다. 하지만 가공 식품의 원재료인 밀과 옥수수는 모두 수입산이다. 실제로 곡물이 부족해서 수입하는 게 아니라 외국산 곡물이 상대적으로 싸기 때문이다. 대량 생산으로 만들어지는 가공 식품은 원자재 가격이 낮을수록 이윤이 많이 남는다. 그러니 기업에서 수입산을 선호하는 게 당연하다. 더구나 밀은 우리가 즐겨 먹던 곡물이 아니다. 밀가루 문화가 만연된 것은 기업에 의한 가공 식품의 공로라고 할 수밖에 없다.

결론은 간단하다. 가공 식품을 먹지 않으면 곡물가 급등에 대한 우려를 떨쳐도 된다. 사실 한국식 밥상에는 가공 식품이 끼어들 여지가 없었다. 장류와 국과 밑반찬의 문화에 밀나 옥수수가 끼어들 여지는 없었으니까. 그러나 젊은이들의 인스턴트 식품과 가공 식품 의존율은 의외로 높아서 우리는 여전히 수입에 의존하게 되고 곡물 가격에 예민하게 반응할 수밖에 없는 것이다.

자급률 하락의 원인을 하나 더 들자면 농업 인구 변동이라 할 수 있다. 1960년대만 해도 농업 인구는 30%를 웃돌았다. 하지만 요즘은 3%도 채 안 된다. 지금 실제로 논밭을 경작하는 인구는 1.5% 정도다. 1.5%가 98.5%를 먹여 살리는 셈이다. 그러니 곡물 수입에 의존하는 것도 당연한 일이다. 잡곡류의 경우엔 전적으로 수입에 의존한다. 자급률이 떨어지는 품목은 대개 가공 식품의 원료로 사용하므로 자연스럽게 식량 문제가 발생된다. 그러나 직접적으로 피해를 입지는 않는다.

식량 문제는 직접적인 피해를 입지 않으면서 자급으로 극복할 수 있다. 텃밭에 채소와 콩을 심고 무엇보다 식품 회사에서 생산하는 가공 식품만 구매하지 않아도 곡물가 급등이나 식량 자급률 문제로 고민할 필요가 없어진다. 곡물가 상승이나 식량 문제로 전 세계가 들썩거리고 전쟁이 일어난다 해도 그것은 어디까지나 기업의 원자재 가격을 둘러싼 전쟁인 경우가 많으니까. 손수 농사짓기로 마음만 먹으면 식량 문제는 이미 반 이상 해결된 것과 다를 바 없다.

식량 식민의 시대

식량 위기가 불거지자 세계 각국은 즉시 식량 확보 전쟁에 들어갔다. 러시아, 중국, 인도, 우크라이나, 브라질 등 식량 수출국들은 수출 관세, 수출 할당량, 심지어 수출 금지 등 각종 수출 규제 조항을 만들어 문을 닫아걸었다. 폭등하는 원유가와 마찬가지로 수출국의 통제는 가뜩이나 폭등하는 식량 가격의 고삐를 마구 풀어준 셈이다. 그야말로 이제 식량이 무기가 된 것이다.

주요 수출국이 미국, 캐나다, 호주, 남미, 중국 등으로 한정되어 있고, 가공과 유통 부문은 카길(Cargill)과 같은 초국적 농식품복합체에 의해서 장악되었다는 점도 큰 문제다. '남의 불행이 곧 나의 행복'이라는 기치 아래 사는 것처럼 보이는 미국은 현재의 식량 위기를 계기로 농가 수입을 2006년의 1,200억 달러에서 2007년 1,650억 달러로 올렸다. 지난 10년 동안의 평균보다 50%나 많은 액수다.

카길은 곡물가 급등에 힘입어 2008년 1/4분기 동안 9억 1,700만 달러의 순이익을 올리는 데 성공했다. 전년 동기간—5억 달러—대비 83% 증가한 것이다. 옥수수의 경우엔 미국이 최대 수출국인데, 자그마치 세계 수출량의 2/3를 차지하고 있다. 그 뒤를 아르헨티나와 중국이 따른다. 반면 3대 수입국으로 일본, 멕시코, 한국을 든다. 대두의 경우에도 최대 수출국은 미국이다. 전체에서 차지하는 비중이 43.5%나 된다. 최근에는 브라질의 생산 증가가 두드러지게 나타나고 있다.

여기에 아르헨티나까지 가세하면 3개국이 전체 대두 수출량의 90% 이상을 장악한 셈이다.

곡물 수출이 소수 국가에 치중되어 있는 이런 상황이 식량 문제 해결을 더 어렵게 만든다. 만일 이들 국가의 공급량이 감소되거나 인위적으로 수출을 제한하면 세계적인 식량 위기로 직결될 수밖에 없다. 쌀의 경우엔 베트남이 세계 2위 수출국인데 그들은 요즘 쌀 수출 통제를 공공연하게 떠들고 있다. 인도네시아도 마찬가지다. 이미 인도·중국·이집트 등 주요 수출국들이 통제 조치를 내렸고, 최대 수출국 타이는 공식 조처는 하지 않았지만 암묵적으로 수출을 억제하고 있는 것으로 알려졌다. 세계 인구 중 30억이 쌀을 주식으로 한다는 점을 감안한다면 쌀을 둘러싼 식량 위기도 결코 남의 일이라고만 볼 수 없을 것이다.

물가가 두근두근 '애그플레이션'

2011년, 애그플레이션—농업(agriculture)과 인플레이션(inflation)을 합성한 말로 쌀·밀·콩·옥수수·사탕수수 등 농산물 가격이 오르면서 일반 물가도 덩달아 오르는 현상—이 일어나고 있다.

애그플레이션의 가장 큰 원인으로 지구 전체의 기후 이상을 들 수 있다. 특정 지역에서 재배하는 특수한 1차 산업이 기후 이변의 영향으로 생산량이 감소하기 때문이다.

두 번째는 오일피크로 인한 석유가 상승을 지적할 수 있다.

세 번째는 경작지 감소로 인한 생산량 감소를 들 수 있다. 산업화의 영향으로 전 세계적으로 농지가 줄어들고 거기에 수반되어 대규모 밀림 지대가 파괴됨으로써 경작지가 절대적으로 부족해진 것이다(경작지의 부족은 ①도시화·무분별한 개발에 따른 경작지 감소, ②기후 온난화로 인한 사막화, ③육류 소비 증가에 따른 사료용 곡물 수요 증가를 들 수 있다. 1kg의 육류를 생산하는데 필요한 곡물량은 상상을 초월한다. 소고기는 11kg, 돼지는 7kg, 닭고기는 4kg, 달걀은 3kg이다. 돼지고기로 예를 들자면 서울 인구의 하루 돼지 소비량은 2009년 기준 10,000 마리다. 이들을 먹이려면 경작지가 500평 이상 소요된다. 경작지 500평이면 1인이 1년 먹고 살 곡물을 생산할 수 있다).

네 번째로 곡물을 이용한 바이오 에탄올 추출로 발생되는 물 부족 현상, 다섯 번째는 다국적 메이저급 곡물 회사들(미국의 카킬, 콘티넨탈, 프랑스의 루이드레퓌스, 스위스의 앙드레, 아르헨티나의 붕게)에 의한 인위적 가격조작 및 담합, 그리고 이들 다국적 기업에 의한 농지 및 판매망 독과점에 따른 곡물 자원의 무기화를 들 수 있다.

다섯 번째는 곡물 투기다. 2000년 이후의 곡물가 상승이 만성적인 공급 부족 현상에 수반되는 상승 효과였다고 한다면, 최근 1년 사이에 발생한 기록적인 곡물가 상승은 이와 다른 양상에서 이루어진 것이다. 만성적인 공급 부족으로 식량 위기가 현실화되자 투기 자본가들이 발 빠르게 움직였다. 하지만 투기 대상의 한계를 절감한 이들은 곧 눈을 돌려 석유·곡물·금·철강 등을 먹이감으로 정하고 사냥에 나섰다. 국제 거래 물량의 80%를 장악하고 있는 메이저급 곡물 회사는 이 같은 위기 사태를 유례없는 기회로 포착한다. 바야흐로 식량은 이제 투기의 대상이 되었고, 식량을 장악하면 전 세계를 장악할 수 있게 된 것이다.

석유 문명이 종말을 고하다

45년을 훌쩍 넘겨 산 나 역시도 '세상 참 좋아졌다'는 생각을 종종 한다. 고무신 신고 다니다가 신작로가 생기면서 운동화를 신었고, 천으로 만든 책 보따리를 어깨에 메고 다니다가 책가방을 들었으며, 종일 걸어 다니다가 아스팔트가 생기면서 버스를 탔다. 그리고 비행기를 타고 세계 구석구석을 돌아보았다. 하지만 이제는 방 한구석에 앉아 전 세계를 한눈에 본다.

그 뿐인가? 가사는 전자제품이 대신 해주고, 여름이면 에어컨디셔너를 틀고 더위를 잊는다. 겨울이 온다 해도 이제는 별로 두려울 게 없다. 겨울에도 실내에서는 반팔 티셔츠를 입을 만큼 난방이 잘 되니까. 건물 안에 들어가면 여름인지 겨울인지 사실 구별이 되지 않는다. 내가 어렸을 적에는 꿈도 꾸지 못했던 것들이다. 이 모든 일이 30년 사이 벌어졌다.

하지만 세상이 좋아졌다고 해서 문제가 모두 사라진 건 아니다. 부작용도 눈덩이처럼 불었기 때문이다. 그리고 마침내 그런 부작용들이 우리 생명을 위태롭게 한다. 도시화와 산업화의 급물살을 타고 대량소비 사회가 이루어진 지난 200년 동안 인류는 자원의 고갈, 환경오염, 자연 파괴, 구조적 불평등과 같은 전례 없는 복잡한 문제에 부딪치게 되었다.

석유는 인류에게 많은 것을 가능하게 해준 거의 신적인 존재다. 석유를 비롯한 화석 연료는 인류에게는 선물과 같았다. 지금은 석유가 없는 생활을 상상조차 하기 어렵다.

산업 문명 초기에 대부분의 사람들은 절대 빈곤에 시달렸다. 국가별 불평등은 물론 내부의 불평등 구조도 심화되었다. 18세기 초 독일

쾰른의 인구 5만 가운데 2만 명은 거지였다. 1815년까지만 해도 스웨덴 인구의 절반이 땅 없는 노동자나 거지였다.

1만 년 전 농경을 시작할 때 세계의 인구는 400만 명이었다. 화석 연료 사용이 시작되기 전에는 10억이 채 되지 않았고, 200년이 지난 오늘날 역대 최대 인구인 65억을 넘어섰다. 1990년대엔 한 해에 9000만 명씩 늘어났다. 어떻게 이런 일이 가능했을까?

인류 문명의 급격한 발달은 거의 화석 연료 덕분이다. 화석 연료가 인류의 노다지인 셈이다. 하지만 이 같은 원자재가 제한적이라면 과연 지구의 환경은 이들을 언제까지 먹이고 입힐 수 있을 것인가? 그럼 석유는 결국 없어질 자원이라는 것은 어떻게 설명할까? 남아 있는 석유 자원은 이제 북극이나 심해 깊숙한 곳 아니면 채취가 불가능하다. 어느 날 아침 갑자기 석유를 사용할 수 없게 된다면 우리의 일상과 세계 경제는 어떻게 될까?

석유 시대 100년 동안 인간은 땅 속 깊은 곳을 파서 먹고 살았다. 그로 인해 전쟁이 일어났고, 지금도 그 전쟁은 진행 중이다. 그런데도 인간의 생활양식은 변하지 않는다.

1859년 이래 석유 산업을 지배하던 미국은 1973년 1차 오일쇼크로 크게 휘청거린다. 미국의 석유 보유량은 겨우 3% 정도이지만, 소비량은 전체 생산량의 25%에 달한다. 석유에 중독된 미국의 생활 방식은 개선의 여지가 없어 보인다. 반전 운동가조차 쉽사리 자기들의 생활방식을 바꾸지 못 한다.

1932년, 아라비아 반도에서 석유가 발견되면서 산유국 아랍과 이스라엘 사이에 분쟁이 일어났다. 석유 덕분에 막대한 부를 누려온 사우디 사람들은 석유 없는 세상의 도래를 불안하게 여기고 있다. 석유는 그들 선조의 전통적이고 문화적인 삶을 파괴했다. 그런데도 펑펑 쏟아지는 까만 기름 폭포 앞에서 환호성을 지른다. 이른바 '낙타 대신 롤스로이스'를 타면서. 하지만 석유 매장량은 50년 이상을 가지 못 한다. 전통적인 생활 방식으로 회귀해야 할 때가 온 것이다.

석유가 고갈되면서 산업 혁명의 원동력이던 석탄이 다시 관심의 대상이 되었다. 석탄은 채굴 과정에서 노동 인력의 위험과 석탄 사용에서 나오는 이산화탄소 배출 문제, 폐기물 문제가 있었다. 하지만 가장 중요한 것은 석탄도 석유처럼 한정적인 자원이라는 점이다.

일각에서는 자연 소재 에너지를 대체 연료로 사용하자는 주장이 인다. 하지만 석유나 석탄을 대신할 만큼 효율적인지는 여전히 의문이다. 개발이 가능하다고 해도 이들 대체 에너지 역시 화석 연료에 의존하여 만들어야 한다. 예를 들어 태양광 발전시스템에 필요한 납축전지는 기존의 태양광 발전시스템으로 만들 수 없고, 풍력 발전기의 금속 터빈도 풍력 에너지 기술만 가지고서는 만들 수 없다. 상당수의 기술이 석유가 없으면 무용지물이다. 녹색혁명을 가능하게 해준 질소비료의 원료인 천연 가스도 빠르게 고갈되고 있는 실정이다.

피크오일에 대비한다고 해서 전 세계적으로 각광받았던 원자력 에너지는 2011년 일본의 원전 폭파 사건에서 보듯이 관리가 되지 않으면 수많은 인명 피해와 더불어 복구가 불가능한 생태적 피해를 초래한다는 사실이 입증되었다. 공중에서 떨어진 방사능이 땅 속으로 스며들어 물과 식물을 오염시킨다. 이런 데서 자란 풀을 먹은 동물도 당연히 오염되게 마련이다.

2010년 스웨덴에서는 엘크가 방사능에 오염된 게 확인되었다. 그 지역의 토양을 측정해 보니 20여 년 전 체르노빌 방사능이 날아온 직후의 오염도와 똑같았다. 오염 지역에서 생산된 물이나 우유, 채소도 사람이 먹으면 안 된다. 방사능은 오랫동안 잠복하다가 서서히 그 폐해가 나타난다. 10년에서 20년이 지난 뒤에 엄청난 결과를 가져올 수 있기 때문이다.

　원자력에 대한 환상을 여지없이 깨뜨린 일본 지진에 이은 원전 사고는 처음부터 산업적 기반 속에서 서서히 진행된 또 다른 이익의 부산물이다. 원전 건설은 실제 건설비의 50% 이상을 토건 사업이 차지한다. 여기엔 토건업을 하는 대기업에 막대한 이익을 제공하는 정부의 로비가 개입된다. 더구나 건설 과정에서는 완벽함을 기대하기 어렵다. 더구나 방사능 폐기물 처리 문제는 어제 오늘의 사안이 아니다. 전 세계에 걸쳐 430개 존재하는 원전이 노후되었을 때 폐기할 만한 장소가 어디에도 없다는 점이 가장 큰 문제로 주지되었다. 하지만 미래를 생각하지 않은 채 당장의 이익에 매달린 정치가와 기업가들은 이것을 전혀 문제 삼지 않았다. 오히려 더 많은 원전을 건설하겠다고 기염을 토한다.

　결국 문제는 어떤 에너지도 석유 에너지에 전적으로 의존했던 생활을 지속시켜주지 못 한다는 것이다. 인구가 460만에 이르는 덴마크는 전 세계 재생 에너지 가운데 40~60%를 차지하는 에너지 개발에 성공했다. 이스라엘도 일찌감치 대체 에너지 문제를 국가 안보 차원에서 다루었다. 그들은 55년 전부터 태양열 발전단지를 만들어서 집집마다 태양열 온수기를 설치하게 했다. 이스라엘은 태양 에너지 수출국이기도 하다. 이처럼 국가적 에너지 시스템을 준비하지 않은 채 석유 에너지 의존율만 높이는 상황에서는 산업 성장의 비극적인 종말을 쉽게 예견할 수 있다. 머지않은 미래에 생활수준의 저하, 경제적 피폐, 식량 생산 감소, 내부 정치 투쟁에 시달릴 것이므로.

석유로 부흥된 현대 문명은 분명 석유로 멸망하게 될 것이다. 어쩌면 석유가 '국가를 폐쇄하라'는 명령을 내릴지도 모른다. 좋은 점도 있다. 석유가 없다면 강대국들이 함부로 지구 반대편에 있는 나라에 들어가서 '감 놔라 배 놔라' 하면서 자국민들을 못살게 구는 일이 없어질 테니까. 석유 문명이 끝나는 시점에서 세계화는 막을 내릴 것이다. 나아가 밤을 밝히는 네온사인처럼 화려했던 문명도 사라질 것이다.

작동을 멈춘 국가 시스템

생활은 전보다 편리해졌지만 체감하는 삶의 질은 만족스럽지 못하다. 물질과 편리함을 떠받들다 보니 어느새 석유는 고갈되고, 야만스러운 전염병으로 전 지구가 떼죽음을 하게 생겼다. 지금부터라도 생각을 바꾸고 생활방식을 바꿔야 하는데 과연 어떻게 해야 하나?

덴마크의 경우를 한 번 보자. 덴마크는 1973년 1차 오일쇼크 전에는 에너지 자급도가 1.7~1.5%에 불과했다. 그러나 2010년에는 130%를 상회했다. 그들은 일찌감치 에너지를 해외에 의존하면 국가 존립이 위험하다고 판단, 석유 수입을 제고하면서 대체 에너지를 개발하기 시작했다. 에너지 자립도가 올라가자 식량 자립도 역시 증가하여 현재 300%에 달하고 있다. 기후 변화를 예측하면서 나무를 심었고, 삶을 대하는 새로운 철학을 정립하고 대안 교육 운동을 벌인 덕분이다. 덴마크는 이제 오일쇼크로 인한 국가적 위기를 걱정하지 않아도 될 만큼 에너지와 식량을 자급하고 있다.

우리의 현실은 어떤가? 우리 정부는 이러한 위기 상황을 목전에 두고도 어떤 변화의 액션도 취하고 않는다. 오히려 역으로 주행하고 있다. 그렇다면 우리 스스로 생활 구조를 바꿔야 하지 않을까?

현대적 산업—대규모, 기업화됐던 것들—은 망할 수밖에 없다. 이 것은 필연적이다. 식량, 에너지, 기후뿐 아니라 스트레스, 전쟁, 바이러스 등 산재된 요인에 의해 인류 문명은 퇴락의 길을 걸을 수밖에 없다. 유일한 대안이 있다면 산업화와 기업화로부터 벗어나는 것뿐이다. 그리고 내 손으로 식의주를 해결하는 생활 구조로 돌아가야 한다.

케인즈는 "예술이나 발명, 농업이나 전통을 자급하지 못하는 나라는 사람이 살 수 없는 나라."고 말했다. 그는 사실 '국민총생산'이라는 개념을 창시하고 화폐 가치가 분명한 것들만 중요하다고 설파함으로써 인류 문명에 폐해를 끼친 장본인이다. 참으로 재미있는 일이다. 그는 또 국제통화기금(IMF)과 세계은행의 창시자이기도 하다. 차금借金과 소비를 통해서 침체된 경제를 빨리 활성화시키고, 그 결과 인플레와 무제한적인 성장과 소비사회 출현을 초래한 경제학자의 입에서 '국가적 자급'이란 말이 나온 것이다. 오늘날 세계적인 식품 재벌의 독점 앞에서 쇠퇴일로에 있는 영국 농업의 현실에 비추어 보자면 매우 극적인 중요성을 갖는다.

그는 삶의 전반이 '수익성'에 목숨을 걸고 자기 파괴적인 길로 나아가는 것을 우려했다. 그리고 자연의 아름다움에 '경제적인' 가치가 없다는 평계로 시골의 아름다움을 파괴하는 행위, 해와 별이 이익을 분배해주지 않는다는 이유로 그것들을 아예 차단시키는 행위에 경고를 했다. 그는 이렇게 말한다. "그리고 또, 최근까지 우리는, 만약 한 조각 빵을 10분의 1페니라도 싸게 살 수 있다면, 땅을 돌보는 농부를 망하게 하고, 농경에 관련된 오랜 인간적 전통을 파괴하는 것을 우리의 도덕적 의무로 생각해왔다."

케인즈는 이러한 물질 경배가 가난이라는 악을 극복하고, 다음 세대를, 복리複利의 등에 태워, 경제적 평화 속으로 안전하고 편안하게 데리고 갈 거라고 믿었다. 하지만 그는 또 "우리는 이제 뭔가 하지 않으면 안 된다."고 말한다. 잘못된 인식을 바로잡고 행동 양식을 바꾸려고 서두르지 않는 한 그토록 믿어마지 않았던 국가 시스템이 우리의 목전에서 작동을 멈추는 날 또한 멀지 않을 것이다.

인간은 처음부터 끝까지 자연의 일부다

인간은 자연의 일부이다. 처음에도 그랬고 지구의 종말이 올 때까지 그럴 것이다. 그래서 인간은 자연의 거대한 자정 능력, 회복 능력에 종속되어 있다.

환경 생태에 대한 자각, 자급자족하려는 노력, 귀농에 대한 동경, 문명 비판, 일시적 유행을 거부하는 움직임, 안전한 먹을거리 추구 등은 위기와 공멸의 위협에서 벗어나려는 인간의 자연스러운 치유 활동 중 하나다. 하지만 이것은 노력에서 나오는 게 아니다. 그보다는 자연이 원래 가지고 있는 거대한 정화력과 인간을 구성하고 있는 자연 원소들의 공동의 몸부림에서 비롯된다. 마치 소나무가 죽어가면서 종족 보존을 위해 몸부림을 치듯이 인간 안에 내재된 생존과 종족 보존을 향한 원시적이고 본능적인 노력의 결과물인 것이다. 자연과 인간은 균형을 찾으려는 속성이 있다. 한 쪽으로 지나치게 쏠리면 반작용이 인다. 이것이 바로 자정 능력이다.

자연의 정화력은 인간이 자연의 일부라는 사실을 자각하는 데서

기인한다. 문명사회의 실수와 잘못을 비판하고, 일상의 방식을 전환하며, 수탈을 최소화함으로써 보다 자연에 근접한 사회를 건설하고자 노력하는 일련의 행위는 자연의 일부인 인간의 본디 사명이다. 이것은 자연을 대상화하지 않고, 인간의 유전자 속에 숨어 있는 자연과의 교감 능력을 확대하는 과정이며, 또 인간이 속한 자연이라는 대우주를 제 몸처럼 사랑해야 한다는 자각과 다름 아니다.

우리는 지금 문명의 이기 속에서, 물질의 포화 상태 안에서 희귀한 질병과 '구제역'을 경험하고 있다. 이것은 자연이 허락한 기반을 산산이 부서뜨린 인간 사회에 가해진 '잔인한' 질타인지도 모른다. 이 같은 자연의 질타는 인간에게 '생각'할 시간을 주고, 반성할 기회를 주고, 공동의 선한 방향을 제시해준다. 이런 기회조차 깨닫지 못한다면 인류의 미래는 얼마나 암담할 것인가? 생각만 해도 몸서리가 처진다.

자연의 삶에 귀속된 인디언 일화 하나를 소개한다.

인디언 마을에 겨울이 닥쳐왔다. 식량은 거의 바닥난 상태. 가족회의를 거쳤지만 이 난제를 해결할 수 있는 뾰족한 방법은 없었다. 다음날 연로한 아버지가 홀로 길을 떠났다. 그가 왜 떠나는지 가족들은 알고 있었지만 말리지 않는다. 노인은 그것이 자신의 몫이라는 사실을 알고 있었다. 그는 눈 쌓인 길을 가다가 얼어 죽는다. 그의 사체는 이듬해 봄에 발견되었다. 가족들 역시 노인이 떠나는 데 '울고불고' 하지 않았다. 모두 자연의 과정임을 받아들인 탓이다. 늙으면 죽는다는 것을.

인간의 세포는 하루에도 수천 개씩 죽고 살아난다. 인간의 생명활동이 계속되는 것은 생태계처럼 자연의 흐름이다. 그래서 인간 안에는 자연 활동이 끊임없이 일어난다. 식물의 '씨앗'이 자연의 생로병사 시스템을 안고 태어나는 이치와 같다. 씨앗의 유전자에는 삶에서 죽음에 이르는 전 과정이 입력되어 있다. 그 씨앗이 100% 발현을 하느냐, 아니면 51%밖에 발현하지 못 하느냐, 혹은 10%도 채 발현하지 못하고 멸종하느냐는 환경 적응력의 차이다. 인간도 마찬가지다. 원래는 생태계에 부응하면서 살도록 되어 있지만, 문명 속에서 자연스러운 삶을 상실하는 것이다. 씨앗으로서의 인간, 자연의 일부로서의 인간을 자각하는 순간 우리는 자연과 별개의 존재가 아니라는 사실을 깨닫게 된다.

자연과의 교감을 넓혀가는 일은 그래서 더욱 절실하다. 이것이 바로 문명이 우리에게 던져준 많은 문제에서 벗어날 수 있는 길이다. 오래 전의 인류는 먹고 사는 문제조차 자연에게 묻고 답을 구했다. 그렇게 서로 공존하며 살았던 평화의 세월이 어느 순간부터 파괴된 것은 교감이 아닌 지배를 생존의 조건으로 받아들인 탓이다.

자연의 일부로서 자연과 소통하고 그 소통을 통해 내면의 소리를 듣고 이를 외화하는 과정 속에서 인간은 자신이 생태계의 일부라는 사실을 자각하게 된다. 자연으로부터 부여받은 정화력은 이럴 때 만개된다.

국가는 분명 문명사회의 핵심이다. 하지만 인간의 행복을 짓밟고 소수의 사람들에게만 풍요를 허락한 것 역시 국가 시스템이라는 것도 간과하면 안 된다. 이제 우리에게 필요한 것은 협력하고 함께 노동해서 그 생산물을 나누어 가지는 소규모 공동체다. 나 혼자만이 아니라 여럿이 함께 살아가는 새로운 개념의 가족 공동체가 요구되는 시점이 온 것이다. 산 너머에 무엇이 있는지, 그들이 어떻게 살아가는가

하는 것이 우리의 관심사가 되어서는 안 된다. 문제는 우리가 자연의 일부인 '태초의 인간'으로서 '인간답게' 잘 살아가는 데 있다. '별 거' 있는 삶이란 없다. 자연과 내가 진정으로 평화롭게 공존하는 삶이 있을 뿐이다.

종자 주권의 시대

농부의 손에 토종 종자가 없다니!

"할머니 씨갑시 좀 보여 주세요."

토종 종자를 수집하러 다니면서 할머니들에게 제일 먼저 건네는 말이다.

"요즘 씨갑시가 어딨어. 모두 사다 쓰지."

수확량 면에서 개량종이 좋다 하여 모두 토종 종자를 사용하지 않는단다. 토종은 이미 사라진 지 오래라고.

토종을 수집하러 다니다 보면, 그래도 여전히 텃밭 농사를 하는 할머니의 주머니에서는 토종 콩이 여러 품종 나온다. 한국에서는 할머니들이 토종 종자의 맥을 유지하고 있는 셈이다. 70~80대 할머니들이 돌아가시면 토종 종자의 맥도 끊길 판이다.

"현재 재배되는 대두의 90%는 35개의 조상 품종에서 유래한 것이다. 이 35개 조상 품종 중 6개 품종이 한국에서 왔다. 한국산 6개 품종은 미국의 대두 재배에 굉장한 기여를 했다." 美농무성 대두 유전자원센터 소장인 넨달 넬슨의 말이다.

어쩌다가 우리 종자가 미국에 가 있는 것일까? 우리의 토종 종자가 끊기면 우리는 어디 가서 종자를 구할 것인가? 우리나라의 토종 식물 종은 18만 7천 점이다. 하지만 매년 200여 종 이상씩 감소하고 있다. '굶어 죽어도 종자는 베고 죽는다.'는 옛말처럼 우리나라 농부들은 종자를 생명처럼 소중히 여겼다. 인류 공동의 유산으로서 종자는 이전 세대에서 다음 세대로 전수되면서 더욱 좋은 품종으로 진화하고 발전해 간다. 그러나 인류 공동의 유산이었던 종자가 오늘날에는 기업의 재산이 되어버렸다.

현재 미국과 유럽은 종자 최빈국에서 세계적 종자 부국으로 자리 잡았다. 그들이 지난 200여 년간 전 세계를 상대로 부지런히 토종 종자를 채집한 결과이다. 종자가 다국적 기업의 손아귀에 있다는 것은 전 지구적인 재앙이다. 토종 종자를 지키는 것은 종자로 인해 농업이 다국적 기업에 종속되는 것을 막고, 식량 주권을 지키는 길이다. 토종 종자가 끊기면 우리는 종자를 사야 한다. 다국적 종자 기업은 전 세계적으로 표준화된 극소수의 종자만을 강요함으로써 종의 다양성 유지에 심각한 위협을 가한다. 결국 씨앗을 지배하는 자가 세상을 지배하게 되는 시점이 오는 것이다.

이익에 눈 먼 대기업의 손아귀에서 종자가 통제되면 고유 종자들은 사라지고, 인류의 생명도 위협하게 될 것이다. 인류의 안전한 먹거리와 종 다양성 보존을 위해 종자는 반드시 농부들이 지켜야 한다. 씨앗은 생명이자 미래다. 이것은 농부의 생각이다. 하지만 다른 누군가는 씨앗을 돈과 권력의 대상으로 본다. 이제 씨앗을 농부의 손에 돌려주어야 한다. 토종 종자에 식량과 인류의 미래가 있으니까.

그들은 왜 종자에 욕심을 부릴까?

2005년 일이다. 종묘사에서 잘 포장된 옥수수 종자를 샀다. 포장지 안에는 분홍빛 소독한 종자가 들어 있었다. 지퍼 팩에 담긴 흰 찰옥수수도 샀다. 강원도 농가에서 구입한 종자를 유통하는 모양이었다. 이것은 계속 순환이 가능한 종자이다. 분홍빛 종자의 경우는 순환이 가능하지 못한 것으로 F1로 개량된 종자이다. 이른바 정부 보급종이다. 개량종을 심어서 수확하고 일부 채종해서 이듬해에 다시 심었는데 열매도 맺고 했지만 50%미만밖에 수확하지 못했다. 그해 나는 전년도보다 옥수수 수확량이 현저히 떨어졌다는 보도를 접했다. 기후 탓이었는지 그 정확한 원인을 기억할 수는 없지만, 아마 그때 수확한 건 농민들이 농진청에서 받은 보급종이었을 것으로 추측된다. 농민들은 평소대로 채종했을 것이고, 그것을 다시 심었을 것이다. 하지만 50%미만으로 수확하게 된 후에야 그 옥수수 종자가 어떤 것인지를 알게 되었을 터이다.

정부에서 보급하는 종자들은 토종 종자처럼 수 대에 걸쳐 채종하고 심을 수 있는 종자가 아니라, 대부분 생식불능이나 기형적인 것을 양산하는 종자다. 이유는 정부에서 직접 종자를 생산해서 판매하는 것이 아니라 민간 기업에게 위탁하거나 민간 기업이 지속적으로 판매할 수 있도록 하기 때문이다. 기업은 돈을 벌어야 하니까.

대학찰옥수수는 토종 종자를 육종한 종자로 한국의 모 박사가 특허권을 가지고 있다. 대학찰옥수수를 재배하려면 농부는 매년 종자를 사서 심어야 한다. 괴산 지역 거의 모든 농가에서는 대학찰옥수수를 재배한다. 대학찰옥수수는 괴산 주변의 토종 종자로 순계 보존을 하려고 개량한 것이다. 옥수수는 가깝게 심으면 순계를 유지하기 힘들다. 흰 옥수수와 검은 옥수수를 가깝게 심으면 타식성이기에 교잡이 일어난다. 괴산에서 토종 종자를 발굴하면서 우연히 분홍빛 옥수수를 접했다. 이 분홍빛 옥수수는 검은 옥수수와 노란 옥수수의 두 세대 교잡종일 가능성이 크다.

괴산 찰옥수수의 종자는 미국에서 채종한다. 순계를 유지하기 위해서다. 괴산 지역 농민들은 매년 종자를 사야 한다. '옥수수 순계를 위해서'라는 말은 마치 '한민족은 단일 민족'는 말을 연상시킨다. 순수 혈통이라는 뜻이니까. 우리는 종자를 고를 때 모양이 좋고 크기도 큰 것, 빛깔 좋은 것을 고른다. 하지만 막상 이런 종자를 고르는 순간에도 마음은 편하지 않다. 크고 좋은 것, 번듯한 것만 대우 받는 인간 사회를 보는 것 같아서.

담합에 의한 종자 획일화가 문제다

대학찰옥수수를 개발한 박사님은 매년 로열티를 받는다. 판매권은 아마도 괴산 농협에 있을 것이다. 괴산 지역 대부분의 농가는 대학찰옥수수를 재배한다. 농협에서 괴산 대학찰옥수수를 재배하는 농가에게만 지원과 수매를 하겠다고 선언했기 때문이다. 농민들은 종전에 하던 옥수수 종자 채종을 팽개치고 대학찰옥수수를 선택한다. 그래서 괴산에 가면 다른 옥수수 종자를 찾기 힘들다. 이는 미국의 거대 종자회사인 몬산토가 농민에게 종자를 팔고 그들이 재배하고 나면 카길 곡물회사가 이를 전량 수매하는 것과 같다. 몬산토와 카길의 합작으로 농부는 자신이 원하는 종자를 재배하는 대신, 기업이 원하는 종자만 재배한다. 농업이 기업에 종속되는 구조가 고착되는 것이다. 사

64

실 일반 농민들에겐 자신이 생산한 것을 직거래 할 수 있는 능력이 없다. 판매 거래선을 독립적으로 가지는 것도 쉽지 않은 일이다. 그들은 오직 농협만 믿고 일하면서 거래했기 때문이다. 기업이 농민들에게 단일화된 종자를 강요하는 이유이다.

비슷한 과정을 거쳐 괴산 지역에는 다른 옥수수 토종 종자가 거의 사라졌다. 대학찰옥수수는 대학이 기업과 결탁하여 종자의 다양성을 없애고 획일화시킨 사례다.

"우리는 이 종자 아니면 가져가지 않겠다"는 기업 의지는 종자를 획일화시키고 농가의 곡물 생산을 배타적으로 만든다. 카길에서 옥수수만 수매하겠다고 한다면 쌀 농가에서도 쌀농사를 짓는 대신 옥수수만 심게 된다. 그러면 머지않아 전 국토가 옥수수 농장이 될 것이다. 사람들은 옥수수를 주식으로 삼게 되고……. 만일 옥수수 재배에 치명적인 기후 변화가 생긴다든지 다른 상황이 발생한다면 아마 모두 굶어 죽을지도 모른다.

첫 강의에서 말한 것처럼 '기업이 세계를 지배하겠다.'는 이야기에 다름 아니다. 종자를 지배하면 결국 세계를 지배하게 된다. 음모론을 인정하든 안 하든, 이런 상황은 엄연히 전 세계적으로 진행되고 있다. "식량을 지배하는 자, 세상을 지배하리라!" 키신저의 이 한마디는 이 모든 상황과 미래를 꿰뚫고 한 말이리라.

4대 종자 기업

몬산토는 세계 종자 시장의 1/4을 차지한다. 세계 GM종자들 중 87%가 몬산토의 유전공학 기술로 만들어진다. BT균은 GM종자를 만드는 데 널리 이용하고 있는 미생물로서 BT균의 살균 작용을 이용하여 다른 식물체에 이식하면 살균을 위한 독소를 자가 생성하게 되어 해충을 죽인다. 콩·옥수수·밀은 몬산토에서 만든 대표적 GM식물인데 특히 가뭄에도 견디는 GMO 밀의 생산이 화제다.

몬산토는 1901년 설립된 기업으로 '사카린' 같은 식품 첨가물을 만드는 화학 기업이었다. 대다수 화학 기업은 2차 세계대전 중 화학 폭탄을 제조하거나 신경가스를 개발하던 군수업체였다. 베트남 전쟁에 사용된 치명적인 다이옥신과 고엽제도 몬산토가 개발한 것들이다. 이들은 전쟁 후 화학 무기를 만드는 기술로 농약과 제초제를 개발했고, 1960년 이후에는 종자 회사를 합병하면서 화학 기업과 유전자 조작 기술 그리고 농업 종자 기술을 총합한 다국적 농업 기업으로 성장한다. 듀퐁, 시젠타, 바이엘과 함께 전 세계를 주름잡는 4대 종자 회사에 등극한 것이다. 전쟁 무기와 식량이 밀접한 관계에 있음을 알 수 있는 좋은 실례다.

농화학 기업은 종자 기업을 인수함으로써 수익의 극대화를 꾀한다. 라운드업(ROUND UP) 콩 종자는 항상 라운드업 농약과 제초제를 세트로 판다. 이처럼 패키지 판매를 하는 이유는 그 종자에는 딱 그 농약밖에 효과가 없기 때문이다. 그러니 농민들은 울며 겨자 먹기로 회사의 요구에 대가를 지불할 수밖에 없다. 시젠타도 종자와 잡초 제거 농약을 세트로 판매한다. 이들 4대 종자 기업과 농화학 기업은 세계 시장을 점유 면에서 분야별로 앞서거나 뒤서거니 한다. 종자 회사로 칠 때 몬산토→듀퐁→시젠타→바이엘 순이라면 농화학 기업으로 따질 때는 바이엘→시젠타→몬산토→듀퐁의 순이다. 결국 이들 4대 기업이 전 세계의 종자를 지배한다고 보면 된다.

농부권과 식량 주권을 박탈당하다

몬산토 라운드업 콩 종자를 사려면 몬산토 특허권을 침해하지 않겠다고 서약해야 한다. 콩 종자 포장에는 "이 특허에 의해 농민은 1회 재배만 허가한다. 수확한 종자는 재파종을 불허한다."라고 명시되어 있다. 결국 농민은 매해 종자를 새로 구입해야 한다. 이처럼 식물체 전체가 특허 대상이 된 것은 1985년이다. 그때 미국에서 특허권이 인정되었고, 식물체 전체와 식물체 개별 구성 요소도 특허 대상이며 동시에 수확된 종자의 재파종 금지 규정도 인정되었다.

이는 수천 년 동안 종자 개량에 힘써온 농민의 권리 즉 농부권을 빼앗는 처사였다. 동시에 인류 공동의 자산인 종자를 특정 기업이 지배하겠다는 처사이기도 하다. 농부는 종자 회사로부터 씨앗을 사야 하고 수천 년의 농부권은 30년도 안 된 기업의 종자 지배에 권리를 넘겨야 했다. 다국적 기업의 종자 통제는 실로 막강하다.

캐나다의 어떤 농부가 몬산토에 대항해 싸운 적이 있다. GMO 카놀라 씨앗이 자기 경작지에서 발견되었기 때문이다. 사실 인근 다른 농가에서 재배 중이던 작물인데 운송 도중 씨앗이 자신의 경작지에 떨어졌다가 저절로 자란 것이다. 그런데 이것을 가지고 몬산토는 쉬마이저 씨에게 수십 년간 재배한 경작지와 씨앗을 폐기하라며 소송을 걸었고 그는 패소했다. 1개의 유전자를 넣은 카놀라 씨앗에 대한 특허권을 주장하는 강도짓에 농부들은 이제 기업 식물 특허권으로 토종 작물의 종자마저 없애야 하는 현실에 처한 것이다.

인도의 바스마티 쌀의 경우엔 정도가 더욱 심하다. 인도의 바스마티 쌀은 인도인들이 즐겨먹는 전통 쌀로서 미국 텍사스의 종자 회사에서 만든 것이다. 특유의 향과 쌀알의 길이가 특화된 종자다. 인도 님

나무의 경우도 그렇다. 님나무는 나뭇잎과 껍질을 이용하여 치약과 피부 건강에 효과가 있는 약재로 사용되었는데, 미국의 한 가공 회사에서 109가지 살균 특성을 이용한 특허를 출원하면서 이를 자신들의 권리로 만들고 말았다. 어떤 회사는 500여 건의 특허에 무려 260여 종을 보유하고 있다. 배부른 기업이 배고픈 농부와 국민이 가진 최소한의 것마저 빼앗아가는 명백한 절도 행위의 예라고 하겠다.

전 세계로 옮겨 가는 GMO 종자

종자 지배는 유통 가공 측면에서 더욱 견고하다. 전 세계 최대 곡물 메이저인 카길과 납품 계약을 맺으려면 이들이 요구하는 특정 종자를 재배해야 한다. 카길은 몬산토 종자를, ADM은 시젠타 종자를, 콘아그라 식품 가공 업체는 듀퐁의 종자를 요구한다. 이들 기업은 판매하고 싶은 것만 보급·유통하기 때문에 소수 품종만 재배되고 단일 종으로 바뀔 수밖에 없다. 토종 자원은 결국 괴멸되게 마련이다.

그들이 요구하는 단일 종자를 재배하려면 패키지로 농약을 구입할 수밖에 없고, 그 와중에 농약에 내성을 가진 병해충이 발생하면 다른 농작물도 초토화된다. 나중에는 다른 종자를 심고 싶어도 속수무책이다. 종자 시장에서 다른 토종 종자는 모두 사라지고 오로지 단일 종자만이 남는 것이다. 이 경우를 대변하는 극악한 상황의 예로 1845년 감자를 주식으로 하던 아일랜드에 잎마름병으로 감자 수확이 초토화된 사건을 들 수 있다. 재배종이 1종밖에 없었기에 결국 100만 명이 굶게 되었고, 300만 명이 다른 곳으로 이주했다. 종의 단순화가 몰고 온 재앙이다. 기후 변화가 예견될수록 다양한 종자를 준비해야 병충해 공격에 대비할 수 있다. 토종은 환경과 병충해의 적응성이 높기 때문이다.

최근 몬산토는 GMO 벼를 개발하고 있다. 인도·중국·베트남을 비롯해 쌀을 주식으로 하는 아시아의 종자 시장을 장악하기 위해서다. GMO 종자는 최근 미국·브라질을 필두로 아메리카와 아시아에서 매년 10% 이상 공급율이 증가하고 있다.

한국에서도 GMO 종자가 확산되다

한국에서도 GMO 종자가 피폭되었다. 2010년 11월 30일자 국민일보에 게재된 국립환경과학원의 보도 자료를 인용한 기사에 의하면 전국 228곳에서 GMO의 환경 유출을 조사한 결과, 26곳에서 GMO 종자 유출이 확인되었다. 26곳 가운데 사료 공장이 9곳, 운송로 주변이 14곳, 사료 공장과 운송로 주변의 텃밭이 1곳, 축사 주변이 1곳으로 밝혀졌다. 15곳은 알곡이었고, 11곳은 작물이었다. 작물별로는 인천에서 GMO 유채가, 논산에서는 GMO 면화, 김제·원주·횡성·나주·경주·함안은 GMO 옥수수가 발견되었다. 지역적으로는 원주·횡성이 11곳, 천안이 2곳, 나머지는 조금 떨어진 각 1곳에서 발견되었다.

이 사실은 대부분의 사료를 미국산 수입에 의존하고 있다는 것, 미국 사료 종자들이 대부분 몬산토와 같은 GMO 곡물 종자를 사용한다는 점을 말해준다. 결국 한국에서도 GMO에 의해 생태계에 영향을 끼치는 상황이 발생한 것이다. 앞으로 자연 교잡으로 인한 GMO의 확산은 걷잡을 수 없이 증폭될 전망이다. 하지만 한국 정부는 어떤 대책도 강구하지 못 하고 있다.

독일의 되르플러(W. Doerfler)의 실험 연구에 따르면 GMO 사료의 DNA는 축산물에 잔류한다. 바이러스는 장의 표피를 통해 혈액 속으로 들어가고 백혈구나 비장·간장 등의 유전자 DNA에 들어갈 수 있다. 유전자 조작 프로모터로서 컬리플라워 모자이크 바이러스 35s가 많이 사용되는데, 이것은 동물에게 이상을 일으키는 GMO 사료의 일부가 축산 동물의 고기나 계란에 잔류될 가능성이 높다는 것을 증거한다. 따라서 축산 분뇨를 통해 생태계나 농경지에 손쉽게 전파될 수 있다. GMO 종자는 전 세계에 피폭되면서 개발도상국, 특히 아시아 국가에 막대한 폐해를 가져온다. 하지만 이런 상황에 대한 구제 조치는 전무한 형편이다.

세계를 흔드는 종자 기업의 임원은 누구?

WTO(세계무역기구)는 종자 시장 개방을 적극 요구한다. 물론 미국 정부 뒤에 숨은 강력한 종자 회사와 관련된 일이다.

도날드 럼스펠트 미국방장관은 몬산토 자회사의 대표였고, 미키켄티 미무역대표부 대표는 몬산토 이사회장이었다. 존 애쉬크로프트 미법무장관은 몬산토의 최대 기부금 수혜자였다. 클라렌스 토마스 미대법관은 몬산토의 수석 변호사였다. 윌리엄 릭켈샤우스 미환경보호청장은 몬산토의 이사였고, 마이클 테일러 미식약청 정책보좌관 역시 몬산토의 수석 변호사였다. 몬산토 출신이 미국 정계·법조계를 모두 장악한 셈이다. 2000년 11월에 발행된 몬산토 뉴스레터에 의하면 "농업생명공학 산업은 11월 선거에서 어떤 후보가 백악관 주인이 되든지 백악관의 지원을 받을 것이다."라고 공언했다. 미국 무역 정책이나 인사 방식을 보여주는 단적인 예이다.

몬산토는 미국 정책을 조정하고, 동시에 정치권을 장악하고 있다. 우리나라는 거기에 덩달아 놀아나는 셈이다. 이런 마당에 미국이 S510법안을 통과시킨 것은 어쩌면 십분 당연한 일일 것이다. 우리나라의 경우 몇몇 대기업이 없으면 생활 자체가 이루어지지 않는 것처럼.

시골의 축산 농가에 가서 사용되는 사료를 보면 카길에서 수입한 것이 많다. 앞서 말했듯 '종자를 지배하는 자가 세상을 지배'하는 꼴이 된 것이다. 몬산토, 시젠타, 듀퐁 등의 대규모 다국적 기업들은 이제 농민에게 종자와 농약 패키지를 제공함으로써 가장 높은 수익을 올리고 있다. 이런 시스템은 미래에도 농민들이 그 회사의 곁을 떠나지 못 하게 만드는 일종의 튼튼한 덫인 셈이다.

앞으로는 본인이 조용히 농사를 짓고 싶어도 그럴 수 없는 시기가 올 것이다. 기업에는 대의적인 윤리나 도덕이 없다. 오직 이윤을 목표로 세계를 손아귀에 틀어쥐고 뻗어 나갈 뿐이다. 그럼에도 불구하고 우리는 여전히 기업에 편승해서 이익을 공유하길 꿈꾸며 살아간다. 경제에는 국가도 없다. 국가는 그저 빛 좋은 개살구일 뿐이다. 우리의 경제뿐만 아니라 의식까지 잠식하는 기업에는 농업 분야 외에도 금융 기업인 시티뱅크 그룹, 골드만삭스, 영화 기업인 워너브라더스, 20세기 폭스, 그리고 교육 기업인 하버드 대학, 시카고 콜럼비아 대학 등이 있다. 명백히 직시해야 할 현실이다.

한국에도 농부권이 없다!

2011년 3월 17일, 국립종자원에서는 불법·불량 종자로 인한 농업인의 피해를 방지하고 건전한 종자 유통 질서 확립을 위해 올해에도 종자 유통 성수기에 맞춰 종자 유통 조사를 추진한다고 밝혔다.

종자 유통 조사 추진 계획에 따르면 각 작목군 별 정기 유통 조사로 시기는 과수묘목 3월, 채소 종자와 씨감자가 3~5월, 김장 채소 종자가 8월, 인터넷 유통 종자 9월, 버섯 종균 10월 등이다. 또 종자원은 민원 제보가 있을 경우 종자 생산 판매 업체를 대상으로 종자 산업법 준수 여부를 수시로 조사하겠다고 밝혔다.

종자원은 올해 무보증 씨감자 판매 및 무등록 업체의 과수 묘목 생산 행위를 방지하기 위해 재배 농가, 판매처를 대상으로 탐문 조사를 실시해 불법 종자 업체를 단속할 방침이다. 오는 7월부터는 종자 유통 조사 담당 공무원에게 특별 사법 경찰권을 부여해 불법·불량 종자 유통에 대한 수사도 병행하도록 지시했다. 이로써 조사의 실효성을 높일 수 있게 되었다.

품종 진위를 가리기 위한 검정도 3년 단위로 매년 3개 작물을 대상으로 실시된다. 올해는 멜론·참외·무에 대해 유전자 검사를 한다. 김창현 국립종자원장은 얼마 전 이 내용을 뼈대로 한 올해 종자 유통 조사 추진 계획안을 발표했다. 그는 "판매 업체가 고의로 위법 사실을 감추거나 조사를 거부해서 불법·불량 종자 유통 사실을 적발하는 데 어려움이 많았지만, 특별 사법 경찰권이 도입되면 수사가 수월해져서 유통 조사의 실효성을 높일 수 있을 것이다."고 말했다.

종자 산업법 관련 범죄에 대해 사법 경찰권을 부여키로 한 법안 개정안은 지난해 10월 입법 예고된 바 있다.

밥상 전쟁

음식이 바뀌면 사회구조가 바뀐다

채식을 하면 어떤 점이 좋을까?

구제역에 따른 육식 산업과 가공 식품 문화에 대한 문제의식은 '채식인이 되는 것'이 좋겠다고 생각하게 만든다. 채식을 하면 어떤 좋은 점이 있을까? 어떤 문제를 해결할 수 있으며 파급 효과는 무엇일까?

첫째, 수질 오염을 줄일 수 있다. 동물을 사육하는 축산 시설 근방은 배설물로 인해 수질 오염이 매우 심각하다. 대규모 공장 축산 경우는 물의 사용량도 많고 배설물 처리 문제도 심각하다. 배설물에는 사료를 통해 섭취한 항생제가 녹아 있는데 이것은 곧 식수 오염, 토양 오염으로 이어진다.

둘째, 지구 온난화를 방지할 수 있다. 완전한 해결책은 아니지만 지구 온난화의 속도를 늦출 수 있다는 뜻이다. 사료 농업은 이산화탄소를 발생시킨다. 사료 생산을 위한 농업은 기계를 동원한 대규모 농업이기 때문이다. 더구나 화학 비료, 농약, 선택적 제초제를 만드는 화학 공장은 기후 변화를 유발하는 토양의 저질화와 이산화탄소 발생을 촉진한다.

셋째, 무엇보다도 식량 생산에 투여할 경작지를 늘일 수 있다. 전 세계 곡물 생산에서 사료 재배 면적이 절반을 차지하기 때문에 고기 소비가 줄면 그 만큼의 사료용 경작지가 사람을 위한 곡물 생산으로 돌아갈 수 있다.

넷째, 생활비가 덜 든다. 감자 100g과 고기 100g을 놓고 보면 당연히 고기가 더 비싸다. 시장 상황을 보면 그동안은 채소 값이 턱없이 쌌음을 알 수 있다. 축산업은 고기를 만들어내기 위한 과정으로 부가가치가 높다. 고기는 단기간에 칼로리를 많이 섭취할 수 있다는 점에서 애호되었지만, 고기를 먹어야 힘이 난다는 관습적인 사고는 육식을 즐기는 습관으로 나타났다. 이는 고기가 귀해서 1년에 몇 차례만 먹었던 시절부터 고착된 생각이다.

농경 시대에는 육체적 노동이 많았으므로 어느 정도 육식이 필요했다. 하지만 무턱대고 고기를 많이 먹는다고 몸이 건강해지는 것은 아니다. 우선 고기가 맞는 체질과 그렇지 않은 체질을 구별해야 하고, 더불어 기후 환경도 고려해야 한다. 사육으로 생산된 고기는 사실 질병 덩어리에 불과하다. 고기를 많이 먹어서 발생하는 질병과 그에 따른 의료비를 생각한다면 어떤 식습관이 바람직할지 재고해야 할 터이다.

다섯째, 조리가 편하다. 채식은 날 것으로 먹거나 약간의 열만 가해서 먹을 수 있다. 날 것을 채식하면 뒤처리에 세제를 사용하지 않아도 된다. 조리 방식도 간단하다. 고기처럼 전기 에너지를 많이 들일 필요가 없다.

여섯째, 성품이 온화해진다. 정서적·정신적 이점이라 하겠다. 고기를 즐겨 먹는 사람들은 성급하고 폭력적인 측면이 높게 나타난다. 술까지 곁들이면 이런 성향이 증폭된다. 채식주의자들은 아무래도 화를 덜 내고 성급하지 않다고 한다. 인내심과 지구력도 있다. 일본에서 학교 급식 식자재를 고를 때 육식과 가공 식품을 줄이고 채소 반찬을 늘린 뒤 학생들의 성향 변화를 관찰한 결과 아이들의 지구력과 인내력이 향상되었다는 결과가 나왔다.

일곱째, 몸이 날씬해진다. 한 달 정도 채식만 해 보라. 불룩했던 배가 쑥 들어갈 것이다. 술을 자주 먹는 사람도 기름기와 밀가루가 함유되지 않은 채식 위주의 안주를 즐긴다면 분명 다이어트 효과를 볼 것이다. 채소에 들어 있는 식이 섬유는 배설을 도울 뿐만 아니라 장에 남는 것을 없게 만든다. 채식하는 사람치고 뚱뚱한 사람이 없다. 채소를 먹으면서 위장이 더부룩하다는 말은 듣지 못 한다. 몸을 가볍게하는 데 채식만큼 좋은 밥상은 없다.

여덟째, 중병이나 암에 걸린 사람에게는 양의든 한의사든 한결같이 채식 위주의 식이요법을 권한다. 고기·술·담배·커피는 엄금이다. 항암 치료를 받을 때도 치료의 제1순위는 식이요법이다. 암에 걸렸는데 왜 고기를 끊게 할까? 고기가 건강을 해치기 때문이다. 사실 아주 간단한 원리라 하겠다. 잔인하게 도살당한 짐승에게는 고통과 원한이 박혀 있게 마련이다. 그러니 먹는 사람에게도 독약으로 작용할 수밖에.

마지막, 생태계 복원에 도움이 된다. 그 이유는 구구절절 이야기하지 않아도 잘 알 것이다.

채식과 생식으로 시간 도둑을 잡아라

연두 농장의 한 친구는 점심으로 생쌀을 먹는다. 조리 시간이 따로 들지 않기 때문이다. 생식을 하면 시간적으로 여유를 만끽할 수 있다. 또 몸이 가벼워진다. 줄곧 생식하다가 화식을 하게 되면 금방 몸이 축축 늘어지고 위가 버겁다는 것을 느끼게 된다. 우리는 평상시에 화식을 하기 때문에 생식의 가벼움을 느낄 기회가 없다.

인간의 음식 역사를 보라. 불을 발견하기 전에는 너나 할 것 없이 생식을 했다. 생식은 야생적인 식습관이다. 인간이 초식 동물이었을 거라는 유추는 '불'의 발견 이전 이야기다. 불을 사용하기 전에는 육식을 하더라도 동물처럼 먹었을 가능성이 크다. 아니면 태양에 말려 육포 형태로 먹었을 것이다. 물론 인간보다 작은 동물—새나 조그만 동물, 물고기 정도—에 지나지 않았을 테지만. 그러다가 큰 동물을 잡기 위해 도구를 만들고, 식용 방법을 개발했을 것이다.

불이 인간 문명을 발전시킨 주요 수단이라는 점은 옳은 지적이다. 불의 출현으로 새로운 문명의 시대를 열었으니까. 이때부터 시간과 문명이라는 새로운 각도가 형성되었다. 불을 쓰는 화식은 음식을 부드럽게 해서 소화를 용이하게 해준다. 조리 후 밥상을 같이 나누는 시간이 늘어나면서 모임도 가능해졌다. 이른바 '밥상 문화'가 형성된 것이다. 하지만 역으로 보면 밥상을 준비하는 시간과 나누는 시간, 처리하는 시간에 더 많은 에너지를 소비하게 되었다는 것도 간과할 수 없다.

조리의 간편함도 장점이지만, 생식을 하면 별도의 외부 에너지를 사용하지 않아도 된다는 장점이 있다. 단점이라면 날 것으로 먹을 경우 해충에게 해를 입을 수 있다는 점이다. 여기에도 일장일단이 있다. 불로 익혀 먹으면 균이 죽어서 생체 전염과 오염을 방지할 수 있지만 장 활동을 돕는 익균마저 죽음으로 내몰아서 내장 면역력을 더 약화시킬 수도 있다. 면역력이란 외부에서 안 좋은 물질이 들어왔을 때 신체 내부에서 저항하는 힘을 이른다. 완전하게 안전한 먹을거리란 면역력 체계에 도움이 되는 먹을거리까지 포함하는 개념이다.

요즘엔 육회를 즐겨 먹지 않는다. 육회를 즐기려면 고기가 신선해야 하는데 현대적 사육 방식으로는 고기를 날 것으로 먹었다가 부작용을 얻게 될 가능성이 더 높기 때문이다. 사육 과정 전체가 질병으로 가득 찼는데, 하물며 죽은 고기임에랴! 고기를 먹으려면 당연히 조리를 해야 하고, 시간을 투입해야 한다. 만일 조리하기 귀찮다거나 시간이 아깝다고 생각하는 사람이 있다면 채식을 하기 바란다. 물론 이때는 농약이나 화학 비료가 들어가지 않은 곡물과 채소를 먹어야 한다.

우리는 먹는 일에 너무나 많은 시간을 소비한다. 채취와 수렵을 하던 옛날에는 하루 일과 중 노동이 더 많은 시간을 차지했다. 먹을거리를 취하는 것 자체가 노동이자 생활이고 놀이였다. 따라서 시간에 대한 관념 자체가 없었다. 요즘 사람들은 누구나 '바빠 죽겠다'를 입에 달고 산다. 시간이 부족하다면서 다른 데서 시간을 아낀다고 아우성이다. 하지만 알고 보면 이 모두 소비하기 위해 돈을 버는 시간이나 먹기 위해 소비하는 시간들이다. 먹고 쓰는 데 대한 욕망을 채우기 위해 시간이 부족한 생활, 한 번쯤 심각하게 돌아봐야 하지 않을까?

'약식동원'으로 건강을 지킨다

채식 위주의 사회는 생태계 파손이 덜하다. 생태계를 지키는 것은 결코 거창한 일이 아니다. 나의 건강, 자연의 건강을 지키는 것이 바로 생태계를 지키는 첩경이다.

현대인의 질병 중 가장 흔한 게 고혈압, 당뇨, 뇌졸중, 그리고 각종 암이다. 이런 질병들은 나이를 가리지 않는다. 재활 병원에 가보면 놀랍게도 이십대 청년들이 뇌졸중으로 누워 있다. 노인에게나 나타나는 질병인 줄 알았던 뇌혈관 질환이 어떻게 해서 젊은이들에게 만연한 것일까? 원인이 무엇일까? 그 원인으로 먼저 음식 문제를 들 수 있다. '약식동원'이라는 말이 있듯이 음식과 건강한 생활은 서로 밀접하게 연관되어 있다. 약식동원藥食同原은 '약과 음식은 같다.'는 것으로 의학의 아버지 히포크라테스 역시 "음식으로 치료하지 못하는 병은 없다."고 말했다. 둘째 원인으로 생활의 변화를 들 수 있다. 음식과 생활의 변화는 사회 구조에 따라 달라지게 마련이다.

생산자와 소비자가 '거래'를 통해 나눠지는 구조는 음식과 생활의 변화를 초래했다. 이 같은 사회경제적 구조에서는 노동의 주체와 결과물인 생산물 사이에 유기적 관계가 없다. 노동의 결과물은 바로 돈으로 환산되고, 돈은 의식주를 마련하는 소비 가치로 쓰인다. 식품 또한 대량으로 생산된다. 대량 생산 구조에서는 작물과 가축이 생명으로 취급되지 않고 공장에서 생산되는 상품으로 전락한다. 가축도 기른 사람이 도살하는 게 아니라 도살 공장으로 직접 보내진다. 기르는 사람과 도살하는 사람은 따로 있는 것이다. 소비자는 이것을 돈을 주고 사 먹는다.

과거에는 소가 죽으면 파묻지 않았다. 기른 농민이 직접 먹었다. 소는 고기를 만들기 위해서 아니라 일손을 돕는 게 1차 기능이었다. 고락을 같이 한 가축이 생명을 다하면 직접 도살해서 그 고기를 가족과 마을 사람들이 함께 나누어 먹었다. 우리는 으레 '시골 풍경' 하면 소와 닭, 돼지들이 한가롭게 마당에서 어울려 노는 장면을 연상한다. 소를 앞세워 일하는 농부들의 모습도. 그러나 지금은 찾아볼 수 없는 풍경이다.

지금은 사육에서 밥상까지 올라오는 과정과 노동이 철저하게 분리된다. 노동의 분절은 생명에 대한 소중함을 느낄 수 있는 기회를 박탈한다. 한두 마리, 생명과 같은 가축이 아니라 대규모로 수천 마리씩 사육되므로 생명의 의미를 일일이 생각할 겨를도 없다. 한두 마리 기를 때는 병에 걸려도 애정으로 보살피지만 몇 천 마리가 넘으면 막상 애가 타기는 해도 속수무책이다. 충분히 교감하기도 힘들거니와 대규모 사육 자체가 애정을 빼앗아 가버리기 때문이다. 그러니까 수백 마리 가축을 사육하면서 '가족같이 자식처럼 지냈다.'는 고백은 새빨간 거짓말이다.

웃지 못 할 일례를 한 번 보자. 어느 날 유치원생들이 딸기 농가로 체험 학습을 나갔다. 마침 그 곳 농가의 아들도 있었다. 자기 아이가 다른 어린이들과 함께 딸기를 마구 먹는 것을 보고 농부가 한 마디 한다. "먹지 마. 그거 농약 친 거야!" 이것이 요즘 농가의 현실이다. 돈을 벌기 위한 농사는 농약의 유혹을 뿌리치기 어렵다. 마찬가지로 현금성을 감안한 가축 농사는 건강을 생각할 수가 없다. 인식의 변화와 사회 구조적 변화가 수반되지 않는 한 우리의 식습관은 절대 바뀌지 않을 것이다. 이런 구조와 생활에 길들여진 인류의 미래를 상상하는 것은 그리 어렵지 않다.

스트레스 권하는 사회

먹는 것으로 치료하는 식의食醫, 마음을 치료하는 심의心醫, 그리고 약으로 치료하는 약의藥醫 가운데 현대인에게 가장 필요한 것은 심의이다. 심의는 흔히 얘기하듯 '불필요한 감정을 다스리고 마음을 치료하는 것'이다. 당연히 경쟁심도 심의의 대상이다. 흔히 경쟁심이 없으면 낙오된다고 생각한다. 성적이 떨어진 아이에게 "아이고, 이번에도 꼴찌했구나, 참 잘 했다!"고 칭찬하는 부모는 없다. 음으로든 양으로든 부모는 아이에게 압박을 가하고 경쟁심을 자극한다. 회사에서도 마찬가지다. 해직당할까 봐, 도태될까 봐 우리는 자기 시간마저 내가면서 일하고 야근을 밥 먹듯이 한다.

어떤 사회든 어떤 분야든 1등은 늘 정해져 있다. 1등은 한 명뿐이다. 그런데도 많은 사람들이 1등이라는 고지를 탈환하기 위해 경쟁에 경쟁을 거듭한다. 스스로 스트레스를 체화시켜 사는 것이다. 하지만 우리 사회에 생존 경쟁만 있는 건 아니다. '너보다 나아야 한다.'는 비교 경쟁도 만만치 않다. 이를 우스갯소리로 '옆집 아줌마 증후군'이라고 한다. 결국 남는 것은 스트레스뿐이다. 사회에서 가정에서 스트레스를 강요하는 것이다.

'난 스트레스가 없어.'라고 생각하지만 실은 어떤 양태로든 스트레스는 내재한다. 스트레스를 다스리려면 경쟁 구조를 피해가야 한다. 그리고 자기 자신을 성찰해야 한다. 매일 자신의 생각을 가다듬고, 몸과 마음을 바라보아야 한다. '일체유심조'라는 말이 있다. 모든 것은 마음에서 나온다는 뜻이다. 마찬가지로 어떤 현상이든 그 배후엔 이유가 있다. 성인병 때문에 고생하는 사람이 있다면 과거 식습관과 생활에 뭔가 잘못된 점이 있을 것이다.

비교와 경쟁은 우울증을 촉발한다. 우울증은 어느 날 갑자기 생기는 게 아니다. 켜켜이 쌓여 있다가 어느 순간 수면 위로 떠오르는 것이다. 노력을 했는데도, 자신을 몽땅 투자했는데도 만족할 결과를 얻지 못 하니 우울증이 생기고, 피해 의식이 생기는 것이다. 채워도 채워도 가득 차지 않는 욕심 때문에 결국 마음이 병 들고 우울증이 생기는 것이다. 심신이 지쳐 도시를 떠나도, '농'이라는 화두를 안고 새로운 생활을 꿈꿔도 막상 행복한 생활을 시작하지 못 하는 것도 욕심을 버리지 못한 탓이다. 귀농한 이들도 마찬가지다. 버섯으로 1억을 벌겠다고 파이팅을 하거나, 대규모 토지를 마련하고 덜컥 집부터 근사하게 지어놓고는 스트레스를 받는다.

귀농해서 자급자족하겠다고 마음먹고도 먼저 돈이 될 것부터 챙긴다. 행여 아이들이 프라이드치킨을 사달라고 할 때 사주지 못 할까봐, 학원에 못 보낼까 봐, 또다시 돈을 벌 궁리를 한다. 간이 좋지 않아 귀농했다가 지나치게 열심히 농사를 짓느라 결국 세상을 등진 친구가 있다. 그가 간암으로 죽은 이유는 간에게 쉴 틈을 주지 않았기 때문이다. 우리는 누구나 먼저 자기를 잘 보고, 잘 알아야 한다. 자기를 잘 보는 사람만이 남을 잘 볼 수 있기 때문이다. 자신도 못 보면서 남을 보려고 한다면, 당연히 왜곡될 수밖에 없다.

가난했던 시절이 그립다

옛날엔 학교에 어떻게 갔을까? 십 리 길을 걸어 다녔다. 그 당시 차를 타고 다녔다면 굉장한 부자다. 지금은 부모가 학생을 자동차로 모셔다 주고 모셔 온다. 집에 오면 숙제하고 밥 먹고 쉴 때면 TV를 보거나 컴퓨터를 한다. 옛날에는 안 그랬다. 학교 다녀오기 무섭게 엄마가 "뭐 해 와라."고 심부름을 시켰으니까. 가방 놓고 집안일 하느라 정신이 없어서 뚱뚱해질 틈이 없었다. 남과 비교하고 경쟁할 시간도 없었다.

나는 요즘 우리가 다시 옛날 생활로 돌아간다면 얼마나 좋을까 생각한다. 자동차로 등하교 하는 대신 걸어 다니고, 온종일 책상 앞에 앉아 컴퓨터를 만지는 대신 엄마를 돕고, TV드라마에 빠지는 대신 자연을 벗 삼아 해질녘까지 신나게 놀고, 학원에 가는 대신 동네 아이들과 뛰어다니며 놀면 얼마나 좋을까?

역사가 순환되듯 사회 구조도 순환한다. 예전에 가난해서 택했던 삶의 방식을 지금은 건강하고 온전한 삶을 위해 희구하게 되었으니 말이다. 옛날 같이 먹는 것, 그렇게 생활하는 것, 그게 바로 지금 우리의 건강을 위해 가장 필요한 것이다. 가난한 생활에서 벗어나는 게 꿈이었다면, 지금은 가난하게 생활하는 것이 바로 약이 되는 삶이 되었으니, 세상 이치란 참 오묘하다.

농사를 짓는 문제도 크게 다르지 않다. '약식동원', '내 몸과 마음을 치유하기 위한 텃밭', '사회 구조의 문제', '음식의 문제', '생활의 문제' 등도 농사 기법과 연결된다. 하다못해 '무엇을 심느냐' 하는 문제까지 연결된다.

농사는 마음과 몸을 치유하는 농사여야 한다. 우리 몸과 마음이 이미 병들어 있기 때문에 가능하면 병을 치유하는 농사를 지어야 한다. 사회 공동의 문제에서 파생된 것들이 질병을 초래했다고 봐도 과언이 아니다. 만일 이런 문제들을 그대로 놓아둔다면 개인은 어떤 보상도 받지 못 한 채 죽어갈 수밖에 없다.

나의 질병 치유는 나로만 끝나는 것이 아니다. 이 같은 생각의 전환은 생태적인 사회를 위해서 꼭 필요한 일이다. 사소하게는 구제역과 이상 바이러스의 공포로부터 자신을 지키고, 크게는 후손이 살아갈 건강한 지구를 위해서.

재앙을 부르는 생태계 피라미드

한국의 전통 밥상 문화를 '침의 문화'라고 폄하하는 사람이 많다. 가족이 둘러 앉아 찌개 한 그릇 놓고 구성원들의 오며가며 숟가락을 놀렸기 때문이다. 우리 사회에는 여전히 그런 밥상 문화가 존재한다. 동시에 서구식 '개인 밥상'도 있다. 밥상 하나만 가지고도 우리는 개인과 공동체에 대해 많은 것을 생각해 볼 수 있다. '따로국밥'이라는 말처럼 개인과 공동체가 어우러진 모습을 표현한 적절한 단어가 어디 또 있을까?

개인과 공동체. 상생하거나 화합할 수 없을 것처럼 보이는 이질적인 두 문화의 공생과 공존은 과연 가능한가? 최근 우리는 입버릇처럼 자연과 인간의 공존을 이야기하고 공생을 논한다. 모두 인간 중심적인 문명에 대한 반성에서 나온 말이리라. 하지만 나는 이런 말 자체가 여전히 인간 중심의 사고를 벗어나지 못 한 것이라고 생각한다. 그동안 자연을 핍박하다가 이제 와서 의식이 좀 생겼다고 공생하자는 형국이 아닌가?

뉴질랜드에서도 지진이 일어났다. 최근 몇 년 사이 왜 이렇게 자주 지진이 발생할까? 얼마나 많은 힘이 지구의 핵을 향해 폭력을 행사했으면 이런 일이 벌어질까? 학자들은 지금 지구의 자기장이 서서히 사라지고 있다고 말한다. 지진 발생은 생태계의 교란으로 인한 필연적인 결과이다. 그런데도 우리는 자연의 위협을 감지하는 순간에야 겨우 '공생'을 외친다.

언젠가 만났던 채식인은 "나는 안 먹고 살고 싶어요."라고 말한 적이 있다. 나는 거기 십분 동의한다. 단순하고 자연스러운 식문화에서 복잡하고 탈 많은 식문화로 바뀌는 과정에서 우린 얼마나 많은 죄를 저질렀는가? 인간의 행태를 보라. 태어나서 살아가는 동안 우리가 대체 무슨 짓을 한 것일까? 자연을 파괴하고 생태계를 교란시키고 흐름을 끊어버리기를 일삼지 않았는가? 무분별하게 도축하고 인위적으로 유전자를 조작하지 않았는가? 오직 인간에게만 유리하도록, 그것도 특정 세력과 특권층에게만 유리하도록.

작금의 사태는 당연한 결과이다. 구제역도, 변종 바이러스도, 지진도 당연한 귀결이다. 결국 인간은 태어나면서부터 자연을 수탈하는 유일한 종이 아니었던가? 이제 우리는 원죄 의식을 되찾아야 한다. 생명 존중은 원죄 의식에서 출발한다. 원죄 의식을 절절하게 갖지는 못하더라도 최소한 그런 생각은 가지고 살아야하지 않을까? 지금부터 다시 시작해야 한다. 그리고 '나'로부터 출발해야 한다. 위기를 느낄 때의 반응은 사람이나 체제나 매한가지다. 자신이 암에 걸렸다는 걸 알게 된 순간 모든 양식을 바꾸듯이 우리는 절체절명의 위기 아래 사회 구조를 바꾸도록 노력해야 한다. 진정성만 있다면 가능한 일이다.

사자에게 채식을 시키면 어떻게 될까? 아마 으르렁 소리조차 달라질 것이다. 어쩌면 동물의 왕으로서 본성마저 사라질지 모른다. 그동안 인류는 사자가 육식 동물이며 생태계 최상위층이라는 인식을 버리지 않았다. 그리고 생태계의 맨 위층을 인간이 차지한다고 굳건히 믿었다. 생태계 피라미드를 당연시 한 것이다.

만일 어느 날 갑자기 고등한 외계인이 나타나 인간을 우습게 본다면? 인간을 지배하려 든다면? 고등과 하등은 '인간이 인간을 위해, 인간에게 편리하도록' 구분한 것이다. 교육의 오류일 수 있고, 관습의 오류이자 판단 착오일 수 있다. 이제 입으로만 외치는 공생에서 벗어나 자연과의 관계부터 재고해야 할 시점이다.

싸움을 일으키는 육식, 싸움을 말리는 채식

의사 선언으로 유명한 히포크라테스는 "음식으로 고치지 못 하는 병이 없다."고 말했다. 동서고금에 걸쳐 꾸준히 인정되는 이야기다. 이것은 음식이 나를 고치지만 곧 사회를 고친다는 의미이기도 하다. 채식인이 되면 내가 변하는 동시에 사회 구조도 바뀌고 생활양식도 바뀐다. 성급하게 이야기하자면 "음식은 전쟁을 막는다."고 할까?

중동 지역과 아프리카 지역에서 끊임없이 번지는 분쟁—민주주의라는 미명하에 벌어지는 전쟁이다—은 실은 석유 때문이라고 보는 게 맞다. 아프리카에서는 오랫동안 유지되던 지역 공동체마저 석유 때문에 무너지는 참상이 반복되고 있다. 리비아는 석유 봉쇄를 선언하고, 중동은 피크오일을 경고한다. 석유가 전쟁을 일으키고 석유가 인류의 종말을 앞당기고 있다. 석유 산업의 가장 큰 수혜자는 육식산업이다. 그러니 '육식이 싸움을 부른다.'고 할 수밖에.

채식은 다르다. 채식 위주의 생활을 하게 되면 전쟁을 막을 수 있다. 채식이 육식보다 못 하다는 건 편견이다. 이것은 육식 산업에 종사하는 사람들과 이윤을 가장 큰 원칙으로 삼는 일부 권력층에서 나온 잘못된 정보이다. 산업은 본질상 개인들에게 올바른 정보를 제공하지 않는다. 산업은 곧 기업의 이익을 대변하고, 국가는 기업의 이익과 밀접하게 관계를 맺기 때문이다.

우리는 대개 고기에서 양질의 단백질을 얻을 수 있다고 믿는다. 서구인들이 건장하고 체력이 좋은 것도 유제품을 비롯한 육류를 충분히 섭취했기 때문이라고 생각한다. 하지만 검정콩과 들깨에는 고기보다 많은 단백질이 들어 있다. 이것은 영양학회에서 검증한 이야기다. 어쩌면 우리는 고기를 권하면서 폭력을 조장하는, 저급한 육류 문화가 판을 치는 사회에서 살고 있는지도 모른다.

이제 산업 사회의 본질을 직시할 때다. 그리고 스스로 자기 몸을 돌보아야 한다. 상식하는 음식으로 병을 고치고, 에너지 친화적인 조리법을 연구하고, 체질에 맞는 음식을 만들어 먹으면서 병원을 다스리고 건강을 지켜야 한다. 남이 먹는다고 먹어서도 안 되고, 남이 좋은 효과를 보았다고 해서 나도 덩달아 따라하면 안 될 것이다.

태어나서 죽는 순간까지 우리는 저마다 독특한 개체로서 살아간다. 지구상의 어느 누구도 같은 유전자를 가질 수 없고, 같은 체질을 가질 수도 없다. 나를 먼저 알고, 생활의 원리를 파악하고, 그리고 나서 음식을 상용하는 것이 우리의 병든 모습을 치유하는 지름길이다.

잘 먹고 잘 사는 법

대~한~민~국, 먹는 데 목숨을 걸어라

이따금 텔레비전을 켤 때마다 나는 깜짝 놀란다. 우리나라 사람들이 온통 먹는 데 목숨을 걸고 있는 것처럼 보여서. 맛집 순방, 음식의 달인 찾기, 전통 음식 만들기, 향토 음식 찾아가기, 건강 밥상 차리기 등 채널을 바꿀 때마다 요란한 음식 이야기뿐이다. 그것도 연예인을 앞세워서. 아침, 저녁 그리고 특히 휴일 방송은 음식 이야기에 집중된다. 보는 사람들로 하여금 '맛'에 대한 탐험을 강행하도록 부추긴다. 집에서 손수 음식을 장만해서 먹기보다 방송을 탄 음식점을 찾아가게 만든다. 얼마 전, 음식 전쟁 역시 대부분 날조된 것이었음이 드러났지만.

"저녁이나 먹을까?"

"점심 같이 하지!"

오랜만에 만나면 하나같이 '밥 타령'이다. "차나 한 잔 하지!"는 쏙 들어가버렸다. 게다가 요즘 음식점 옆엔 반드시 술집이 있게 마련이어서 배부르게 먹고 난 뒤에도 술집을 찾는다. 음식점에서도 술을 판 지 이미 오래되었다. 우리나라 사람들은 덕분에 식사와 술을 동시에 즐기게 되었다.

　내가 어렸을 적만 해도 손님이 찾아오면 주부가 정성껏 음식을 만들어 상을 차렸다. 술도 그랬다. 하지만 점차 맞벌이 가정이 많아지면서 손님 초대는 옛말이 되어버렸다. 꼭 맞벌이를 하지 않는다 해도 요즘엔 외부인을 집으로 초대하기를 꺼린다. 시장을 보는 일부터 번거롭게 생각한다. 밥값을 지불하는 대신 손수 조리하고 상을 차리는 일련의 과정을 매우 부담스럽게 생각하기 때문이다. 그러니 '맛집'을 찾아 극성스럽게 헤맬 수밖에.

　식이요법이라도 할라치면 난처한 일이 한두 가지가 아니다. 외식이 아예 불가능한 처지에 밖에 나가 봐야 고기 아니면 회, 패스트푸드 혹은 술밖에 먹을 게 없는 탓이다. 채식 위주의 반찬을 내놓거나 자극적인 양념을 덜 쓰는 깔끔한 식당은 아예 찾아보기 힘들다. 그래서 건강상의 문제로 식이요법을 하는 이들은 아주 자연스레 도시락을 지참하게 된다.

　외식은 건강에 해롭다. 보기에 좋고 입에 달아도 속을 들여다보면 허점투성이인 게 바로 매식이다. 이따금 단식을 해 보면 우리가 그동안 얼마나 많은 시간을 음식 만드는 데 소비했는지를 절감하게 된다. 직장인들이 나가서 점심을 먹는 데도 평균 1시간이 필요하다. 하물며 직접 조리해서 먹는 경우엔 시간이 두 배 이상 걸린다. 속도에 떠밀리는 현대인들은 그래서 차라리 돈으로 음식을 사 먹으려고 한다. 밥 준비하고 음식 만드는 시간에 일 해서 돈을 버는 게 유익하다고 생각하기 때문이다. 돈을 주고 오히려 건강을 파는 셈이다.

　음식은 인간의 생로병사를 책임지는 주요한 것이다. 하지만 현대인들은 음식에 목숨을 걸고 사는 것처럼 보인다. 먹을 것도 너무 많고,

먹는 양도 너무 많고, 먹고 싶게 만드는 것도 너무 많다. 날마다 음식의 유혹에 시달린다고 해도 과언이 아니다. 이처럼 우리를 충동질하는 음식 문화는 어디서 비롯되었을까? 음식점과 방송 매체의 담합은 아닐까? 뭔가 석연찮은 커넥션이 있는 것은 아닐까?

덕분에 도처에 음식 쓰레기가 넘친다. 하지만 어떤 방송도 음식 쓰레기엔 관심이 없다. 눈과 입으로 즐기는 한 끼 식사 후에 남는 저 어마어마한 양의 쓰레기에 대해선 모두들 함구한다. 입을 호사시키는 음식도 결국 몸에서 배출되는 쓰레기가 되는데도. 먹는 데 목숨을 걸만큼 식문화가 중요하다면, 이제는 거기서 나오는 쓰레기 문제도 찬찬히 짚어볼 때가 되지 않았을까? 그런데 우리는 정말 그렇게 많이 먹고, 그렇게 다양한 음식을 먹어야만 하는 걸까? 새로 문을 연 음식점에 가거나 방송을 탄 음식점에 가 보지 않으면 우리는 정말 유행에 뒤처지는 걸까?

하루 세 끼 시간 맞춰 밥을 먹어야 할까?

"밥 먹어!"

"안 먹어!"

"때 됐는데 안 먹으면 어떡해?"

3~4살 아이들을 놓고 엄마들은 늘 밥상 전쟁을 벌인다. 아이들은 안 먹는다고 우기고, 엄마들은 싫다는 것을 억지로 먹이려 든다. 좀 더 큰 아이들은 아예 이렇게 말한다.

"배 안 고파. 나중에 먹을래."

"안 돼. 지금 먹어. 너 땜에 밥상을 또 차려야 되잖아?"

아이들은 배고플 때만 밥을 먹으려고 한다. 엄마의 뱃속에서 나왔을 때부터 그랬으니까. 배가 고프면 울고 그러면 엄마가 젖을 물려주었다. 배가 고프지 않을 때는 그저 방긋거리며 놀면 그만이었다. 엄마도 뭐라고 채근하지 않았다.

하지만 나이를 먹고 사회생활을 시작하면서부터 아이들은 밥을 먹는 데도 규칙이 있다는 것을 배우게 된다. 학교 가기 전에 반드시 아침밥을 먹어야 하고, 학교에 가면 반드시 점심시간에 급식을 해야 하고, 저녁에 집에 오면 가족들과 한자리에서 또 밥을 먹어야 한다. 가족들의 저녁 식사 시간은 대개 아버지가 퇴근하는 시간에 맞춰진다. 해 떨어졌다고 밥 달라고 하면 엄마는 대뜸 "좀 기다려. 아버지가 오시면 같이 먹자."고 한다.

규칙적인 식사는 집단생활과 함께 시작되었다. 내가 먹고 싶을 때 밥을 먹으려고 했다가는 낭패를 보기 십상이다. 고등학교 시절, 몸에 열량과 영양소가 한창 필요할 때 나의 오빠는 시도 때도 없이 밥을 먹곤 했다. 그래서 언제나 엄마의 고함 소리가 귓전을 맴돌았다. "넌 걸신 들었냐? 밤마다 찬장을 뒤져 먹으니!" 아마 그때 엄마는 오빠가 성장기였고 그 나이에는 음식을 남보다 몇 배 필요로 한다는 걸 몰랐나 보다. 아니면 지독한 짠순이였거나. 사실 규칙적인 끼니로는 허기를 채우기 힘들다. 성장기에는 더욱 그렇다.

규칙적인 식사는 학교에서도 예외가 아니다. 학교 급식이 전면화 되기 전, 행여 점심시간 전에 도시락을 먹을라치면 매를 감수해야 한다. 김치 냄새라도 피웠다가는 난리가 난다. 학교만 그런가? 직장에서도 점심 밥은 꼭 12에서 1시 사이에 해결해야 한다. 배가 고프지 않아도 그때 먹어야 된다. 아무 때나 "나 밥 먹으러 가요." 했다가는 퇴출감이다.

가정에서나 학교에서 혹은 회사에서 밥 먹을 시간을 정해주는 것은 무슨 까닭일까? 시간 관리 차원이라고 보면 옳을 것이다. 그럼 관리는 왜 하나? 구성원들을 효율적으로 다루기 위해서다. 그래야만 집에서는 주부가, 학교에서는 선생들이, 회사에서는 관리 직원들이 편할 수 있으니까.

규칙적인 식사는 규칙적인 위장 운동을 위한 것이 아니다. 사람을 위한 것도 아니다. 사회가 규칙을 원하기 때문이다. 자율보다는 일률이 관리에 더 도움이 되니까, 개별적으로 움직이는 것보다 집단을 통제하기가 더 쉬우니까.

농경 사회에서는 같이 일하고, 같이 먹었다. 먹고 일하고 노는 것을 함께 한 문화라서 전 과정에 즐거움으로 참여했다. 규칙이나 강요보다는 자연의 흐름에 따라 움직였다. 아이들도 자연스레 일손을 보탰다. 소를 몰거나 염소에게 풀을 뜯겼고, 들판에서 나물을 뜯거나 옆마을 심부름을 다녔다. 농경사회에서 밥 먹을 시간이란 곧 배가 고파서 더 이상 활동하지 못 할 때였다.

하지만 지금은 다르다. 육체노동을 하든, 정신노동을 하든, 일단 우리는 일을 하거나 공부를 하거나 혹은 집에서 뒹굴다가도 정해진 시간에 밥을 먹어야 한다. 집단에 속하면 더욱 더 그 시간을 피할 수 없게 된다. 제 시간에 먹지 않으면 눈치를 보면서 식당에 들러야 하고, 심지어 밥을 못 먹는 경우도 생기는 탓이다. 그래서 늦은 밥은 으레 분식집 차례가 된다. 라면이나 조미료가 많이 들어간 김밥, 혹은 햄버거와 콜라 같은 것으로 '때우게' 되는 것이다. 배가 고프지 않아도 먹어야 하는 사회 구조가 오늘날 우리의 위를 길들인 셈이다.

다이어트 열풍 뒤에는 비만의 경제학이 있다

한동안 미국에서는 비만 할증료 논란이 있었다. 형평성에 어긋난다는 의견과 함께 옆 좌석 승객에게 불편을 끼치므로 비만 승객에게 추가 요금을 물려야 마땅하다는 의견이 팽팽히 맞섰다. 결론을 짓기가 까다로운 문제였지만, 비만이 더 이상 개인의 문제가 아님을 보여주는 극단적인 예라 할 수 있다.

반세기 전만 해도 비만은 인류를 위협하는 심각한 문제가 아니었다. 사안은 오히려 빈곤과 기아였다. 하지만 언제부턴가 미국이나 유럽 등 일부 선진국에서 '배부른 고민'을 시작했다. 식품 산업 발달에 따른 서구식 식습관이 문제를 초래했기 때문이다. 세계의 식량 사정이 돌아가는 모습을 보면 기분이 묘해진다. 한쪽에서는 비만과의 전쟁을 벌이고, 다른 한쪽에서는 빈곤과 기아를 상대로 전쟁을 계속하고 있으니까. 세계보건기구가 발표한 '비만에 관한 10가지 사실'이라는 보고서에 따르면 현재 전 세계 인구 60억 가운데 성인 10억 명이 '과체중'으로 분류된다. 그 중 3억 명은 '비만'에 해당된다.

노스캐롤라이나 대학교의 영양학 교수이자 공중보건대학원 산하 비만연구소 소장인 배리 팝킨은 최근 자신의 저서 『세계는 뚱뚱하다』에서 "비만을 몰고 온 음식 섭취와 활동 방식의 변화를 멈추지 못 한다면 수천 년 후엔 오직 지방을 저장하지 못 하는 인류, 즉 단 음식을 멀리하고 육체 활동을 선호하는 사람들만 생존하게 될 것이다."고 경고했다. 이에 따라 미국은 상원의회는 콜라·초콜릿·감자튀김 등 열량은 높지만 영양가는 낮은 음식인 일명 '정크푸드'의 학교 내 판매를 전면 금지하는 법안을 통과시켰다. 미국 최대 식품 회사인 크래프트는 북미 지역에서 생산되는 제품의 소금 함유량을 향후 2년간 10%

이상 줄이기로 결정했고, 펩시도 전 세계 학교에서 고칼로리 콜라를 팔지 않기로 결정했다. 독일은 녹색당을 중심으로 어린이 프로그램 방영 시간에는 설탕이 다량 함유된 과자와 단 음식 광고를 금지하는 법안 도입을 추진하고 있다. 프랑스의 항공사 에어프랑스는 4월부터 살찐 이들에게 비만 할증료를 부과하기로 해 논란을 빚기도 했다.

한국에서 가장 선풍적인 인기 프로그램 중의 하나는 다이어트 교실이다. 남성과 여성을 대상으로 '비만탈출 9085 프로그램'을 운영하는가 하면, 군대에서도 육군 신병 교육부대의 90% 이상이 '다이어트 소대'를 도입했다. 이 같은 다이어트 열풍에는 숨겨진 문제가 있다. 바로 정치·경제적인 문제다.

왜 현대인들은 그토록 '살과의 전쟁'에 집착할까? 전문가들은 비만을 죄악시하도록 종용하는 우리 사회의 배후에 다이어트 관련 산업과 과식을 부추기는 식품 산업을 뙤리를 틀고 있다고 지적한다. 배리 팝킨 교수는 식품 산업과 의약 산업이 비만을 이용해 막대한 이윤을 얻고 있다고 주장한다. 의료 산업과 제약 산업의 이윤을 극대화하는 입장에서는 가장 이상적인 질병이 바로 그 질병에 시달리게 하면서도 죽지는 않고 그렇다고 효과적으로 치료가 되는 것도 아닌 상태, 즉 의사나 환자 모두 치료를 위해 달려들게 만드는 사회를 꿈꾼다. 이런 관점에서 보면 비만은 가장 이상적인 질병이다.

비만의 원인으로 간주되는 과식 문화 뒤에는 식품 업계의 이해관계가 숨어 있다. 필요한 칼로리를 섭취한 이후에도 계속 입에 음식을 넣는 것은 사람들이 감칠맛 나는 음식에 길이 들고, 고당분·고지방·고염분 음식에 의해 뇌의 기본 세포인 뉴런이 갈수록 강렬한 자극을 열망하기 때문이다. 식품 회사는 최대한 많은 사람의 욕망을 충족시킬 수 있게끔 설탕·소금·지방을 적정 비율로 조절해 더욱 입에 단 메뉴들을 개발하는 데 혈안이 된다. 물론 거기 들어간 성분의 함량을 정확하게 표시하지 않음으로써 소비자가 알아볼 수 없게 한다. 과식과 비만은 이렇게 조장된다.

'뚱뚱한' 외모를 죄악시하는 사회 분위기도 문제다. 젓가락처럼 마른 사람만을 미인으로 대접하는 풍토 속에서 사람들은 (특히 젊은 여성들은) 과도한 심리적 압박에 시달린다. 결국 너나할 것 없이 다이어트를 시도하고 끊임없이 요요현상을 경험하는 악순환을 반복한다.

상업 자본주의와 매스미디어의 발달로 21세기 인간의 몸은 정형화되었다. 날씬하고 마른 몸매를 요구하는 사회 분위기를 타고 몸은 더이상 '내 것'이 아니게 되고, 급기야 내 몸을 제약 회사와 병원, 식품 회사에 맡기게 되었다. 그 뒤에 어떤 경제적 측면이 숨겨져 있는지, 어떤 흑막이 있는지도 모른 채.

음식은 곧 습관

문명 이전에는 사람들이 어떻게 생명 활동을 했을까? 수렵과 채집으로 생활했던 원시 부족들은 동물들처럼 먹고 마셨다. 먹을 것을 많이 구한 날에는 배불리 먹었고 수확이 없을 때는 덜 먹었다. 아마 굶는 날도 많았을 것이다. 저장할 곳이 마땅하지 않아 그들은 먹을 만큼 먹고 나머지는 이웃과 나누었다. 어쩌면 배고픔이 일상이었을 것이다. 규칙적인 식사 시간 따위는 꿈에도 생각하지 못 했을 것이다. 시간을 관리할 이유가 없는 생활이었을 테니까.

당시에는 먹는 것이 일상의 전체이자 전부였을 것이다. 유목민의 생활은 늘 그랬다. 그들은 양의 먹이인 풀을 따라 이동했다. 그러니 먹고 사는 것이 전부였을 수밖에. 유목민들은 먹고 사는 일 자체를 자연신에게 일임했다. 자연신 경배는 절대적이었고, 자연신의 목소리에 귀를 기울이거나 그들의 신호를 눈여겨보았다.

사육되는 동물들은 어떨까? 그들은 주인의 발자국 소리를 들으며 자란다. 이동이 불가능한 터라 오직 주인이 주는 것만 먹을 수밖에 없다. 많이 먹고 싶어도, 혹은 배가 불러도 일정한 양을 규칙적으로 먹어야 한다. 그들의 야성은 규칙적인 끼니에 이해 사라져버렸다. 가축들은 양식을 주는 자가 누구냐에 따라 친밀성이 달라진다고 한다. 인간과 친밀도가 떨어진다는 고양이마저 누가 음식을 가져다주는가에 따라 친밀함의 정도를 달리 한다.

동물이든 인간이든 규칙적인 끼니는 곧 습관으로 굳어진다. 그런 습관은 야생성을 잃게 하고, 주인의 발자국 소리에 복종하게 만든다. 규칙적인 식사에 길들여진 사람이나 동물은 며칠만 굶어도 죽는 줄 안다. 환상에 사로잡히는 것이다. 사실 예전에는 인간이나 동물이나 굶는 게 다반사였다. 운이 좋아 먹을 것을 발견하면 잘 먹었지만 대개는 배고픔을 해결하기 위해 길을 떠났다.

그 시절에는 비만이 없었다. 과다한 섭취로 인한 음식 쓰레기나 질병은 상상도 못 했을 것이다. 당연히 전쟁도 없었다. 잦은 이동이나 전염병에 걸리는 게 전부였다. 먹어서 생기는 질병이란 아예 존재하지 않았다.

지금은 어떤가? 못 먹어서 생기는 병보다는 너무 먹어서 얻는 질병이 더 많다. 현대인은 규칙적인 식사와 필요를 넘어서는 간식 때문에 배고픔을 느끼지 못한다. 쉴 새 없이 움직인 위장은 힘들고 지쳐서 지레 병을 얻는다. 그렇다고 먹어대는 음식을 모두 에너지로 바꿔 생활에 쓰는 것도 아니다. 대부분 필요 이상의 에너지를 섭취해서 비만해질 따름이다. 인간의 몸은 원래 필요한 만큼 공급받고 먹은 만큼 에너지를 쓰게 되어 있다. 에너지를 많이 사용하지 않는 직업에 종사하는 사람은 상대적으로 적게 먹어야 옳다.

몸이 야윈 사람들은 대개 '소식'을 한다. 정해진 양을 먹고 더 이상 먹지 않는다. 반면 포만감 위주의 식사를 하는 사람은 대부분 탄수화물 중독인 경우가 많다. 밥이나 빵, 국수 등을 많이 찾는다. 흔히 탄수화물을 비만의 주요인으로 생각한다. 당뇨나 혈압도 탄수화물 과다섭취라고 주장한다. 하지만 이것은 잘못된 인식이다. 비만은 밥 때문이 아니라 백미와 흰밀가루로 만든 빵, 기업이 만든 가공 식품 때문이다. 이것들은 대부분 옥수수 당분으로 만든 식품 첨가물을 함유한다. 그래서 당 함유량이 일반 천연 식품보다 수백 배나 높다. 살을 찌게 하는 것은 탄수화물 자체가 아니라 가공 식품과 정제 식품이다. 흰설탕, 흰밀가루, 흰쌀 등 '세 가지 흰 음식'을 멀리해야 한다고 주장하는 것도 이런 이유에서다.

탄수화물이 비만을 일으킨다고?

우리가 먹는 음식은 소화 과정에서 포도당으로 분해된다. 이것을 에너지원으로 쓰기 위해 췌장에서는 인슐린을 분비한다. 그런데 우리 몸에 탄수화물이 많이 들어오면 인슐린이 포도당을 분해하기 위해 더 많이 분비되고, 결국 저혈당 증세가 나타나게 마련이다. 따라서 우리 몸은 혈당을 올리려고 계속 허기가 진다고 느끼게 함으로써 탄수화물을 자꾸 먹게 만든다. 그러다 보면 몸에서 분해되지 못하고 남은 포도당들이 체내에 지방으로 저장되어 복부 비만을 초래한다. 이 같은 탄수화물 중독은 체중, 혈당, 중성지방, 혈압 등 각종 성인병의 원인이 된다.

탄수화물 중독의 주범은 삼백三白 식품이다. 바로 백미, 흰밀가루, 흰설탕이다. 이런 식품들은 가공 정제 과정에서 미네랄이나 비타민을 다 잃기 때문에 체내에서 혈당을 올리는 데 일조한다. 가능한 한 정제되지 않은 거친 음식들 즉 현미나 통밀, 과일, 견과류, 콩류 등을 강조하는 것은 이런 이유 때문이다.

인체는 당분이 귀했던 시절을 견뎌온 탓에 늘 단 맛을 찾는다. 인간의 뇌도 당분을 좋아한다. 당분을 먹으면 뇌에서 기분을 좋게 해주는 세로토닌이 과다 분비되어 좋은 기분이 유지된다. 따라서 뇌도 당분 중독성이 생길 수 있다. 끊임없이 당분을 섭취하지 않으면 오히려 우울증이 발생하기도 한다. 이를 '슈거블루스'라고 한다. 뇌를 움직이는 주원료가 탄수화물의 포도당이므로 이것이 결핍되면 뇌의 기능이 떨어져서 나른하고 쉽게 피곤해지며 집중력도 저하된다. 평소 뇌의 활동이 활발해야 하는 수험생이나 학생들은 그러므로 탄수화물을 적당량 섭취해야 한다.

설탕은 당분 중에서도 가장 단순한 당이다. 탄수화물 중에서 가장 중독되기 쉽고, 건강에는 가장 안 좋다. 기성 음료에 들어 있는 당을 각설탕으로 환산해 보자. 대충 콜라는 각설탕 9개, 바나나 우유는 8개, 오렌지주스는 6개, 자판기 커피는 3개 정도다. 이렇듯 대부분의 음료수 안에는 설탕이 대량 함유되어 있다. 슈퍼에 가서 음료수 성분표를 확인해 보라. 백설탕, 정백당, 액상 과당 등 거의 모든 제품에 당분이 들어 있는 것을 확인할 수 있을 것이다. 설탕의 경우엔 영양소가 없이 칼로리만 많으므로 되도록 먹지 않는 편이 좋다. 굳이 설탕을 먹어야 한다면 정제된 설탕보다 자연 그대로의 과일이나 고구마 등에 포함된 당분을 섭취하는 게 좋다.

막걸리 한 사발, 와인 한 잔, 맥주 500cc, 소주 한 잔이 있다고 치자. 이 가운데 탄수화물 함량이 가장 높은 술은 무엇일까? 이 네 가지 술 중에서 소주만 유일하게 탄수화물이 들어 있지 않다. 탄수화물 함량만 보자면 소주가 0g, 막걸리 한 사발이 5.4g, 와인이 5.7g, 맥주가 15.5g이다. 밥 한 공기에 탄수화물이 50g 들어 있으니까 맥주를 넉 잔 마시면 밥 한 공기를 먹는 것보다 오히려 탄수화물을 많이 먹게 되는 꼴이다. 하지만 술에 들어간 탄수화물은 다른 탄수화물과는 달리 몸에 저장되지 않는다. 술 자체의 칼로리는 높지만 이것은 영양소가 없는 텅 빈 칼로리이기 때문이다. 그래서 1/10 가량만 체내로 흡수되고 나머지는 모두 배출된다.

하지만 술의 칼로리는 배출된다고 해도 술 마시면서 먹은 안주는 그대로 체내에 지방으로 저장되고 살이 찌게 된다. 그렇다고 술을 마실 때 안주를 먹지 않으면 간이나 위에 부담을 주어 건강을 해칠 수 있으니 유의해야 한다. 탄수화물 지수(당지수)가 낮은 식품으로 잡곡빵·보리·현미·고구마 등을 들 수 있다. 감자의 전분은 몸에서 잘 흡수되고 혈당을 올리는 포도당으로 금세 전환되기 때문에 감자는 자연 식품 중에서 가장 지수가 높은 것에 속한다. 거친 음식물이나 탄수화물 지수가 낮은 음식이라도 과다하게 먹으면 칼로리가 남아 돈다. 그러므로 되도록 단백질과 함께 먹는 게 좋다. 그래야만 혈당이 급격히 올라가는 것을 막을 수 있다. 따라서 무조건 탄수화물을 제한하기

보다 식습관 자체를 바꾸는 것이 좋다. 식생활을 고단백, 저탄수화물, 저칼로리 위주로 바꾸고, 꾸준하게 운동을 병행한다면 각종 성인병과 무관한 건강한 신체를 유지할 수 있을 것이다.

생명을 살리는 식습관 6계명

문명이 발달할수록 음식은 정제되고 가공된다. 덕분에 인간은 오히려 질병에 쉽게 노출된다. 이제는 배고파서 아무 것이나 먹는 시대가 아니다. 가능하면 음식을 가려서 먹어야 한다. 가축이야 주는 대로 먹는다지만 사람은 '마음대로, 소신껏' 먹을 권리가 있지 않은가?

● 가공 식품을 탐하지 마라

기업에서 만든 가공 식품을 먹지 마라. 신선한 농산물 코너에서만 먹을 것을 찾아라. 가공 음식은 무엇으로 어떻게 만들었는지 도무지 알 수 없기 때문이다. 기업은 여러분의 건강을 생각하지 않는다. 오직 이윤만 생각한다. 고급 재료를 썼다는 등 화학제품은 일체 사용하지 않았다는 등 듣기 좋은 소리에 현혹되지 마라. 가공 식품에 첨가물을 넣지 않았다는 것은 아가씨들이 "연애 하지 않겠다."고 말하는 것과 같다.

● 거친 음식을 받들라

보기 좋은 떡이 맛도 좋다는 말이 있다. 보기에 좋고, 맛도 좋게 만드는 게 식품 회사의 1차 목표다. 그래야만 많이 파니까. 음식점도 마찬가지다. 보기 좋아야 잘 사 먹는다. 양쪽 다 보기 좋게 만들고 멋지게 담아내는 데 혈안이 되어 있다. 그러니 색소도 사용하고 첨가물도 살짝살짝 넣는다. 기름을 많이 사용해서 윤기 있게 만들거나 먹지 못하는 색소를 넣어서 빛깔 좋은 음식으로 보이게 한다. 그뿐인가? 음으로 양으로 단 맛을 첨가하여 우리 입맛까지 길들인다. 이들이 주로 사용하는 건 올리고당이나 액상 과당이다.

대부분의 음식과 과자, 음료수에는 당분이 첨가된다. 달지 않으면 사람들이 찾지 않는다는 게 회사 측 변명이다. 당분 섭취가 부족했던 시절에는 설탕이 매우 귀한 음식이었다. 어려웠던 시절에는 조청을 만들어서 당분을 보충했다. 그러다가 초콜릿이 등장하면서 아이들은 초콜릿을 신처럼 숭배하게 되었다. 윤흥길의 「장마」를 보면 초콜릿 때문에 삼촌까지 팔아먹는 어린아이 이야기가 나온다. 그만큼 아이들은 알사탕 하나, 초콜릿 하나에 쉽게 넘어갔다. 그러다가 가공 당분을 생산하는 식품 회사가 성업을 이루면서 점차 모든 식품에 당분이 들어가게 되었다.

하지만 몸에 좋은 음식은 따로 있다. 대개 보기 좋은 것도 아니고, 입에 부드럽지도 않다. 바로 정제되지 않은 음식, 가공되지 않은 음식들이다. 대표적인 것으로 현미와 잡곡류, 거칠게 빻은 음식이나 딱딱한 음식들이다. 이것들이 우리 몸을 건강하게 만든다. 입에는 거칠지만 꼭꼭 씹어 먹으면 그 과정에서 치아와 위장까지 튼튼해진다.

어린 가축을 튼튼히 키우는 방법 중 하나는 거친 음식을 먹이는 것이다. 소가 풀만 뜯어 먹으면서도 튼튼하게 자라고 살집이 오르는 것은 거친 음식을 잘 소화시켜 자신의 영양소로 만들기 때문이다. 부드러운 음식은 입에는 달지만 몸에는 해롭다. 반드시 염두에 둘 일이다. 가장 좋은 것은 곡식도 껍질째 먹는 것이다. 견과류나 곡식 빵·통밀가루 등도 권장할 만하다.

● 계절 식품을 즐기라

반드시 제철에 나는 음식을 먹어라. 계절 식품이 아닌 것은 인간의 몸에 맞지 않다. 겨울에도 푸른 채소를 먹어야 한다는 강박 관념에 사로잡혀 있으면 흔히 온상에서 재배된 상추나 치커리 등을 찾게 마련이다. 푸른잎 채소는 초여름부터 가을까지 나는 잎사귀들로 주로 찬 음식들이다. 그러니 푸른 잎채소가 겨울에 나지 않는 것이다. 한겨울에 굳이 푸른잎 채소를 고집하는 것은 자연의 이치를 거스르는 행위다.

추운 겨울에는 푸른 잎채소를 먹지 않는 대신 저장 식품을 먹는다. 김장김치·시래기·묵나물 등이다. 이것만으로도 몸에 필요한 영양소를 얼마든지 공급할 수 있다.

가을에는 추수한 곡식을 먹는다. 곡식에는 여러 가지 영양소가 가득 들어 있다. 통째로 빻아서 먹는 곡물은 예로부터 우리의 주식이었다. 수수로는 팥떡을 해 먹고, 늙은 호박으로는 죽을 쑤어 먹었다. 호박떡도 해 먹었다. 이런 곡물로 밥과 떡, 죽을 해 먹는 기간이 바로 겨울이다. 긴 겨울에는 곡물로 인한 지방과 단백질 섭취가 많이 이루어진다. 콩으로 만든 두부, 아스파라긴산이 들어 있는 콩나물은 우리 몸에 무기질을 보충해준다.

우리 몸은 겨울이 되면 추위를 견디려고 열량을 더 많이 요구한다. 하지만 정작 몸을 쓰기 위한 열량은 그다지 필요없다. 겨울에는 몸을 움직이는 일을 많이 하지 않기 때문이다. 하지만 현대인들은 겨울에도 여름과 똑같이 일한다. 그러므로 계절 음식을 먹으면서도 한편으로는 노동에 필요한 열량을 섭취해야 한다. 단, 여름철처럼 에너지가 땀으로 배출되지 않기에 적절하게 열량을 공급해야 한다. 그렇지 않으면 겨울을 나는 동안 급격히 살이 찌게 된다.

● 지역 음식을 먹어라

계절 음식을 먹다 보니 겨울철이 되면 꼬막과 굴, 과매기를 찾는다. 모두 겨울철 대표 음식이다. 교류가 없던 시절에는 꿈도 꾸지 못 했던 일이지만 굴과 꼬막, 과매기는 겨울철에 맛볼 수 있는 해안가 음식이다. 해안 사람들이 이런 음식을 먹는다면 내륙 지방 사람들은 무엇을 먹을까? 내륙 사람들은 겨울철에도 주로 곡물과 채소 저장 식품을 먹는다.

꼬막과 과매기, 굴에는 여러 가지 영양소가 들어 있다. 해안 사람들의 겨울철 음식으로 손색이 없다. 내륙 지방 사람들이 무청을 말려 시래기를 먹듯이 해안 사람들은 과매기를 말려서 먹었다. 요즘엔 유통망이 발달해서 어느 지역 음식이건 원하는 대로 먹을 수 있다. 현대 문명은 지역 음식의 전국화를 넘어 세계화하는 데 기여했다. 그래서 요즘엔 대한민국 사람이라면 누구나 언제든지 굴이나 꼬막, 과매기를 먹을 수 있다. 하지만 석유 문명이 끝나면 그것들을 사 먹으러 걸어서 가야 한다. 최소한 가장 가까운 장터까지라도 나가야 한다.

음식의 지역화는 음식에 대한 그리움을 만들어낸다. 계절 식품과 지역 특색이 살아 있는 음식이야말로 건강을 지켜주는 음식이다. 지역 음식이 널리 퍼져 대중화가 된 것은 고마운 일이지만 여기에도 단점은 있다. 대중화와 좀 더 높은 수익을 올리기 위해 그 지역 사람들은 겨울철 내내 일해야 한다는 점이다. 꼬막을 예로 들어 보자. 자연산 꼬막은 그 지역 사람들이 먹기엔 충분한 양이지만 지역 외 사람들까지 아우르기엔 턱없이 부족하다. 그래서 양식이 생긴다.

지역을 넘어선 음식은 반드시 양식과 재배를 거친다. 문제는 이 지점에서 발생한다. 양식과 재배 과정에서 좋지 않은 질병들이 발생하기 때문이다. 또 인간의 몸이 철을 가리지 않고 일하게 된다. 교역이 이루어져 이익이 발생하는 순간 사람들은 시간과 노동을 기꺼이 저당 잡힌다. 에너지도 더 많이 쓰게 된다. 간단해 보이는 식생활 문화 안에도 이렇듯 여러 가지 문제가 숨어 있다. 무엇이든 지나치게 하지 않을 일이다.

● 무조건 소식하고 많이 움직여라

자기 체질을 정확하게 아는 사람이 몇이나 될까? 동양에서는 사상의학에 기초해서 인간의 체질을 구분하지만 일반인들이 자기 체질을 알아내기란 꽤 어렵다. 무조건 체질을 알려고 노력하기보다 우선 자신의 일상 패턴을 알아둘 필요가 있다. 동적인 사람인지, 정적인 사람인지, 스트레스에 쉽게 노출되는 유형인지, 낙천적인 사람인지, 어떤 음식을 좋아하는지, 싫어하는 음식은 무엇인지 등을 스스로 판단할 수 있어야 한다. 그래야 자신의 체질을 알고 생명 활동을 조절할 수 있다.

자신을 제대로 파악하지 못 하면 질병도 예측할 수 없다. 심지어 자신의 건강도 조절할 수 없다. 어떤 이는 소식을 하는데도 살이 찌고, 어떤 이는 많이 먹어도 쉽게 살이 붙지 않는다. 요즘 말로 체질에 따라 인풋과 아웃풋의 비율이 다르다는 이야기다. 활동 여부를 가지고도 정확한 판단을 내리기 어렵다.

에너지를 과도하게 사용하는 스트레스 형인 경우엔 소식을 하면 곧 살이 빠진다. 낙천적 성격의 사람들은 쉽게 살이 빠지지 않는다.

낙천형과 소심형은 음식 에너지를 소모하는 열량에 차이가 있다. 하지만 어떤 체질인가를 막론하고 소식은 누구에게나 권할 만하다. 육체 기관의 고장은 덜 먹어서 생기기보다 너무 많이 먹어서 생기는 경우가 더 많으니까.

예전 사람들은 몸을 많이 움직이면서 살았다. 요즘에 비해 육체 노동을 많이 했고, 이동 시간도 훨씬 길었다. 아이들은 매일 뛰어놀았고, 누구나 어느 가정이나 동선이 긴 집에서 생활했다. 화장실도 마당에 있고, 부엌을 가려 해도 문을 열고 마루를 내려서야 했으며, 세수를 한 번 할 때도 마당 수돗가까지 가야 했다. 마실 한 번 가려면 동구 밖으로 나서기 일쑤였고, 학교나 일터까지 걸어다녀야 했다. 그러니 기본 활동량이 많을 수밖에.

예전 사람들은 이렇게 몸을 많이 움직였지만 먹는 것은 고작 곡식과 채소에 불과했다. 이것으로 모든 열량을 사용한다. 열량을 축적하는 사람이라곤 양반 정도였다. 활동량에 비례해 먹는 것이 적었던 만큼 선조들은 소식의 원칙을 잘 지켰다고 볼 수 있다.

우리도 마찬가지다. 적게 먹고 많이 움직여라. 먹은 것보다 더 많이 에너지를 사용하라. 그러면 결코 비만은 오지 않을 것이다. 물론 어떤 음식을 먹느냐도 중요하다. 무조건 가공되지 않은 음식을 골라 먹으라. 가공되거나 정제되지 않은 순수한 음식을 내 입맛에 따라 적게 먹으면 된다. 그것이 건강을 지키는 첩경이다.

● 아무거나 먹지 마라

'먹고 죽은 귀신이 때깔도 좋다.'는 말은 이제 옛말이다. 아무거나 많이 먹으면 병만 생길 뿐이다. 요즘 사람들은 죽어도 시체가 썩지 않는다고 한다. 방부제를 많이 먹은 탓이란다. 어디 음식뿐인가? 사서 먹는 음식은 물론 화장품에도, 일상 용품에도 방부제가 들어 있다. 음식을 골라 먹어야 하는 이유는 바로 이 때문이다.

흔히 '잡식 동물'이라는 말을 쓰지만 잡식 동물이 아무거나 다 먹는다고 생각하면 큰 오산이다. 태초의 인간은 주로 채식을 했다. 육식은 아주 이따금 했을 뿐이다. 하지만 오늘날처럼 육식을 즐기는 문화에서는 고기를 먹을 때 조심해야 한다. 광우병에 걸린 소도 있고 바이러스에 걸린 닭도 많기 때문이다.

소는 원래 풀을 먹고 자랐고 돼지도 짠밥을 먹고 컸다. 그 당시엔 사람이 먹는 음식에도 해가 될 게 별로 없었다. 그래서 소나 돼지도 건강했다. 하지만 요즘 가축들은 그렇지 못 하다. 방부제와 항생제가 잔뜩 들어간 음식을 먹는 사람처럼 그들 역시 화학 약품으로 처리한 사료를 먹고 자란다. 그러니 고기도 건강하지 못할 수밖에.

요즈음엔 물도 조심해서 마셔야 한다. 아무 물이나 마셨다가는 이상한 병에 걸려 목숨을 잃을 수도 있다. 그러므로 아주 작은 것 하나라도 철저하게 따지고 가려서 먹는 습관을 길러야 한다. 가능하면 직접 키워 먹고, 손수 조리해 먹고, 출처가 분명한 것을 골라서 먹고, 고기보다는 채식을 주로 하고, 가급적 외식을 삼가라. 또 양식보다는 자연식을 택하라. 사람의 입은 귀한 생명줄의 시작이다. 아무거나 넣어서 될 일이 아니다.

자연에 맞는 몸을 만드는 10가지 방법

인간은 자연의 일부이기 때문에 자연에 이치에 맞는 몸과 마음을 가져야 한다. 도시는 자연과 차단된 곳이다. 그것도 인위적으로. 그래서 도시 사람들은 줄곧 몸과 마음이 아프다. 농촌은 도시문화의 절대적 영향 속에 있기 때문에 농촌에 사는 사람들조차 적잖게 영향을 받는다. 하지만 사람이 자연의 일부인 이상 자연의 이치에 맞게 살아야 하지 않을까?

● 마음을 다스리고 무감하게 살아라

건강하게 살려면 계절 식품을 즐겨 섭취하고, 자기가 사는 고장에서 나오는 곡식과 채소를 먹어야 한다. 깊은 산 속에서 나오는 그런 물처럼 광물 함유량이 많은 자연수를 마시는 것도 좋다. 술은 적게 먹을수록 좋다. 고기는 조금만 먹고 모든 음식은 껍질째 통째로 먹는게 좋다. 더불어 육체를 부지런히 움직여야 한다. 나이 들어서도 몸을 움직이면서 일하는 게 무엇보다 중요하다.

하지만 위에 나열한 사항들을 아무리 잘 지킨다 해도 마음을 다스리지 않으면 소용이 없다. 물론 이렇게만 한다면 스트레스를 받을 일도 적을 것이다. 마음은 줄곧 몸의 영향을 받기 때문이다. 우리가 마음을 다스린다는 것은 인간의 칠정(七情;喜怒憂思悲恐警)을 다스린다는 것을 말한다. 말이 쉽지 가장 어려운 일이다.

분노는 기를 신체 상부로 치솟게 한다. 상체 비만은 주로 스트레스를 다스리지 못해 일어난다. 반면 기쁨은 기를 느슨하게 한다. 슬픔은 기를 소모시키고, 공포는 기를 끊기게 한다. 너무 놀라서 기절하는 건 이런 이유 때문이다. 잡다한 생각은 기를 맺히게 하고, 놀람은 기를 어지럽힌다. 우울함은 기를 가라앉게 한다. 따라서 건강의 측면으로 볼 때 아무 감정이 없는 상태, 즉 '무감'이 가장 좋다고 해야 할 것이다. 사회와 마찬가지로 개인 역시 바른 가치관을 가지고 살 때 건강하다. 건강한 개인은 건강한 사회를 만든다. 역으로 개인의 병이 구원되면 사회의 건강도 되찾을 수 있다.

● 머리는 차갑게, 발은 뜨겁게!

주택, 목욕, 자동차, 의복, 정치, 음식 문화 등 모든 방면에 두루 적용되는 말이다. 17세기 네덜란드의 화학자이자 의사인 헤르만 보어하브는 죽으면서 최고의 건강 비결을 적은 책을 남겼다. 그의 사후 경매에 붙여 책을 열어보니 이렇게 쓰여 있었다.

"당신의 머리를 차게 하고, 다리와 배는 따뜻하게 하라, 그러면 의사가 할 일이 없어질 것이다."

하지만 현대인에게는 지키기 어려운 조건이다. 겨울이면 난방 히터를 지나치게 작동하여 머리가 뜨거워지고 발은 오히려 차가워진다. 이런 실내 환경은 두통과 시력 감퇴, 기억력 상실을 유발한다. 이발소나 미용실에서 마사지 서비스를 받을 때 보면 대개 뜨거운 물수건으로 눈을 덮는데, 아주 좋지 않은 방법이다. 백내장이나 녹내장을 생기게 하기 때문이다. 꽉 조인 옷은 간과 심장을 달구어 뜨겁게 만들고 그 기세로 눈까지 빨갛게 되어 입에서 단내가 나게 만든다. 배와 배꼽을 드러내는 옷은 소화 기관에 이상을 초래하고 여성의 경우 생리통과 생리불순까지 유발한다.

한여름 얼음냉수나 찬 음료를 마시는 것은 겨울철 독감을 예약하는 처사다. 목청을 자주 쓰는 사람들은 따뜻한 물수건으로 목청을 보호한다. 예전에 할머니들은 여름철에도 숭늉을 먹었다. 미디어를 타고 홍보되는 온갖 광고들은 건강을 위한 게 아니라 건강을 해치는 첩경을 알려주는 것 같아 마음이 씁쓸하다. 이런 식품으로 이득을 보는 쪽이 누구인지 다시 한 번 생각해야 할 것이다.

● 교류를 끊어라

지나친 교류는 몸과 마음의 건강을 해친다. 교류를 줄이면 편식할 기회와 나쁜 식습관이 80% 이상 감소할 것이다. 쓸데없이 슈퍼에 가거나 인스턴트 음식을 먹지 않아도 된다. 가급적이면 우리 손으로 직접 기르거나 자연에서 채집해서 먹을 일이다. 암환자들이 교류를 끊고 자연과 벗 삼아 살아가면서 건강을 되찾는 경우를 종종 목격한다. 번잡한 교류를 줄이고, 자연식과 채식을 위주로 하고, 자연과 벗 삼아 살아간다면 건강의 길도 요원하지 않다.

● 체질에 따라 음식을 선별해서 섭취한다

식생활의 출발점은 어디서 찾을 수 있을까? 어떤 사람은 고기를 많이 먹어도 되고, 어떤 사람은 과일을 먹으면 탈이 난다. 무슨 이유일까? 사람마다 타고난 체질이 다르고 장기의 역량이 다르기 때문이다.

가장 흔한 성인병 중 하나가 고혈압이다. 흔히 고혈압이 누구에게나 찾아오는 질병이라고 생각한다. 하지만 결코 그렇지 않다. 혈압수치도 언제 재는지, 무엇을 먹고 재는지, 상태가 어떤지에 따라 결과가 다르다. 아침에 채소만 먹고 혈압을 재면 저혈압이 되지만, 고깃국을 먹고 재면 금세 혈압이 올라간다. 때로 마음의 생각 하나가 혈압을 좌우지하는 경우도 있다.

사실 저혈압이든 고혈압이든 크게 문제될 건 없다. 이 수치 또한 혈압측정기에서 나온 여러 자료를 분석해서 얻은 표준 정보를 도입한 것뿐이다. 그것도 서양에서 말이다. 여기 적용되는 체중이나 키는 하나같이 서양 기준이다. 평소의 혈압은 기계로 측정한 혈압보다 낮춰서 보면 된다. 혈당도 마찬가지다. 채소를 먹고 잴 때와 고기 반찬을 먹고 잴 때의 결과는 천지차이다.

기계를 맹신하지 말고 자신의 몸을 믿어라. 체질을 먼저 간파한 후 몸이 원하는 대로 자연스럽게 먹고 운동하라. 먹는 문제만 아니라 운동도 체질에 따라 달라져야 한다. 수영을 즐겨도 되는 사람이 있고, 가벼운 스트레칭이나 기체조를 하는 게 몸에 더 유리한 사람도 있다.

●밤 10시를 넘기지 말고 잠자리에 들라

피곤할 때 입술이 터지거나 혓바늘이 돋으면 건강에 적신호가 온 것이다. 가장 좋은 방법은 수면 시간을 조절하는 것이다. 보통 숙면하는 시간을 REM(Rapid Eye Movement)이라고 부르는데, 렘수면 동안엔 눈동자가 빠르게 움직인다고 해서 붙은 이름이다. 렘수면 상태에서는 낮에 수집한 단기 기억이 '해마'까지 운반되어 장기 기억으로 바뀐다.

수면은 신체의 에너지 소비를 최소화 하면서 동시에 뇌의 활동을 그대로 유지해 신체가 휴식을 취하게 하고, 뇌는 단기 기억을 장기 기억으로 넘기는 활동이다. 그러니까 잠은 일종의 휴화산 상태인 셈이다.

REM에 해당하는 시간은 밤 11시~ 3시이다. 이 사이에 잠을 푹 자면 평상시 잠자는 시간 이상을 잔 것과 같다. 12간지로 치자면 11시~1시 즉 자시에 해당한다. 진시(7~9시)에는 아침을 먹고, 술시(저녁 7~9시)에는 저녁을 먹거나 술을 마셔도 좋지만 되도록 자시 이전에 끝낸다. 자시 이전에 술을 먹고 자면 어떤 술을 마셨든 숙취로 고생할 일이 없다.

잠은 네 시간이든 여덟 시간이든 해시계를 표준으로 해서 밤 10시부터 새벽 2시까지만 자면 생명에 아무런 지장을 받지 않는다. 물론 더 좋은 건 자고 싶은 대로 실컷 자는 것이다. 잠이 항상 부족한 사람은 건강을 지키기 어렵다. 물론 체질에 따라 잠을 많이 자야 개운한 사람이 있고, 조금만 자도 끄떡없는 사람이 있다. 만일 체중을 늘리고 싶은 사람이 있다면 먼저 잠자는 시간부터 늘려 보자. 그러면 쉬는 동안 피곤한 간이 활력을 되찾아 음식을 영양분을 축적할 여력이 생긴다. 현대인의 생활 습관이 문제이긴 하지만, 누구든 낮에 자고 밤에 일하면 건강을 해치게 마련이다. 사람의 몸과 자연은 서로 대응해서 돌아가니까.

● '피로는 간 때문이야!' 피로 회복으로 건강을 지킨다

피곤하면 입안이 헐거나 입술이 터지고 치질이나 자궁 출혈이 일어난다. 간의 가장 중요한 기능이 바로 피로 회복이다. 물론 해독을 하고 피를 정화하고 지방질을 분해하며 영양분을 공급하는 것도 중요한 기능이지만 제일 중요한 것은 피로 회복이다. 사람은 몸이 피로해지면 일단 잠을 자고 싶어한다. 병나지 말라고 몸이 신호를 보내기 때문이다. 그래서 잠 오는 것을 오래 참으면 병이 온다. 죽지 말라고 병이 오는 것이다.

피곤한 상태인데도 참고 무시하면 안 된다. 병이 겉으로 드러날 때까지 기다리는 것은 참으로 어리석은 처사다. 결국 마지막에 가서는 '간암, 폐암, 췌장암 말기' 진단을 받게 된다.

피곤해지면 해독 작용이나 영양분 공급이 원활하지 못 하다. 코피가 터지거나 치질이 생기고 피똥이 나온다면 평소에 즐기던 음식부터 끊어 보자. 몸의 상태를 보아가며 며칠 굶으면 괜찮아진다.

피곤하지 않게 살려면 해시계에 의존하는 게 가장 좋다. 이른바 자연에 발맞춰 살라는 뜻이다. 아무리 먹어도 살이 안 찐다고 하소연하는 사람이 있다. 살 빼고 싶다고 난리인데 무슨 배부른 소리냐고 되묻겠지만, 그런 이들은 또 나름대로 이유가 있다. 이런 사람들은 먼저 피로 회복에 신경 쓰고 간을 보하라. 우리 장기는 놀랍도록 그 기능이 서로 연결되어 있고, 각자 자체 회복 시스템을 갖추고 있다. 그래서 피로가 누적되면 죽지 않으려고 모든 활동을 일단 정지한다. 먼저 피로 회복을 시키려고!

● 몸 안의 독성을 땀과 오줌으로 배출하라

몸에 독이 차오르면 감기가 온다. 감기는 대부분 몸살과 함께 오는데 예부터 감기 몸살의 치료법으로 땀내기를 권했다. 감기약이 따로 없던 시절, 땀을 푹 내고 나면 독소가 빠져 나가 몸이 나았다. 요즘 약국에서 주는 감기약은 열을 밖으로 빼기는커녕 오히려 독을 안으로 집어넣는다. 감기약을 자꾸 먹으면 내성이 생겨서 치료도 잘 안 된다.

감기에 걸리면 약을 먼저 먹지 말고 땀을 낼 일이다. 열을 내주는 파뿌리와 콩나물 뿌리를 흑설탕에 재어 하룻밤 따뜻한 곳에 놓았다가 그 즙을 먹으면 좋다. 몸에 열을 가하면서 독소를 제거하는 효과가 있다. 한증막에 가서 열을 내는 것도 한 가지 방법이다.

여름에는 땀을 많이 흘려서 감기에 잘 걸리지 않는다. 대부분의 독소는 땀으로 배출되지 않으면 오줌으로 나오는데, 오줌으로도 나오지 않을 경우 독성이 몸에 축적된다. 이뇨 작용을 촉진시켜주는 것은 독소를 제거하는 데 도움이 된다. 병원에서 처방하는 주사나 해열제는 일시적인 효과만 보일 뿐이다.

감기에 걸렸다고 비타민 C 공급 차원에서 과일을 먹으면 찬 기운으로 감기가 잘 낫지 않는다. 몸이 차가운 체질엔 과일이 별로 좋지 않다. 오히려 열을 내는 뿌리 식물을 먹어야 한다. 41~42도 이상의 심각한 고열은 바로 열을 식혀줘야 하지만 38도 정도의 감기몸살에는 열을 냄으로써 독을 빠지게 하는 편이 훨씬 이롭다.

● 따뜻한 물을 상시 음용한다

"목구멍을 위하지 말고 배를 위하라!"거나 "여름에 뜨겁고 매운 음식을 먹어 땀을 흘리면 더위를 이긴다."는 말의 뜻은 땀과 함께 열이 빠져나가 오장육부가 차가워진다는 의미이다. 여름에 설사를 많이 하는 이유도 이와 관련 있다. 여름에 더운 음식을 먹는 것은 이열치열이 아니라 차가와진 내장을 따뜻하게 하는 이열치냉以熱治冷의 원리다.

예전엔 농부의 아낙들이 들에 가서 일하는 남편에게 점심 때가 되면 생강과 계피를 넣은 따끈한 수정과를 내오곤 했다. 모두 열을 가지고 있는 식품인데, 이것을 먹은 뒤 시원한 상추쌈과 보리밥에 과일을 권했다. 먼저 따뜻하게 먹은 다음 찬 음식을 먹는 순서다. 얼린 참치회와 따끈한 청주 한 잔은 "갈증이 날 때 차가운 음료수로 목구멍을 위호하지 말고 먼저 따끈한 음료수로 배를 채워라."는 음양관에 의한 일본인들의 식생활 습관이다.

얼마 전까지만 해도 식당에 가면 따뜻한 보리차를 주었다. 하지만 요즘에는 냉수를 준다. 미국 사람들은 겨울에도 냉수를 마신다. 그들은 육식이 식문화의 주를 이루기 때문에 냉수를 마셔도 건강을 크게 해치지 않는다. 하지만 채식을 기본으로 했던 우리나라 사람들의 체질에는 냉수가 좋지 않다. 몸이 차면 병이 나게 마련이다. 몸이 차가우면 땀을 잘 흘리지 못하고, 그러면 순환이 잘 이루어지지 않아 결국 병에 걸린다. 또 몸이 찬 사람은 냉온욕과 풍욕, 생식과 녹즙보다 몸을 덥게 하고 따뜻한 음식을 먹는 게 좋다.

● 신맛·매운 맛 체질 따라 먹기

뚱뚱한 사람은 신맛이 강한 음료나 과일 대신 매운 생강차나 찬 성분의 옥수수차와 보리차를 상복하는 게 좋다. 인삼이든 비타민이든 약도 되고 독도 되는 법이다. 인삼의 뇌두(인산뿌리의 윗부분)는 딸꾹질을 유발하는 성질이 있어 닭 사료로 쓰인다. 인삼은 열을 내는 데 특효가 있는데, 실뿌리가 몸통보다 더 강력하다. 인삼차는 대부분 인삼 뿌리로 만든 것이므로 상식과 달리 몸통을 사용한 상품上品의 인삼보다 열을 내는 효과가 더 좋다. 자동차나 비행기에 탄 사람이 인삼차를 마시면 멀미를 하거나 구토와 두통 증세를 일으키는 것도 이 같은 효과 때문이다.

나의 어릴 적 유일한 보양식은 인삼 찌꺼기였다. 인삼을 폭 삶은 물은 아버지와 오라버니가 마시고 남은 뿌리에 설탕을 넣어 버무린 게 내 차지였다. 그러니까 내가 영양이 다 많은 부위를 먹은 셈이다. 밥을 하면 제일 맛있는 누룽지가 엄마의 차지가 되었듯이…….

신맛에 얽힌 재미있는 일화가 있다. 삼국지의 조조가 "저 산을 넘으면 매실나무 숲이 있다."고 하자 지친 군사들의 입안에 침이 돌았다. 그들은 행군을 계속해 임무를 수행한다. 이처럼 신맛은 안으로 끌어들이는 성질이 있고, 식욕을 돋게 한다.

　자장면을 먹을 때 식초 뿌린 단무지를 먹으면 입맛이 돋는다. 면에 식초를 뿌리는 것 역시 면발이 쫄깃쫄깃해지는 효과를 노려서다. 해삼을 먹을 때 초고추장을 곁들이고, 생선회에 레몬즙을 뿌려서 먹는 이유는 비린 맛을 상쇄하는 이유도 있지만 늘어진 육질을 탱탱하게 해주기 때문이다.

　피부가 건조하거나 입술이 잘 갈라지는 사람에게는 신 음식이 좋다. 피부를 윤택하게 해준다. 매실의 신맛은 말을 많이 하여 목이 쉰 사람에게 약이 된다. 피곤할 때도 신 것을 먹으면 생기와 의욕이 되살아난다.

　몸이 마른 사람은 시게 먹는 것이 좋다. 하지만 뚱뚱한 사람이 신 음식을 먹으면 몸 안에 저축성을 길러 더욱 살찌게 만든다. 뚱뚱한 체질이면서 긴장한 맥을 가진 사람은 중풍을 경계해야 한다. 팽팽하게 조여 주는 신맛은 당연히 피해야 한다. 비대한 사람은 대개 과도한 업무에 시달리는 경향이 있다. 매사 욕심이 많거나 성취 욕구가 큰 사람들이 중풍에 걸릴 가능성이 크다.

　모과처럼 신 과일은 바람을 맞아야 잘 성숙한다. 요즘에 나오는 포도는 달기만 하고 신맛이 별로 없다. 품종이 개량된 탓도 있지만 모두 비닐하우스에서 재배하느라 바람을 맞지 못 한 탓이다. 배가 잘 되는 명산지에 가 보면 대나무 숲이 많은 것을 볼 수 있는데, 이는 바람을 막아 신맛을 줄이려는 지혜의 소산이다.

　신맛은 생기를 돋우고 지식욕을 증대시킨다. 수험생이나 입시생들은 뚱뚱하지만 않다면 신 음식을 즐기도록 식단을 마련하는 게 좋다. 건망증이나 치매를 앓는 환자의 약 처방에 매실 같은 시큼한 약재가 많이 들어가는 것만 보아도 신맛과 뇌 활동의 상관관계를 짐작할 수 있을 것이다. 일례로 연탄가스 중독으로 의식을 잃은 환자에게는 예전부터 식초를 마시게 했다.

하지만 신맛을 지나치게 많이 섭취하면 간기가 넘쳐나고 비기는 약해진다. 비장은 중심을 잡고, 여러 가지 상황에 적응하는 힘을 길러준다. 보통 체격의 사람은 가을에 신맛을 많이 섭취하는 편이 좋다.

매운 맛은 열과 땀을 발산하게 한다. 감기 초기에 생강과 파뿌리 달인 물이나 매운 콩나물국을 먹는 요법을 쓰는 것도 이 같은 맥락에서다. 하지만 오래된 만성 기침으로 허약해진 사람에게는 매운 맛을 사용하지 않는다. 기침이 심한 환자는 매운 생강보다 시고 단 유자차나 오미자차, 매끄러운 은행 등이 약이 된다. 나이가 들어 장 기능이 쇠약해진 사람에게 매운 음식을 주면 설사를 일으킨다. 장에서 매운 성질을 극복하지 못 하기 때문이다. 이럴 때는 신맛을 추가하여 거두어들이는 기능을 십분 사용하여 중화시키는 게 좋다.

매운 음식은 원래 마른 사람에게 잘 어울리지 않는다. 마른 사람은 체질적으로 에너지를 많이 소모하기 때문이다. 그런 사람에게 발산하는 성질을 지닌 매운 음식은 기를 쇠하게 할 뿐이다.

매운 맛은 종종 구충제로도 쓰인다. 기생충은 습하고 서늘한 곳을 좋아하므로 덥고 열이 나는 음식이나 약을 못 견딘다. 산초에서 산토닌을 추출하여 구충제로 사용하는 이유가 바로 이것이다. 구충제는 양의 성질이므로 양 체질은 적게, 음 체질은 늘려서 사용한다.

매운 맛을 내는 대표적 식품에 고추가 있다. 고추의 매운 맛을 강화하려면 태양열을 잘 받게 하고 잘 건조시켜야 한다. 마르고 열이 있는 사람에게는 매운 맛이 좋지 않다. 반대로 비만하고 냉한 사람에게는 약이 된다.

같은 매운 맛이라도 고추냉이는 좀 다르다. 높은 산, 찬물이 흐르는 곳에서 재배되므로 그 맛이 매우면서도 냉한 습기가 있다. 그래서 한여름 메밀국수에 고추냉이를 넣는 것이다. 그러면 시원하면서도 톡 쏘는 맛을 즐길 수 있다. 고추냉이의 꽃이 흰색이라는 사실로 고추냉이의 서늘한 성분을 짐작할 수 있다.

신맛이 식욕을 촉진하고 지식욕을 돋워주는 반면 매운맛은 발산작용이 강해 기억된 정보를 털어내어 망각을 돕는다. 매운 식물은 건조한 곳에서 잘 자란다. 의지가 박약하거나 비만하고 게으른 사람은 매운 맛을 많이 먹기 바란다. 체중 감소뿐 아니라 정신을 각성시켜주는 효과가 있으니까. 아주 마른 체질이 아니라면 여름에는 누구나 약간 맵게 먹는 것이 좋다.

● 염분 섭취를 조절한다

땀을 흘리면 소금이 나온다. 그래서 땀을 많이 흘리고 나면 반드시 염분을 섭취해야 한다. 요즘 사람들은 땀을 잘 흘리지 않는다. 한여름에도 냉방 시설이 잘 돌아가 땀 흘릴 기회조차 드물다. 오죽하면 '냉방병'이란 게 등장했을까? 요즘처럼 육체노동이 적고 땀을 적게 흘리는 시대에는 싱겁게 먹어야 한다. 하지만 용광로에서 일하는 기술자처럼 하루 종일 땀을 흘리는 직업에 종사하는 사람이 저염식을 하면 큰일난다. 우리의 대표적인 발효 음식인 젓갈·김치·고추장·된장·간장 등은 염도가 매우 높다. 발효 음식이 건강에 좋다고 많이 먹으면 역시 건강에 해롭다. 염분 함유량이 많이 때문에 알아서 조절해야 할 것이다.

물론 체질적인 문제도 있다. 짠맛은 마르고 열이 많은 사람에게는 생명수 같은 역할을 한다. 죽염의 효과를 본 사람은 대개 마르고 열이 많은 사람이다. 차면서도 물기가 많은 비만한 체질엔 지나치게 짠 음식이 독으로 작용한다. '자린고비처럼 짜다.'라는 속담은 인색한 사람을 일컫는 말인데, 실제로 짠맛은 물기를 축적하는 성질이 있다. 통통하고 몸이 잘 붓는 사람이라면 짠맛을 줄여야 할 것이다.

● 종합비타민 중독에서 벗어나라

체질에 상관없이 약을 잘 먹는 사람이 있다. 요즘 사람들은 무엇에 좋다고 하면 무조건 따라서 먹는다. 음식도 그렇고 약도 그렇다. 음식이나 건강보조식품의 선호도가 유행 따라 변하는 것을 보면 참 재미있다. 한때 인기가 많아 없어서 못 구하던 것이 어느 날 보면 다른 식품에 왕좌를 내준다. 그러나 모든 식품이나 약의 이면엔 위험이 도사리고 있다.

요즘엔 어느 집이나 식탁 위에 비타민을 한 병씩 놓아두고 먹는다. 비타민C, 철분 강화 비타민, 눈에 좋은 비타민, 종합비타민, 폐경기 여성을 위한 호르몬 복합 성분 비타민 등등 종류도 가지가지다. 하지만 비타민은 반드시 음식으로 섭취해야 하다. 약으로 섭취하면 간이 제 기능을 잃기 때문이다.

누구나 먹는 종합비타민. 하지만 진실은 '누구든지 먹으면 안 된다.'는 것이다. 사람마다 몸에 부족한 비타민이 다르고, 비타민을 먹으면 금방 몸에 활력이 돋는 것 같지만 상시 복용하다 보면 과다증이 생기기 때문이다. 이를 테면, 비타민 C를 하나 보충하기 위해서 다른 비타민은 과다 섭취가 된다는 뜻이다. 지나침은 언제나 모자람만 못 하다. 가장 무서운 게 '과다증'이다. 한 가지를 고치기 위해서 결국 일곱 가지 병을 불러들이는 격이지 않은가?

평생 약을 먹으라는 의사는 병을 고치는 의사가 아니다. 우리 몸은 작은 우주와 같다. 또 서로 견고하게 맞물려 돌아가는 커다란 톱니바퀴와 같다. 그래서 어느 하나가 제 기능을 상실하면 다른 기관이 그 역할을 대신하고자 한다. 위를 절제하면 장이 위의 역할을 하는 것과 같은 이치다. 예를 들어 갑상선 환자들은 평생 호르몬제를 복용한다. 몸이 할 일을 약이 대신 해준다. 진정으로 몸을 치료하려면 먼저 약부터 끊을 일이다. 음식으로 병을 고치지 못하면 방법이 없다고 했다. 음식을 바꾸고 생활 방식을 바꾸는 길만이 건강으로 가는 진실한 방법이다.

● 감정 조절로 중풍을 다스린다

중풍에는 선천적 요인과 후천적 요인이 있다. 심신불이身心不二,가장 단순하면서도 근원적인 개념이다. 바람은 물[水]과 불[火]의 존재 없이는 발현되지 않는다. 물과 불이 부딪힘으로써 발생하는 무형의 나선형 운동성 에너지다.

중풍의 대표적 전조 증상으로 현기증과 어지럼증을 들 수 있다. 이것은 심리적 혼란이나 갈등과 무관하지 않다. 삿된 기운이 과다해진 경우에 중풍이 온다. 중풍은 흔히 봄이나 가을 환절기에 발병하기 쉽다. 대체로 50세 이상에 많이 온다. 분노와 애착의 잔재로 굳어진 마음은 유연성을 잃고, 혈관도 탄력성을 잃게 되는데, 과도한 스트레스나 술, 기온차 등으로 순간적으로 늘어난 혈류가 신축성을 잃은 혈관 속으로 확장되지 못해 일어나는 증상이다.

중풍은 '내면의 바람'과 '마음의 바람' 측면에서 여러 징후가 있다.

먼저 엄지와 검지의 마비를 들 수 있다. 사지에 힘이 빠지고 저리다든가, 눈가의 실룩거림, 벌레가 기어 다니는 듯한 감각, 근육 경련, 입가에 침이 흐르는 듯하고 안면 감각이 무뎌지는 증상이 대표적이다. 그 외에도 조그만 일에 격해지고 쉽게 짜증이 나고, 열이 위로 치받혀 얼굴이 붉어지고 어지럽거나 귀에서 소리가 날 수 있다. 특히 둘째손가락이 저리거나 떨리거나 뻣뻣해지는 징조가 나타나면 아주 위험하다. 중풍은 부정적 감정만이 아니라 쾌락이 과도해도 발병한다. '좋아 죽겠다'거나 '싫어 죽겠다'로 대변되는 두 가지 양상 모두 중풍의 원인이 된다.

생활 방식에서도 원인을 쉽게 찾을 수 있다. 대개 하체 운동이 부족한 사람들이 중풍에 잘 걸린다. 머리를 많이 쓰는 데 비해 별로 걷지 않기 때문이다. 흙길을 맨발로 자주 걷는 것은 비장을 튼튼하게 해줄 뿐더러 중풍과 골다골증 예방에 좋다.

'방풍防風'이라는 약재는 이름처럼 풍을 막아준다. 풍병은 급격한 변화로 오는 양의 성질을 띤 병이어서 행동이 느린 굼벵이나 누에, 피부가 딱딱해지는 경피병에 걸려 죽은 백강잠 등 음의 기운을 띤 약이 좋다. 중풍에는 날짐승을 피하는 것이 원칙이다. 오리는 물에서 자라므로 음적이지만 날개 달린 닭을 비롯한 일체의 새와 곤충은 중풍에 금해야 한다. 밀가루고 쌀이나 찹쌀에 비해 가벼우면서 풍성이 있으므로 해롭다.

응급 처치로는 두한족열 방법이 있다. 또 열손가락과 발가락 말단을 바로 따줘야 한다. 우울증 역시 중풍의 원인이 된다. 중풍으로 쓰러지지 않으려면 빵이나 고기, 당분을 모두 끊어야 한다. 병세의 증상은 시력으로 먼저 찾아온다. 시력이 나빠진다는 것은 몸에 좋지 않은 기운이 쌓이기 시작한다는 뜻이다.

사람 몸과 자연은 서로 대응하면서 변화한다

소주, 고량주 등 도수가 높은 술의 해독에는 찬 성질의 칡뿌리 생즙이 좋다. 버섯 요리에 매운 파의 하얀 뿌리 부위를 넣는 것도 서로 대응되는 것으로 중화시키는 것이다.

한국인의 체질에는 소주가 맞지 않는다. 막걸리는 몸에 열을 올려주고, 맥주는 몸의 열을 내려준다. 몸이 더운 사람은 자연스럽게 맥주를 찾게 되는데, 맥주를 마시면 뼛속까지 차지는 것을 종종 경험하게 된다. 하지만 몸이 차면 좋지 않다. 더워서 생기는 병보다 몸이 차서 생기는 병이 더 많다.

몸이 차거나 담배를 많이 피는 사람들에겐 복숭아가 유익하다. 포도는 서리가 내리기 전까지만 먹는다. 겨울에 포도를 많이 먹으면 오히려 감기에 들기 쉽다. 제철 과일을 먹으라는 이유가 바로 이런 것들이다. 감도 초겨울에 먹어야 한다. 열이 많은 사람은 물론 겨울에 감을 먹어도 상관없다. 평소에 고기를 즐기거나 열이 많다고 느끼는 사람은 과일을 많이 먹어야 한다. 껍질이 딱딱한 것은 겨울에 먹는 게 좋다. 기침과 가래가 심한 사람에게는 배추김치가 좋지 않다. 이런 사람은 무나 도라지, 양파, 생강, 마늘 등 뿌리채소를 자주 먹는 게 좋다.

감자와 고구마, 당근은 열을 내지 못 한다. 제사상에 못 올리는 것은 열을 내지 못 한다고 보면 된다. 아니면 한국에 들어온 지 얼마 안 된 것들이다. 야콘은 맛은 있으나 몸을 차게 만든다. 과일과 같은 작용을 한다. 그러나 뿌리채소는 몸을 데워준다. 부추·파·달래는 잎채

소인데도 열을 낸다. 다년생 채소이기 때문이다. 스님들은 흔히 부추·
달래·파를 먹지 말라고 하지만 한국에서는 먹어도 된다.

사시사철 푸른 채소를 먹으려고 고집하지 말고 계절 식품을 즐기
라. 봄이면 나물을 캐라. 달래·씀바귀·냉이·고들빼기 등 얼마나 먹을
게 많은가? 하지만 한여름인 8월에는 냉이를 먹되 냉이 잎을 먹는다.
냉이 뿌리는 겨울을 지낸 봄에 먹는 것이다. 초겨울에 먹는 총각김치
는 조금만 담가 먹는다. 겨울에는 무를 먹고 가을까지는 잎을 먹는 것
이 좋다. 무가 작고 잎이 많은 총각김치는 초겨울이 적기다.

열대 지방 사람들이 채소와 과일을 즐기는 것도 지역과 기후에 몸
을 맞춰 사는 게 자연스러운 방식이기 때문이다. 자연에 맞춰 살아가
는 마음을 가지고 몸을 만드는 생활로 바꾼다면 자연이 사람에게 준
수명을 살다가 갈 것이다. 자연에 순응하는 삶에 어떤 인위적인 것이
필요하며, 희노애락이 필요할까? 생로병사는 자연의 순리인 것을.

자연은 말한다

자연의 재앙이 우리에게 말하는 것

재앙이 밀려오고 있다

세계가 놀라고 한국이 놀란 일본 지진. 쓰나미 재해, 원전 피폭.

이 심각한 재앙에 대해 잠시 얘기해 보자. 2년 전, 아이티에서 지진이 있었다. 도시 하나가 완전히 무너졌다. 얼마 전에는 뉴질랜드에서 지진이 일어났고, 2004년에는 인도네시아에서 지진이 발생했다. 생각보다 자주 지진이 일어나고 있다. 유라시아판의 변형이라고 한다.

일본의 지진은 경제에 큰 영향을 미쳤다. 혹자는 지진 뒤에 경제가 다시 살아날 것이라고 한다. 하지만 이 말의 뜻은 복구에 필요한 건설 경제가 살아난다는 말이다. 자본주의 GDP(국민총생산)의 원리다. 세우고, 부수고, 다시 세우는 것. 자연 재해가 있든, 사회적 비용이 올라가든 모든 것을 국민 경제라고 본다. 사회적 비용이 얼마나 올라가든지 생태 경제적 입장에서 볼 때 이것은 엔트로피의 증가다. 생태적 입장에서 볼 때 집짓는 행위보다 집 짓지 않는 행위가 비용이 덜 든다. 행복 지수도 덩달아 올라간다.

미국은 과연 행복 지수가 높은 나라일까? 그렇지 않다. 남아메리카 아마존의 조예족이 제일 높다. 못사는 나라일수록 삶이 단순하고 사람들은 천진난만하다. 모든 것을 돈으로 움직이는 구조와 동떨어진 탓이다. 문명화된 사회에서는 돈이 행복을 좌우한다.

요즘처럼 지진이 자주 일어나는 것은 자연의 재앙이다. 하지만 이는 필연적이다. 빙하기 이후, 대륙은 이동하기 시작했고 재편성되었다. 지금의 지각 변동은 판을 바꿔가고 있다. 지구 스스로 살아남기 위해 판을 새롭게 형성하고 있는 것이다. 지진은 그러한 변화의 한 예이다. 재앙의 조짐은 지진만이 아니다. 기후 변화, 화산 폭발도 있을 것이다.

도로를 가다보면 이따금 땅이 움직이는 것을 느낀다. 매일 땅을 파헤치고 있는데 땅이 움직이지 않는다면 그게 오히려 이상하다. 석유 문명 100년을 풍요롭게 살기 위해 인간은 2000년을 앞당겨 살았다. 한때 일본 열도가 무너질 거라는 우스꽝스런 예언이 있었지만 지금 상황을 보면 단순한 예언이 아니었던 것 같다. 지구는 지금 살아남기 위해 몸부림치고 있다. 자신의 생명을 유지하려고.

만일 대도시에서 지진이 발생한다고 상상해 보라. 만일 서울에서 지진이 발생한다면? 우리는 지진에 대비한 적도 없지만……. 지진 7도면 70% 이상 무너진다고 한다. 밀집도가 가장 높은 도시에서 지진이 일어난다면 상상하기 끔찍할 만큼 대재앙이 될 것이다.

환태평양 유라시아 지진대가 움직이고 있는데 우리나라는 과연 안전할까? 우리가 살고 있는 아파트를 보라. 만일 지진이 일어나면 어떻게 될까? 아마 아파트 가격이 절대 올라가지 않을 것이다. 계속 내려갈 것이다. 어쩌면 너도나도 아파트를 빨리 팔려고 극성을 부리게 될 날이 올지도 모른다. 하지만 그땐 이미 구매자가 없을 것이다. 구매자 없으면 아파트는 노화되고, 도시 공동화가 앞당겨질 것이다. 그러면 나라에서 공원화 조성을 위해 이를 매입할 것이다. 건설업자들은 이익이 발생하지 않는 곳에는 손을 내밀지 않지만, 아마 그렇게 되면 아파트를 부수는 데 힘을 보탤 것이다. 국채 발행을 조건으로 한다면.

지금 고층 아파트에 살고 있다면 주택으로 가든지 시골에 내려가는 게 좋을 것이다. 빠르면 빠를수록 좋다. 지진 이야기가 한물 가면 본격적으로 피크오일 이야기가 대두될 것이다. 원자력에 대한 맹신도 사라질 것이다. 비단 남의 나라 문제가 아니다. 이제 우리는 자연의 위력 앞에서, 무시무시한 재앙 앞에서 삶을 재고해야 한다.

시계를 버리고 자연을 보며 농사짓기

천지인을 알자는 것은 대자연의 법칙을 알자는 뜻이다. 선조들은 시간을 보고 농사짓지 않았다. 하늘을 보고 지었다. 하늘의 이치와 자연의 이치를 알고 농사를 지었다.

동지 후 57일이 지나면 창포가 처음으로 나온다. 이때부터 밭을 갈고 심기 시작한다. 4월 말이 되면 냉이·꽃다지·황새 등 세 가지 나물이 말라죽고 보리는 수확할 수 있게 된다. 하지가 되어 씀바귀가 죽고 남가세가 나오면 비로소 삼과 콩을 심을 수 있다. 식물이 자라는 모습을 살펴서 작물을 심는다. 살구나무 새순이 나오면 밭갈이를 부지런히 하고, 창포가 나오면 재배를 권장한다.

가을에 풀과 나뭇잎들이 시들면 비로소 보리싹이 피어난다. 이처럼 하늘은 사계절을 알리고 땅은 먹고 입을 것을 낳는다. 하지만 자연은 사람들과 의논하지 않는다. 이것이 대자연의 법칙이다.

풍년이든 흉년이든 우리는 먼저 하늘과 땅에 고마움을 전해야 할 것이다. 가난과 부유함도 자연의 경고로 알아들었다. 지금의 현대식 농업은 전혀 다르다. 자연의 법칙을 무시하고 인간 중심으로 농사를 짓는 탓이다. 모든 병폐는 여기서 비롯된다. 그러니 자연도 몸살을 앓을 수밖에. 자연의 법칙을 무시한 농사는 결국 생태계를 파괴할 뿐이다.

자연은 인간과 의논하지 않는다

일본의 지진과 그 여파는 자연 법칙의 결과물이다. 원전의 대재앙 역시 자연이 살아남기 위한 몸부림이다. 하늘은 땅과 어우러져 우리에게 먹을거리 살거리를 내어준다. 몸을 움직이며 생명을 내어준다. 자연은 이 같은 하늘땅의 이치를 사람과 상의하는 법이 없다. 모월 모시에 지진이 일어날 텐데, 어떻겠느냐고 묻지도 않는다. 자연이 우리에게 말을 걸지 않으니 우리가 먼저 하늘과 땅의 이치를 깨닫고 자연의 법칙을 탐구하는 수밖에.

자연은 우리에게 말을 걸지도 상의를 하지도 않지만 경고는 한다. 때로는 지진이나 해일로, 때로는 고래를 떼죽음으로 몰아서. 하지만 둔감해진 인간의 눈과 귀는 여전히 닫혀 있다. 눈을 감고 귀를 닫고 있는 것이다. 오감을 닫고 육감을 죽임으로써 자연과의 관계 자체를 이성의 사유 공간 너머로 밀어버린다. 그리고 오직 인간 관계를 위주로 경쟁에서 어떻게 성공할 것인가에만 매달린다. 고래가 떼죽음을 당하고, 개미와 쥐가 몰려오는데!

이제 우리는 오감과 육감을 다 열어야 한다. 그럴 때만 자연의 이치를 깨닫고 자연과 깊이 소통할 수 있다. '나락 한 알의 우주'라는 말이 있다. 나락 한 알 속에도 우주가 있다는 뜻이다. 그처럼 우리는 의식을 열고 육감을 동원해서 자연과 교감해야 한다. 몸과 마음, 생각

전부를 자연을 향해 열어놓아야 한다. 인간은 사실 오로지 우리의 의식 속에만 존재한다. 대자연의 법칙에서 보자면 인간은 거대한 시스템 중 하나의 요소일 뿐이다. 자연에게 오감을 열어두고 그가 보내는 신호를 정확하게 받아들이는 것, 그것만이 우리가 살 길이다.

자연을 닮은 농부

훌륭한 농부의 조건

농사가 하늘을 보면서 땅을 경작하는 모든 활동이라고 한다면, 농부는 무엇보다 하늘과 땅, 그리고 사람을 이해해야 한다. 천지인의 이치를 잘 알아야 한다는 뜻이다. 하늘의 이치를 알고, 땅의 이치를 알고, 물物과 나를 알아야 한다. 나를 잘 아는 것은 곧 나의 몸과 마음을 잘 아는 것이다.

건강한지, 어떤 체질인지, 성향과 성격은 어떠한지, 나를 둘러싼 환경은 어떤 조건들로 이루어졌는지 등을 모두 알고 있어야 한다. 그럴 때 본인 스스로 어떤 농사를 지을 수 있을지 깨닫게 된다. 하늘과 땅이 어떻게 어우러져 있고, 어떤 식으로 사물이 형성되었는지를 알고 나서 스스로 존재의 위치를 자각하면 농사를 잘 짓게 된다는 뜻이다.

훌륭한 농부란 천지만물의 이치를 잘 아는 사람, 즉 자연의 이치를 잘 알고 자연을 따라가는 사람이다. 훌륭한 농부가 되려면 이 같은 포괄적 관계 인식의 과정을 거쳐야 한다.

하늘의 이치는 어떻게 알까?

하늘의 이치를 잘 알려면 기상청이랑 친해져야 할까? 일기예보를 눈여겨보아야 할까? 아니다. 하늘을 자꾸만 바라보아야 한다. 도시 사람들은 하늘을 자주 보지 못 한다. '별 볼 일'이 없는 탓이다. 땅은 더더욱 밟지 않는다. 하이힐을 잘 신고 다니라고 온통 아스팔트를 깔아 놓았으니까. 이따금 구두에 흙이 묻으면 무슨 오물이라도 튄 것처럼 털어내기 바쁘다.

하늘의 이치를 잘 알려면 동양의 사유 체계에 의존해 음양의 이치를 먼저 파악해야 한다. 서양은 별자리를 통해 자연의 이치를 안다. 동양과 서양의 차이는 생명의 출발부터 다르다. 기독교 문화를 바탕으로 하는 서양 이론에서는 빛을 생명의 기원으로 본다. 그래서 '진리는 나의 빛, 주는 나의 빛'으로 시작한다. 하지만 동양은 근원을 어둠으로 본다. 서양은 양으로부터 출발하고 동양은 음으로부터 출발하는 것이다. 어둠은 혼란[Caos] 상태를 의미하며, 양은 질서상태라고 본다.

자연의 이치를 아는 것은 음양의 논리에서 출발한다. 음양의 기운은 '10간 12지'를 만들어낸다. 10간은 하늘의 기운이고, 12지는 땅의 기운이다. 하늘의 이치와 땅의 기운이 만나서 물物을 이룬다. 만물의 생성은 10간 12지로 이루어진다. 생성 소멸의 이치 또한 10간 12지로 이루어진다. 우리의 전통 사회에는 일진부터 운수까지 모두 10간 12지에 의한 육갑으로 점을 쳤다. 예를 들면 하늘이 물을 많이 머금고 있으면 하늘이 검은 색깔로 변한다. 수水는 검정색이다. 이는 비가 내릴 징조다. 음양오행에 의한 것이다. 기후를 예측하는 것도 가능하다.

종교적 신화는 정신의 토양이다

멈추지 않는 시계가 단 하나 그것은 바로 태양이다. 태양은 기원전부터 인류의 최고 숭배 대상이었다. 태양 없이는 어떤 생명체도 자랄수 없고, 진화될 수 없다. 태양은 곧 진리요 빛이었다. 또 인류는 별의관찰을 통해 일식이나 보름달처럼 반복되어 온 규칙적인 활동을 예측할 수 있었다. 별자리도 그런 것이다. 황도에 의한 별자리는 1년 주기로 12개의 주요 별자리를 따라 태양을 중심으로 이동한다. 1년의 12달과 4계절을 나타내는데 황도12궁은 사람이나 동물 형태로 의인화되었다. 마치 동양의 12간지처럼. 초기 인류는 태양을 숭배하면서 그활동을 신화로 의인화했다. 태양이 생명을 불어 넣는다는 특성을 중시하여 태양신 숭배 사상도 생겨났다.

태양신의 이동 경로를 알려주는 것이 12별자리다. 이집트에서는 태양신에 대한 숭배가 절정에 이르렀다. 대부분의 신화는 빛과 어둠 또는 선과 악의 대결 구도로 이루어진다. 태양신 신화도 마찬가지다. 태양신 호루스는 기원전 3천 년 12월 25일에 어머니 이시스가 남편의시체에서 흘러나온 정액으로 수태하여 태어난다. 태어나자 동방에서별이 떠올랐고 3명의 왕으로부터 숭배되었다. 3명의 왕은 동방박사로점성술 예언가이다. 30살에 성직생활을 하면서 12명의 제자를 거느리고 방랑하다가 병자를 치료하고 물 위를 걷는 등의 기적을 행한다. 타이폰의 배신으로 십자가에 못 박혀 죽었으나 3일 만에 부활했다. 대부분의 신화들은 이와 같은 양태이다. 그리스의 아티스, 인도의 크리슈나, 그리스의 디오니소스, 페르시아의 미트라, 기독교의 예수도 마찬가지다.

태양의 죽음은 12월 22일 동지이다. 음이 가장 극에 달한 때이다. 3

일 후에는 약간 기울어 양의 기운이 일어나 만물 소생의 봄으로 가는 기점으로 25일을 기린다. 태양은 십자가에 못 박혀 죽고, 3일 만에 부활한다는 의미이기도 하다. 바로 구원의 의미이다. 하지만 태양이 어둠(악마)의 기운과 대등하게 같아지는 춘분이 돼서야 비로소 부활의 시기를 맞이하고 태양의 부활을 축하한다.

성경에 등장하는 점성학적이고 천문학적인 신화들 가운데 가장 중요한 것은 시대[Age]로 '춘분점 세차'라는 자연 현상을 이해하게 해준다. 고대 이집트인은 춘분의 일출이 대략 2,150년 주기로 달라진다는 사실을 알고 있었다. 지구가 자전축을 중심으로 1일 1회씩 약간 기울어진 상태로 회전하기 때문에 나중에 힘 빠진 팽이가 쓰러질 듯 도는 기울기와 유사하다. 이 운동이 바로 '세차운동'이다. 세차가 12별자리를 모두 통과하기까지는 대략 25,765년이 걸린다. 25,765년을 12개월로 나누면 2,150년이다. 이 주기를 시대라고 부른다.

성경은 3개의 시대를 암시한다. 구약에서 보면 모세가 십계명을 가지고 시나이 산에서 내려왔을 때 황금 송아지를 숭배하는 것을 보고 분노한다. 모세는 양자리로 황소자리는 구세대를 의미한다. 그러니 구세대를 숭배하는 것에 대한 분노에 다름 아니다. AD 1년 이후 예수 시대의 2마리 물고기 이야기는 별자리의 물고기자리를 의미한다. 누가복음에 의하면 "보라, 저 도시에 들어가면 물병을 든 남자를 만나게 될 것이니, 그를 따라 그가 들어가는 집으로 들어가라."는 천문학적 비유를 볼 수 있는데 이는 다음 시대를 예고하는 것이다. 시대라는 말을 종말로 오인할 수 있는 여지는 여기서 생긴다.

산 위에서 계시를 받아 제정된 '산상수훈'은 신화 속의 법 제정자 대부분과 같다. 인도의 마노, 크레타의 미노스, 이집트의 미제스가 그러하다. 이렇듯 이집트 종교는 유대-기독교의 핵심적 기초를 이룬다. 서기 325년 로마의 콘스탄티누스 황제는 니케아 공의회를 통해 예수라는 인물을 역사화해 사회를 통제하고자 했고, 12월 25일을 성탄절로 공표했다. 사실 이 날은 태양의 축제일이다. 종교가 그러하듯 인간을 자연으로부터 이간질시켰을 뿐이다. 더구나 인간관계까지도 서로 이간질시켰다. 종교는 권력에 암묵적인 굴복을 강요한다. 그래서 종교적 신화는 언제나 정신적 토양을 형성하는 강력한 수단이 된다. 신화는 진실과의 관계가 아닌 그 사회에서 '사실처럼 받아들여지게 만들어 사회나 국가가 요구하는 특정 역할을 담당'한다. 신화는 국가나 사회로부터 사실로 받아들여질 때 비로소 그 역할을 제대로 수행할 수 있다.

음양 이론에 따른 주요 절기와 계절

음양에 의한 24절기를 보자. 24절기는 봄·여름·가을·겨울 4계절에 각각 여섯 개씩 자리 잡고 있다. 각각의 절기는 앞뒤 절기와 유기적인 연관성을 가지며 1년을 이룬다. 24절기는 태양의 운동에 근거한 것으로 춘분점春分點(태양이 남쪽에서 북쪽으로 향해 적도를 통과하는 점)으로부터 태양이 움직이는 길인 황도를 따라 동쪽으로 15도 간격으로 나누어 24점을 정하였을 때, 태양이 각 점을 지나는 시기를 말한다. 정확히 말하면 천구 상에서 태양의 위치와 황도가 0도일 때 춘분, 15도일 때 청명, 300도일 때 대한이다(24×15=360).

음의 극치인 동지는 12월 22일, 양의 극치인 하지는 6월 21일이다. 동지와 하지에서 1년 농사의 절반을 가르게 된다. 동지에서 하지로 가는 것은 음에서 양으로 극대화 되는 것이며, 하지에서 동지로 가는 것은 음의 극대화이다. 동지에서 하지로 갈 때는 봄 농사이고, 하지에서 동지로 가는 것은 가을농사다. 겨울 농사는 추분에서 시작된다. 봄 농사에는 볕을 많이 필요로 하는 것을 심는다. 하지에서 동지로 갈 때는 단일短日 식물을 심는다. 동지와 하지 사이를 구분하는 게 춘분과 추분이다. 이때 낮과 밤의 길이가 같다.

춘분은 3월 20일경이고, 추분은 9월 21일경이다. 이로써 4개의 큰 축이 이루어진 것이다. 이 사이에 계절이 들어간다. 우리나라엔 4계절이 있는데, 동지와 춘분 사이에 입춘, 춘분과 하지 사이에 입하, 입추, 입동이 있다.

자연은 불후의 시네마스코프다

절기 속에 나타나는 자연 현상을 살펴보자. 동지엔 해가 가장 짧다. 입춘 사이에는 소한과 대한이 있다. 소한과 대한은 가장 추운 때이다. 소한이 대한보다 더 춥다. "대한이 소한 집에 놀러왔다가 얼어죽는다."는 말이 있을 정도다. 태음과 태양의 간극 때문에 그렇다.

우리나라엔 절기를 나타내는 말들이 많다. 꾀꼬리가 울고 물고기가 얼음 위로 올라오면 입춘이다. 동풍이 불면서 날씨가 빨리 따뜻해져 보리 곡식이 잘 된다. 노을이 길게 끼기 시작하고 초목에 싹이 나기 시작하면 우수다. 우수·경칩이 되면 얼었던 대동강물이 풀린다고 했다. 복숭아꽃이 피고 나비도 날고 개구리가 잠에서 깨어난다. 경칩 때 개구리가 안 깨어나면 환경이 변화했다고 보면 된다. 땅이 부풀어 오른 경칩과 춘분 사이에는 봄 농사를 위해 부지런히 밭을 갈아야 한다.

벚꽃이 피기 시작하고 밤과 낮 길이가 같아지면 춘분이다. 동남풍이 불면서 간간이 비가 내려야 농사가 잘 된다. 강남 갔던 제비가 돌아오고, 기러기가 북으로 날아가면 청명이다. 제비가 돌아와 토양 습도가 많아 집을 거칠게 지으면 풍년이 들고, 제비가 처마 안쪽으로 집을 지으면 그 해엔 바람이 많고 날씨가 안 좋아 흉년이 든다고 했다.

모란꽃이 피면 곡우다. 곡우에 비가 많으면 풍년이 든다고 한다. 죽순이 솟아나고, 지렁이가 나오고, 청개구리가 울면 어느덧 여름에 들어선다. 누에가 일어나 뽕을 먹고, 보리가 익고, 찔레꽃이 피면 양기가 가득하다는 소만이다. 또 메밀이 익고, 보리가 누렇게 익고, 양파가 축축 늘어지면 송장도 일어나 일해야 한다는 망종이다.

창포꽃이 피고 낮이 가장 길어지는 때가 하지다. 하지가 되면 발을 물에 담그고 지내야 할 정도로 더워진다. 하지 안에 고구마를 심으면 먹을 정도는 거둘 수 있다. 더운 바람이 불고, 연꽃이 만개하면 소서다. 소서에는 매미 소리가 들린다. 소서 안에 모를 심어야 한다. 무더운 날씨가 계속되고 오동 열매가 맺기 시작하면 대서다.

시원한 바람이 불고, 쓰르라미가 울면 가을에 들어선다. 입추에 비가 오면 채소에 풍작이 든다. 목화꽃이 피고, 벼이삭이 여물면 처서다. 처서에는 물이 필요하다. 그래서 이때 비가 오면 풍작이라고 한다. 풀이슬이 하얗고, 제비가 강남으로 날아가면 백로. 벌레가 땅 속으로 들어가기 시작하고, 낮과 밤의 길이가 같아지면 추분이 된다. 비로소 여름 뇌우가 끝난다. 귀뚜라미가 울고, 기러기가 날아오고, 국화꽃이 피면 한로다. 상강은 서리가 내리는 것을 이른다. 이때부터 땅이 얼기 시작하는 겨울로 들어서니, 금잔화가 향기롭다.

북풍에 낙엽이 지고, 무지개를 볼 수 없어지면 소설이다. 추위가 시작되고 곰이 굴 속으로 들어가면 대설, 노루의 뿔이 빠지면 동지다. 이때는 눈 속에서 보리가 나고, 밤이 가장 길다.

절기에 따른 작물 농사짓기

겨울을 견디는 것들은 입동 전에 파종한다. 감자는 춘분에 심는다. 입하라고 해서 감자를 못 심는 건 아니지만, 입하 때 감자를 심으면 하지 때 먹지 못 한다. 입추가 지나야 먹을 수 있다. 그러나 하지부터 장마에 들므로 썩거나 싹이 나지 않은 씨앗이 쓸려 내려갈 수 있다. 물론 하우스 농사에는 관계없는 이야기다. 농부들이 하우스 작물을 많이 재배하는 까닭은 따로 있다. 제철에 생산되는 계절 채소는 물량이 쏟아져 나와 값이 싸다. 그래서 가급적이면 돈을 더 받을 수 있는 이른 시기에 농산물을 출하하려고 서두르는 것이다.

입춘 아래 보리 뿌리가 세 개면 풍년이 든다고 했다. 조상들의 지혜를 엿볼 수 있는 대목이다. 춘분을 나타내는 말 중에 "서풍이 불면 보리가 귀하다."는 게 있다. 동남풍이 불어야 보리 생육에 좋다는 뜻이다. 춘분 전후로 비가 와야지 만일 3월에 비가 안 오면 가뭄이 든다.

춘분 이후엔 호박·가지·부추 등을 뿌린다. 그러면 춘분에 호박을 심지 못하면 영영 못 하는 것일까? 반드시 그렇지는 않다. 호박씨는 늦게 해도 된다. 늦게 따먹으면 되니까. 늙은 호박이 되기까지엔 시간이 필요하다. 파종은 애호박을 위한 것이 아니라 늙은 호박에 맞춘 것이다. 서리 내리기 전에 노랗게 되려면 충분한 태양이 필요하다. 호박을 따서 놓으면 늙는다.

늦게 수확하면 안 되는 게 고구마다. 그러면 고구마에 심이 생긴다.

식물은 땅의 기운을 받고 자란다. 기운이 부족하면 더 이상 크지 않는다. 농사는 최대한의 수확량을 생각해서 천지를 잘 알고 시행해야 한다. 대파는 월동 식물로 단년생이 아니라 다년생이다. 대개 5월경에 씨를 받는다. 춘분 때엔 대파를 심는다. 월동하는 식물은 모두 보양식이다. 겨울 전에 싹이 나오거나 씨앗이 얼지 않으면 겨울을 견딜 수 있다.

부추도 심어 그해 먹을 수 있다. 부추는 첫 해는 실 같으니 자주 잘라주면서 먹을 수는 있지만 제대로 성장한 것을 먹으려면 최소 2년생은 되어야 한다. 부추는 계속 잘라가며 먹을 수 있다. 2년 뒤에는 씨앗을 맺으니 그냥 놔두면 씨앗이 땅에 떨어져 주변이 부추밭이 된다. 그래서 부추는 대개 마당 텃밭이나 담장 아래 심는다. 부추는 피로 회복에도 아주 좋다.

청명에는 토마토·오이·참외·봄배추·옥수수를 심는다. 씨도 뿌린다. 곡우 때는 수박·들깨·목화 등을 심는다. 입하 때는 고추를 밭에 옮겨 심는다. 청명 때 못한 것은 입하 때 하면 된다. 씨를 뿌리는 것이 있고, 모종을 심는 경우도 있다. 고추는 2월 말에 씨를 뿌려 5월 5일경에 밭으로 옮긴다. 모종법은 조선 후기에 나온 것으로 수확량을 늘리기 위해 개발한 것이다. 고추씨는 4월 초에 밭에 직접 심어도 된다. 직접 심으면 씨 손실이 많지만 한편으로 발아 온도와 생육 온도가 같아서 빨리 발아된다. 햇볕이 많은 기간에 자라게 하면 고추가 빨갛게 익고, 늦게 심으면 햇볕을 덜 받아 빨간 고추가 적어진다. 그래서 고추는 대개 2월에 모종으로 심는다.

입하 때는 대부분 열매채소를 심는다. 토마토·가지 모두 고추처럼 장일 식물이니 모종으로 심으면 된다. 입하 다음에 소만 망종이다. 송장도 일어나서 일을 해야 할 정도로 바쁘다는 망종은 6월 7일, 하지 전이다. 말 그대로 망종 때는 웬만한 겨울 농사 생산물을 모두 수확한다. 대표적인 것으로 밀·보리·마늘·양파 등이 있다. 말 그대로 망종에는 일이 너무 많다. "농사를 왜 지었나?" 하는 후회가 물밀듯이 생기는 때이다. 망종 때엔 못 다 한 파종을 한다. 겨울 작물 수확하랴, 장마 대비하랴, 수확한 것 말리랴 정신이 없다. 그래서 망종이다.

소만 때는 양기가 충만해서 잡초가 무성하다. 가히 잡초의 천국을 경험하게 된다. 입하 전에 잡초를 열심히 긁어줘야 망종·하지 때 풀 관리가 수월하다. 뿌리를 뽑으면 작물이 손상을 입으니 입하 전부터 계속 긁어줘야 한다. 할머니들은 새벽 4시에 일어나 호미부터 들고 나가 잡초를 긁는다. 아무것도 없어도 열심히 긁어준다. 잡초씨를 말리려고 그러는 것이다.

생각을 바꿔 잡초와 함께 농사를 짓는다고 생각하면 망종 전까지 풀 뜯어 먹는 재미를 느낄 수 있다. 망종이 넘어선 순간부터 '이놈의 잡초'라고 한다. 양기가 충만하면 잡초와 작물 모두 풍성하다. 망종 때 수확을 하려면 고양이 손까지 빌려야 할 정도다. 오죽 바쁘면 "죽은 송장도 일어나 일한다."고 했을까? 그래서 망종 때 오는 손님은 반갑지 않다.

하지 전에 아무것도 파종하지 않았다면 반드시 하지 전에 심는다. 곡물은 특히 그렇다. 하지 바로 전에 했다가 장마가 지면 씨가 쓸려갈 수 있으니 좀 일찍이 싹이 나오도록 심는다. 하지 후에 심으면 열매를 맺지 못한다. 망종과 하지 사이에는 잡곡·콩·수수·조·기장을 심는다.

한여름인 소서·대서 때엔 거의 농사를 짓지 못 한다. 주말 농장하는 사람들은 소서·대서·처서까지 안 나온다. 바다로, 시원한 그늘로

휴가 떠날 생각에 뜨거운 밭은 멀리 한다. 그러는 사이 양기 충만한 잡초는 작물의 키를 넘어서게 마련이다. 고추는 탄저병으로 전멸되고 토마토·가지는 물러 터진다. 이 시기엔 이른 아침과 저녁에만 일 할 수 있다. 주말 농사하는 사람들은 출근 전과 퇴근 후 하면 된다.

입추에 비가 오면 채소에 흉작이 든다. 입추가 되면 바닷물이 차지고, 처서가 되면 아침에 일어날 때 싸늘하다. 처서 때는 비가 필요하다. 농사를 짓게 되면 자연의 변화에 매우 예민해진다. 이때부터 김장 배추를 시작한다. 입추 때 씨앗을 뿌려서 9월 백로 전까지 옮겨 심는다. 배추의 결구 때문이다.

칡꽃이 피면 처서. 8월 24일 즈음이면 더위가 수그러들고 바람이 살살 분다. 낮에는 반팔, 밤에 긴팔을 입게 되면 백로다. 추분인 9월 24일에는 긴팔을 입어도 덥지 않다. 이때 밤낮의 길이가 같아진다. 상추와 대파 씨앗을 뿌리고, 하지 전에 심었던 것을 수확한다.

서리가 내리는 상강에는 영락없이 호박잎이 까맣게 시든다. 모든 가을 채소를 제외한 잎채소들이 죽어간다. 상강 이후에 살아 있는 잎사귀들은 거의가 가을배추나 상추이다. 상강을 기점으로 잎채소를 수확한다. 겨울에 먹을 저장 식품을 위해서다. 상강이 지나면 겨울 묵나물을 준비할 수 있는 것들이 줄어든다. 밀·보리·양파·마늘 등은 입동 전에 씨앗을 뿌리면 겨울을 날 수 있다. 이것들은 발아 온도가 18도 정도이므로 반드시 입동 전에 한다. 특히 고랭지 채소들은 발아 온도를 잘 살펴야 한다.

입동이 되면 땅이 얼기 시작한다. 음이 차오르기 때문이다. 농사를 제대로 지으려면 자연 현상에 따른 절기를 알고 있어야 한다. 그래야만 자연의 이치를 거스르지 않는 건강한 농사를 지을 수 있다.

먼저 땅의 이치와 특성을 파악한다

좋은 땅의 첫째 조건은 배수와 보습이다. 물을 잘 머금어야 영양분도 잘 머금는다.

농사의 주요 원칙은 딱딱한 땅을 부드럽게 하고, 부드러운 것은 단단하게 하며, 일하던 땅은 놀리게 하고, 메마른 땅은 기름지게 하고, 기름진 땅은 메마르게 하며 너무 기름지면 약간 메마르게 하는 것이다. 또 무른 땅은 단단하게 하고, 강한 땅은 무르게 해야 한다.

높은 지대의 밭은 작물을 이랑에 심지 말고, 낮은 지대의 밭을 일굴 때는 고랑에 심지 말아야 한다. 작물을 심어 기르는 깊이와 번식이 알맞으면 땅의 물기도 반드시 알맞게 되어 잡초들이 잘 자라지 않고 해충도 범하지 못 한다. 밭갈이는 촉촉하게 수분이 좀 있을 때 해야 곡식의 싹이 쉽게 나오고 흙도 부드럽고 느슨하게 된다.

밭이랑은 넓고 평평해야 한다. 반면 밭고랑은 작고 깊게 하여 아래로 항상 물기가 배어 있고 위로는 항상 햇볕이 들어야만 작물이 모두 자랄 수 있다. 작물은 부드러운 흙에서 나서 단단한 흙에서 자라려고 한다. 간격 없이 심지도 않아야 하지만 너무 사이를 떼어 심어도 안 좋다. 흙을 덮는 것도 적당해야 한다.

흙을 덮을 때는 힘써 북을 주면 뿌리가 튼튼하게 내린다. 이랑이 넓고 평평하면 뿌리가 상하지 않는다. 모가 어릴 때는 혼자서 자라려고 하지만 크게 자라서는 어울리려 하고, 여물 때는 서로 기대려고 한다. 그래서 세 뿌리를 한 포기로 하여 심어야만 알곡이 많아지는 것이다.

일찍 여무는 것은 키가 작지만 수확이 많고, 늦게 여무는 것은 키가 크지만 수확은 작다. 줄기가 강한 것은 키가 짧고 줄기가 약한 것은 키가 크다. 수확이 적은 것은 맛이 있지만 낟알은 줄어들고, 수확이 많은 것은 맛은 없지만 낟알이 불어난다. 비옥한 밭에는 늦은 품종을 심고, 척박한 곳에는 이른 품종을 심는다. 좋은 밭에는 촘촘히, 나쁜 밭에는 드물게 심는다. 날씨 변화를 따르고 땅의 이로움을 살피면 힘을 적게 들이고도 효과를 볼 수 있다.

사막에서 자라는 선인장은 몸에 물을 함유하고 가뭄을 견딘다. 이렇듯 식물은 환경에 맞게 자란다. 반드시 비옥한 땅이어야 식물이 잘 되는 건 아니다. 땅의 기준이 비옥한가, 황폐한가는 중요한 것이 아니다. 호품이 가장 좋다는 말은 실속 있는 땅, 상당히 비옥한 땅을 말한다. '긴두버리'라는 늘 습기 있는 땅에는 콩과 식물을 심는다.

논을 밭으로 만들 때는 콩을 심는다. 밭이 습지기 때문이다. 논에 물을 빼고 이랑을 만들어 콩을 심는데 이렇게 하면 습기에도 잘 견딘다. 깨절맞은 땅은 빠지는 땅, 늪과 같은 땅이다. 기장이나 조도 안 된다. 또 아주 메마른 땅이거나 돌투성이인 땅에는 메밀을 심는다. 밭작물은 원래 습기에 약하다.

추위에 강한 작물인 깨나 서속(기장과 조), 메밀 등은 강원도에서 주로 심는데, 강원도는 산지라 척박한 환경 탓에 일상적으로 잡곡 농사를 했다. 보리는 습기와 가뭄에 약하고, 감자는 습기에 약하지만 고구마는 강하다.

땅과 식물의 찰떡궁합을 찾아라

농사는 풀 관리다. 한 바퀴 돌면 다시 시작이다. 오늘 잡초가 없다고 해서 잠시라도 손길을 멈추면 안 된다. 호미질은 잡초를 제거하고 땅도 부드럽게 한다. 자연히 열매도 많아진다. 봄에 하는 호미질은 땅을 부드럽게 하려고, 여름 호미질은 잡초를 없애려고 하는 것이다. 봄 호미질은 땅에 물기가 축축할 때는 굳이 할 필요가 없다. 땅이 굳을 것처럼 가물면 한다.

말똥을 볕에 바짝 말려 뿌려주면 땅이 비옥해진다. 황무지를 개간할 때는 들풀을 불살라 없애고 땅을 갈아엎은 다음 참깨를 이리저리 흩어 뿌린다. 1년쯤 지나면 초목의 뿌리들이 모두 썩어버리고, 그 다음 해에 오곡을 심으면 잡초 때문에 황폐해지는 일은 벌어지지 않는다. 참깨와 초목의 관계는 주석과 오금의 관계처럼 서로 보완적이다.

좋은 땅은 대부분 가격이 비싸다. 하지만 굳이 좋은 땅만 골라 농사지을 필요는 없다. 농사는 하늘과 땅을 알고 나를 알면 되는 것. 황폐한 땅에는 거기 맞는 작물을 심으면 된다. 예를 들어 감자, 고구마를 심으면 알이 작은 것들이 나온다.

영양분을 제대로 머금지 못 하는 황폐한 땅에는 콩이나 조, 더 황폐한 땅에는 메밀을 심는다. 봉평은 황폐한 땅이다. 그래서 가격이 쌌다. 물론 귀농 바람이 일기 전까지였다. 반면 경상도 과수밭은 아주 비옥하다. 따라서 경상도 쪽은 땅값이 비싸고, 강원도는 황폐한 땅이 많아 예전에는 가격이 낮았다. 전라도는 비옥한데도 비싸지 않았다.

경제적 여유가 있으면 비옥한 땅을 구입하고 퇴비도 많이 넣으면 좋다. 그러려면 돈을 계속 들여야 한다. 하지만 여유가 없는 사람이라면 황폐한 땅을 싼 값에 사서 퇴비를 넣을 필요가 없는 메밀 농사를 지으면 된다. 내가 먹는 건데 무슨 걱정인가?

콩을 비옥한 땅에 심으면 알곡이 맺히지 않는다. 질소비가 너무 많으면 쭉정이가 생긴다. 수수도 키만 커진다. 아주 비옥한 땅에는 호박을 심는 게 좋다. 질소비가 많으면 호박이 넝쿨만 무성해진다. 땅도 영양분을 고루 갖춰야 한다.

땅에 영양분이 많은가, 그렇지 않은가에 따라 알맞은 작물을 선택한다. 사람처럼 땅과 작물 사이에도 궁합이 있다. 비옥하면 비옥한대로, 황폐하면 황폐한대로 서로 잘 어울리는 작물을 선택하면 된다. 땅은 무조건 비옥해야 한다고 생각하는 것은 오산이다. 땅에서 나오는 것을 모조리 빼먹을 생각만 하기 때문에 그렇다. 똥을 뿌린 땅에 콩을 심으면 잘 되지 않는다. 땅과 콩의 궁합이 맞지 않아서다.

밭 만들기는 땅마다 다르다. 씨앗을 뿌리는 방법도 다르다. 또 자신이 게으른 사람인가 부지런한 사람인가에 따라서도 다르다. 결국 농사란 하늘을 알고[지천知天], 땅을 알고[지토知土], 사람을 아는[知人(物)] 것이다.

관점 있는 농사를 지어야 하는 이유

농사를 땅을 경작하는 행위로만 생각하는 경향이 있다. 하지만 앞으로 농사에 대한 정확한 관점을 수립하지 않으면 자신의 삶을 주도적으로 이끌기 힘들어질 것이다.

농사에 대한 열정과 간절함은 어떤 방식으로든 생활 속에서 드러난다. 귀농 후 첫 해 망종 무렵이 되면 '내가 왜 농사지으려고 하지?'라는 후회가 물밀 듯 밀려온다. 간신히 고비를 넘긴다고 해도 3년차에 접어들면 병충해나 자연 재해에 막막해진다. 5년차가 되어 보라. 준비했던 자금은 떨어지고, '내가 왜 이러고 있지?' 하는 생각이 든다. 스스로 확립한 철학과 가치관, 신념이 없으면 방황하게 된다.

인내심으로 어려움을 극복하는 사람도 있다. 하지만 인내심도 실제

자기 생활에 만족할 때 발휘할 수 있다. 방황하거나 갈등하지 않고 농사지으려면 관점을 정립해야 한다. 1년차일 때 다르고 2년차일 때 다르고, 농사에 대한 생각은 계속 바뀔 것이다. 이렇게 변하는 생각들, 농사지으려고 마음먹었을 때의 초심, 농사의 목적, 당면한 문제점, 끊임없는 자각, 더불어 자연과 인간에 대한 깊은 성찰이 없으면 농사는 단지 업무 환경을 바꾼 도시생활의 또 다른 모습이 되고 말 것이다.

전통 농법과 현대 농법은 다르다

전통 농법과 현대 농법의 가장 큰 차이는 어디서 비롯될까? 바로 생산물 공급의 대상이 누군가 하는 점이다. 즉 가족이 먹을 것인가, 팔 것인가가 농법의 차이를 만든다.

전통 농업은 내가 먹을 거, 가족이 자급하는 데 의미를 둔 농업이었다. 반면 현대 농법은 돈을 벌기 위한 수단으로써의 농사다. 그래서 이익을 더 많이 발생시키려고 방법을 강구한다. 더 많이 심고, 규모를 늘리고, 기계를 적극 사용하고, 대량 생산을 위해 단작을 한다. 하지만 전통 농업은 거의 혼작 중심이다. 자급을 위한 것이므로 다양한 식물을 심어 가족이 소화한다.

전통 농업은 경작 방식도 다르다. 전통 농업의 대농들은 대체로 지주였다. 그들은 수만 평을 소유하고 소작농을 부렸다. 규모가 커서 쌀도 하고 과수도 했다. 경상도 쪽 부농들은 과수를 했고, 전라도 쪽은 쌀농사를 많이 지었다. 실제 우리가 '농부'라고 일컬을 때는 가난한 소작인을 말한다. 그들 소농은 먹을거리를 자급해야 했으므로 당연히 혼작을 했다. 내가 먹을 것이어서 자연스레 가장 안전한 방식으로 농사지었다. 현대 농업에서 안전한 먹을거리를 찾으면 안 되는 이유가 여기에 있다. 돈을 벌려면 단작과 대량 생산이 필요하고, 대량 생산을 하려면 으레 화학 재료를 써야 하기 때문이다.

1960년대 하반기에 '경제개발 5개년 계획'의 일환으로 이농이 시작되었다. 서울에 가면 땅도 주고 일할 곳도 많다는 달콤한 말에 시골의 젊은이들이 대거 서울로 올라왔다. 시골에는 나이든 부모만 남았다. 그들은 농약과 화학 비료에 귀가 솔깃해졌다. 소출을 올릴 수 있다는 기대 때문이었다. 전통 농업은 이때부터 우리 농업 현장에서 사라진다.

사회·역사적 배경에서 보면 전통 농법이 그리 거창한 이념이 아니다. 자신이 먹을 것, 안전한 먹을거리를 추구하는 소농이 바로 전통 농업이다. 내가 먹을 것이니 다양하게 짓고, 땅이 작으니 집약적으로 농사짓고, 자연히 섞어짓기와 돌려짓기를 한다. 무투입인가, 투입인가의 문제는 당연한 순환 논리로 생각했다.

집에서 나오는 음식물 쓰레기, 사람과 가축의 오물, 자연의 부산물 등을 모두 땅으로 돌렸다. 그뿐인가? 자연 부산물로 집도 지었다. 볏짚을 사용한 초가집, 흙을 사용한 토담집, 돌을 재료로 쓴 돌집 등이다. 또 닥나무 껍질로는 종이를 만들고, 삼이나 목화를 재배해 의복을 지어 입었다. 식의주를 모두 농사의 생산물과 자연의 부산물로 해결한 것이다.

지금 같으면 내다버릴 쓰레기도 거의 다 활용했다. 조껍데기술(예전에는 닭복술이라고 했다. 조는 먹고 껍데기로 술을 담근 것이다), 수수로 만든 고량주, 피로 담근 술, 콩 깍지로 담근 간장 등이다. 잡초도 상에 올렸고 약재로도 사용했다. 아이들도 자연의 부산물을 가지고 놀았다. 돌로 망치기와 공기를 했고, 나무를 깎아 새총도 만들었다. 이처럼 진정한 전통 농법은 생활의 모든 것을 자연에서 얻어 쓰고 다시 자연으로 돌리는 농업이라 할 수 있다.

즐거움 UP '섞어짓기와 돌려짓기'

조선 전기에는 조방농업을 했고 후기에는 집약 농업을 했다. 조방농업은 땅을 넓게 사용하는 것이다. 왜 시기에 따라 농업이 달라졌을까?

모든 시대에는 전기와 후기가 있다. 번성할 때는 후기란 말을 사용하지 않는다. 전기는 태평성대다. 그래서 자식을 많이 낳는다. 후기는 한 시대가 끝나가는 지점으로 나라가 내우외환에 시달리게 마련이다. 이때는 집약 농업이 필요하다. 인구가 증가되고 사회가 불안하면 나라에서는 세금을 많이 거둬들인다. 자연히 수탈이 강화되고 생산성이 많은 농업 구조로 몰아간다. 조선 후기에 농서 편찬이 많아진 것이나 '이앙법'이 나온 것도 이런 맥락이다.

집약 농업은 1년에 이모작을 한다. 앞그루나 뒷그루를 생각한다. 5월에 심어서 10월에 고구마를 먹는데 농사 한 철에 고구마밖에 먹을 게 없다고 생각해 보라. 자연히 다른 이모작을 고려하지 않겠는가? 10월 뒤에는 밀·보리·양파·마늘을 심는다. 무·배추는 심을 수 있을까? 물론이다. 배추를 모종으로 심고, 결구되지 않은 것을 먹겠다고 한다면. 또 얼갈이, 엇갈이 등도 심어서 먹을 수 있다. 하지만 어느 정도 키워서 먹으려면 8월 말이나 9월 초에 심어야 한다.

9월에 수확하는 깨 때문에 배추를 못 심는다고 생각하지만, 그 옆에 배추를 심으면 깨를 자를 수 있다. 땅도 아끼면서. 괴산 지역에서는 8월에 담배가 누레지면 베는데 이때 어떤 방법으로 수확하느냐를 생각해야 한다. 담배를 베어내면 잎사귀로 인한 그늘이 지지 않는다. 감자 모종은 담배 그늘 속에서 잘 자란다. 이런 것을 '뒷그루'라고 한다.

참깨는 위로 자라니까 들깨를 같이 심는다. 섞어짓기를 하면 참깨가 커버려서 바람에 쓰러지곤 하는데 이것을 들깨가 막아준다. 들깨가 자라면 콩처럼 순지르기하듯 잘라준다. 바로 서로 힘을 주는 섞어짓기 방법이다. 참깨 두 줄에 들깨 한 줄. 이것이 매트 역할을 하는 셈이다.

홍수를 잘 견디는 것 중의 하나가 들깨이다. 녹두는 가뭄을 잘 견딘다. 새삼은 콩을 좋아하고 팥을 싫어한다. 가뭄을 잘 견디는 것은 기장과 조·녹두·동부 순인데, 녹두와 동부는 땅을 비옥하게 하고, 기장과 조는 땅을 척박하게 만든다. 앞그루로 기장과 조를 한다면 뒷그루에는 녹두와 동부가 좋다.

작물은 지금도 서로 돕는다

"같은 식물은 같은 식물의 발아를 억제하는 분비물을 분비한다."는 말이 있다. 쌀을 수확하고 난 뒤 볏짚을 논에 쭉 깔아준다. 퇴비로 쓰는 것이다. 같은 물질을 집어넣어 안 좋은 것을 억제하는 원리다. 고추에 생기는 벌레와 탄저병을 예방하려면 전년도에 허드레로 버린 고추로 효소나 식초를 담가 사용하라. 1년 숙성하고 난 효소물이나 식초를 물에 희석해서 뿌리면 효과 만점이다. 한의학에서 말하는 '동종요법'이라고 보면 된다.

밭에 나는 풀을 두껍게 깔아서 산소를 차단, 풀이 마구 자라는 것을 억제하는 방법도 있다. 다른 곳에 있는 풀을 가져다 덮어주면 그곳에 있던 바이러스를 옮기는 역할, 즉 교란시키는 결과를 초래한다. 그래서 '이 땅에서 나온 것을 이 땅으로 돌리는' 게 가장 좋다고 이르는 것이다.

천적을 이용한 충방제의 한 가지로 논 주변에 무궁화와 버드나무를 심는다. 벼멸구 퇴치에 즉효다. 무궁화에 끼는 진딧물은 무당벌레가 달려들어 먹어치우는데 그 참에 벼멸구까지 퇴치한다는 원리이다. 잡초인 소리쟁이도 뽑지 말고 그냥 놔두라. 7월~8월 소리쟁이 잎을 보면 진딧물로 새까맣다. 이 진딧물을 먹으려고 무당벌레가 달려온다. 천적을 불러들이는 효과를 이용하는 것이다. 뽕이나 콩에도 그런 효과가 있다. 그래서 논 주변의 콩은 순지르기 할 필요가 없다. 벌레들이 와서 먹으니까. 논 주변의 콩에 농약을 안 뿌리는 것은 그런 이유에서다.

고추와 들깨의 관계를 보자. 고추의 담배나방은 들깨 향을 싫어한다. 고추에 구멍이 나면 담배나방 애벌레가 있다는 증거다. 야밤에 고추를 따서 먹으면 그 안에 든 단백질 덩어리까지 통째로 먹는 것이다. 담배나방은 꽃이 필 때 쥐도 새도 모르게 들어간다. 들깨 대신 차조기도 좋다. 차조기는 감기와 천식에 대한 약성이 매우 좋다. 그 다음, 고추 옆에 파를 심는다. 파의 향기 때문에 고추에는 벌레들이 끼지 않는다.

들깨와 차조기·파·방아풀 모두 향이 독특하다. 상추 모종을 내어 마늘 옆에 심으면 상추는 고추의 향을 받아서 잎맥이 파릇파릇하고 맛도 좋아진다. 양파를 심고 시금치 씨는 그냥 뿌린다. 그러면 한겨울 잘 월동한다. 오이 옆에 결명자를 심어도 좋다. 영양분을 잘 모아주는 덕분이다. 고구마와 참깨는 서로 지지대 역할을 한다.

옛날 가난한 소농들은 인분을 서로 차지하려고 다퉜다. 똥을 비료로 썼던 시절이라 똥이 아주 귀했기 때문이다. 똥장군에 퍼서 밭에 날랐는데 그것을 '금비'라고 했다. 비료가 항상 모자랐던 시절엔 콩이 비료 역할까지 했다. 그러니까 장만 담그려고 5000평씩이나 콩밭을 단작한 게 아니라는 뜻이다. 작물 틈틈이 콩을 심었다. 옥수수밭 콩밭·수수밭 콩밭·감자밭 콩밭. 웬만한 밭 주변에는 거의 콩을 심었고, 작물 사이에도 콩을 심었다. 이들은 영양분을 하늘에서 받아다 옆에 있는 작물에게 비료를 제공하는 역할을 한다.

김장작물 재배를 할 때는 배추 옆에 쪽파를 심는다. 배추벌레 때문이다. 무 옆에는 갓이 좋다. 고추 옆 상추도 괜찮다. 들깨 옆에는 고추가 좋고, 대파 옆에는 고추나 배추가 좋다. 단 가까이 심으면 안 되는 것들도 명심해야 한다. 타화 수정작물인 오이·참외·박과 식물과 옥수수는 수백 미터 간격을 두고 심어야 한다. 옥수수의 경우엔 흑색과 흰색을 가까이 심으면 짬뽕이 나온다. 배추·무·갓을 가까이 심으면 무인지 배추인지 모를 놈들이 나온다. 생각할수록 신기한 자연의 이치다.

기후 변화에 섞어짓기가 도움이 될까?

섞어짓기를 다양하게 하면 기후 변화로 인한 피해 대처가 쉬워진다. 시너지 효과가 있는 탓이다. 가뭄에 취약한 것과 가뭄에 강한 것을 같이 심으면 궁극적으로 가뭄에 강한 식물의 뿌리가 지층 아래의 수분을 끌어올려 그 옆에서 자라는 가뭄에 취약한 식물에게 수분을 공급해준다. 그리고 가뭄에 취약한 작물이 죽는다 해도 가뭄에 강한 작물은 살아남기 때문에 인간에게 먹을거리는 그다지 영향을 미치지 않는다. 사이짓기를 잘 하는 것은 기후 변화에 능동적으로 대처하게 해준다. 하지만 가장 중요한 것은 종자다.

토종 종자는 기후 변화에 적응하면서 명맥을 유지했다. 하지만 종묘상에서 구입하는 종자는 기후 변화에 훈련되지 않은 것들이다. 기후는 지역마다 다르다. 따라서 토종만이 지역에 따른 기후 변화를 이겨낸다. 풀어 놓은 자식이 더 잘 살아남는 것과 같다. 참깨랑 들깨랑 같이 짓는다면 교접하지 않을까? 걱정할 필요 없다. 들깨는 옆으로 퍼지고 참깨는 위로 올라가니까. 물론 토종 가지깨는 옆으로 퍼지기도 한다. 참깨와 들깨는 서로 지지대 역할을 한다. 들깨는 옆으로 퍼지는데 순지르기를 하면 즉 머리를 자르면 옆으로 자라게 된다. 들깨는 자라면서 옆에 순이 생기는데 이것을 따주면 옆 가지로 영양분이 간다. 순을 그대로 놓아두면 가지가 많이 자라 열매가 작다.

상품으로 판매하는 것들은 영양분을 열매로 모아주기 위해 순 따기를 한다. 이때의 순지르기는 '적심'이라고 한다. 본 영양줄기를 자르는 것이다. 꽃이 한 가지 피는 것을 '화방'이라고 하는데, 토마토는 노지에서 5~7화방까지 키워서 먹는다. 잘 키우면 11화방까지 간다. 처마 끝으로 연결해 잘 길러서 따 먹는다. 적심은 농사를 짓는 본인의 계획이다. 7화방까지만 먹겠다고 본줄기를 자르면 영양분이 옆으로 가고, 순을 자르지 않으면 크고 넓게 자란다. 콩잎이 그렇다. 적심을 하면 콩잎은 가지들이 나와서 꽃이 엄청나게 많이 핀다. 자기가 죽는 줄 알고 수정하기 위해 꽃을 다닥다닥 맺기 때문이다. 가지가 많으면 순지르기를 한다. 토마토가 터지는 것은 열과 현상이다. 질소과비 현상이라고 볼 수 있다.

나무는 뿌리에서 질소를 수입하고, 열매는 광합성작용 즉 탄소작용을 한다. 탄소는 열매를 익고 당분을 축적하기 위해 공기로부터 탄소를 끌어들인다. 열매를 맺는 순간부터 탄소가 필요하므로 '나뭇가지 시집보낸다.'는 속담처럼 나무껍질을 벗기거나 돌을 얹어놓으면 탄소와 질소의 흐름을 끊을 수 있다. 토마토는 질소과비가 되면 본 줄기가 커진다. 잎도 커지고 뒤틀린다. 토마토 과비 현상을 막으려면 삽으로 뿌리를 들어 올려야 한다. 질소를 빨아들이는 뿌리에 스트레스를 가하게 되므로 질소 공급을 중간에 끊는 것이다. 작물에 따른 뿌리와 줄기, 그리고 열매의 영양 공급 상태를 먼저 숙지하는 것이 좋은 농부의 기본이라 하겠다.

알면 알수록 신기한 맞춤형 파종법

파종법에는 농종법과 견종법이 있다. 농종법은 이랑 위에 심는 것이며 견종법은 이랑과 고랑 중간에 심는 것을 말한다. 이러한 파종법은 토질에 따라 다르게 적용된다. 예를 들어 감자를 심는다고 하면 고랑과 이랑을 모두 낸다. 배수가 잘 안 되는 토질일 경우 고랑에 심으면 썩는다. 하지 감자를 심는다고 보면 장마가 수확 시기와 겹친다. 그래서 되도록 배수가 잘 되는 토질을 고른다. 이랑을 높게 해서 심을 계획이면 복토한다. 복토할 땅을 확보하려면 두둑을 넓게 잡아야 한다. 배수를 위한 땅을 하려면 배수로를 깊게 파야 한다.

날씨에 따라서도 파종법이 달라진다. 겨울이면 고랑에 하고, 여름에는 이랑에 한다. 내한성을 키우려면 고랑에 넣어두는 게 좋다. 겨울 작물의 경우가 그렇다.

밭 모양에 따른 파종법으로 점파·산파·선파법이 있다. 부추의 경우엔 점파로 한다. 점파는 한 점을 두고 몇 알을 한꺼번에 심는 것을 말하며 산파는 흩어 뿌리는 것이고, 선파는 줄 지어 뿌리는 것을 말한다. 점파를 주로 하는 부추는 주발을 엎어 놓고 그 안에 씨를 뿌린다. 부추는 서로 안으로 모이는 성질이 있다. 한 줄 심는 것과 다르게 서로 제 역할을 한다. 잡초들이 주위에 많이 나기 때문에 구별하기도 수월하다. 수확할 때도 한꺼번에 싹뚝 자를 수 있다.

밀과 보리도 선파지만, 그루터기 방식으로 점파하기도 한다. 2~30알을 심어서 점파한 후 서로 모여 시너지 효과를 내게 만든다. 그러면 자라면서 서로 지지대 역할을 한다. 옛날에는 논에 그루터기가 많았다. 길이가 있는 것일수록 점파법을 사용한다. 서로 지지대 역할을 하도록. 단, 줄지어 할 때는 잡초를 제거하려고 기계를 쓰기도 한다. 선파는 줄을 잘 맞춰야 한다. 그래야 나중에 기계를 사용하기 편하다. 시금치도 산파를 한다. 밭에 적당히 뿌려주면 잘 난다. 냉이도 산파다. 나물류의 특징이라 할 수 있다.

파종법과 잡초와의 관계도 중요하다. 고추는 지지대를 세워야 하므로 줄지어 심고, 파는 두 줄로 심는다. 서로 같이 지지대 역할을 한다. 혼자 살아서 좋은 것이 있고, 둘이 살아서 좋은 것이 있다. 인간이든 식물이든 자기만의 방식이 있는 법이다.

잡초 활용법은 며느리도 모른다

잡초 활용은 이른바 '선택적 제초'에 해당한다. 파와 파 사이엔 참비름이 많다. 참깨 밭에는 개비름이 많다. 모두 뜯어 먹기 좋은 잡초들이다. 파와 같이 키워서 먹으면 그만이다. 당근 밭에 쇠비름이 깔렸으면 쇠비름을 먼저 뜯어 먹고 나중에 당근을 먹는다. 먹고 남으면 말려서 잘 저장한다. 그러고도 남으면 밭을 덮어라. 말하자면 '풀멀칭'이다. 멀칭을 하는 데엔 피 종류가 좋다. 키가 작물을 능가하기 때문에 어릴 때 미리 제거하는 게 좋다. 그러면 사이를 두고 엉성하게 나와서 통기성을 갖게 되고 작물의 피해가 적어진다.

6월에 장마가 시작되기 전에 멀칭을 20센티쯤 해주고, 7월에 한 번 더 멀칭한다. 이때를 놓치면 여름에 두 번 하면 될 것을 결국 서너 번 하게 된다. 황폐한 땅에서는 작물이 제대로 자라지 않으므로 잡초를 키우는 게 좋다. 홍수와 가뭄이 오면 잡초가 제 역할을 다할 것이다.

지금은 퇴비 거름 하나에도 구성 성분을 따진다. 과거 우리 선조들이 전통적인 방식으로 가름을 만들 때와는 딴판이다. 거름에는 구성 성분을 구분하지 않는다. 질소는 단기간 식물의 성장을 돕는 성분이다. 땅의 유효 토심을 길러주려면 탄소 성분이 많아야 한다. 탄소 성분이 많은 것에는 톱밥·볏짚·왕겨 등이다. 모두 식물성이다.

요즈음의 퇴비는 돈분이나 축분, 계분에다 톱밥·볏짚·나뭇잎 등을 섞어서 만든다. 가장 좋은 것은 톱밥에 똥과 오줌을 섞는 것이다. 여기에 재까지 추가하면 살균 효과가 생겨 구더기가 끼는 것을 막을 수 있다. 할미꽃 전초를 잘라 넣어도 구더기를 방지할 수 있다.

예전에는 탄질율과 상관없이 퇴비를 만들었다. 대개 부엌 옆에 텃밭을 두고, 한구석에 거름 칸을 만들어 놓았다. 거기에 음식물 쓰레기를 버렸다(먼저 닭이나 돼지에게 주고 남은 것들을). 그러면 닭똥이나 돼지똥이 거름이 된다. 거기에 낙엽까지 쓸어 모아 버리고, 지푸라기·콩깍지·왕겨 등도 넣는다.

연탄재며 구들장 재도 들어갔다. 설거지를 하고난 구정물도 거기

버렸고, 막걸리 찌꺼기나 김칫국물도 버렸다. 거의 모든 부산물이 모인 집하장이 되는 셈이다. 굳이 요즘 말로 하자면 'EM효소'라고 할까? 이런 퇴비는 탄질율을 생각할 까닭이 없다.

또 옛날에는 '추비'라는 게 없었다. 술 먹고 돌아오던 아버지가 밭에 서서 오줌을 주면 그게 바로 추비였다. 우리가 버린 것, 우리 몸에서 나온 모든 것, 그리고 자연이 주고 간 모든 것이 다시 땅 속으로 들어갔다. 가장 순환적인 생활이자 순환 농업을 실천한 셈이다.

농사 마무리는 수확과 저장!

"수확은 도적 닥치듯이 한다."는 말이 있다. 시기를 놓치지 말고 재빠르게 하라는 뜻이다. 참깨는 수확 시기를 놓치면 탈립이 되어 우르르 쏟아진다. 파란 게 3분의 1쯤 남았을 때 수확한다. 참깨·들깨·차조기 등은 이슬이 맺혀 있는 아침에 수확하고, 수확한 뒤에는 반드시 세워서 말린다. 이때 열매가 안쪽으로 서로 기대게 한다. 너무 일찍 베면 낫이 부러지고, 제대로 익지 않으면 안 잘라진다. 그러니 시기를 잘 맞추어야 한다. 토마토는 다 익으면 똑 떨어진다. 잘 익지 않으면 아무리 따려고 애써도 잘 안 따진다.

곡식은 저장하기가 어렵다. 껍질을 벗긴 곡식은 모두 오래 보관하지 못 한다. 쌀은 도정하고 나서 최장 6개월 보관이 가능하다. 6개월 지나면 바구미가 나온다. 현미일수록 많이 나온다. 백미나 흰밀가루는 오래 저장할 수 있다. 현미나 통밀가루에는 씨눈이 있어 지방과 단백질을 비롯한 영양분이 많다. 그래서 산패하기 쉽다. 백미나 흰밀가루는 먹기엔 좋을지 몰라도 지방과 단백질을 거의 제거하고 남은 것이라곤 전분뿐이다. 그래서 저장하기 쉽고 유통도 쉽다.

유통을 원활하게 하려고 도정한 곡식들은 건강 면에서 빵점짜리다. 농약 처리에 방부제 처리 등 우리의 상상을 초월하는 가공 과정이 들어간다. 그러지 않고서는 그렇게 오래 보관하고 유통할 수 없지 않겠는가? 빵집에서 말하는 '오늘 구운 것처럼 신선한'이란 대개 컨테이너에서 묵다가 '갓 출하된' 원료라는 뜻일 뿐이다.

곡간 저장법의 기본은 바닥에 습기가 배지 않도록 하는 것이다. 수확물 껍질이나 줄기(콩깍지, 녹두깍지, 깻대) 등을 모았다가 창고 바닥에 깔면 좋다. 벼 알곡은 측백나무잎 즙에 담가 나락을 쐬어놓으면 신선하게 보관할 수 있다.

지역에 따라 보관 방법도 다르다. 추운 데서는 땅속에 저장하고, 더운 데서는 땅 위에 저장한다. 추우면 씨를 뿌릴 때 고랑에 하듯 남방에서는 곡간에 보관하고, 북방에 가면 움에 한다. 옛날 집에는 대문 우측에 가마솥이 걸린 구들방이 있고, 그 좌측에 방이 있었다. 그 방이 바로 나락을 말리는 곳이다. 우측에는 대개 사랑방이 있다. 전형적인 농가의 모습이다. 하지만 요즘엔 이런 집이 거의 없다. 귀농한 사람들도 이런 식으로 집을 짓지 않으니까.

낟알 터는 법을 보자. 요즘엔 도리깨로 털지 않는다. 자동차로 한다. 시골에도 아스팔트가 있어서 할머니들이 아침이면 콩을 아스팔트 가장자리에 깔아놓는다. 밤에는 잘 보이지 않으니까 차가 다니면서 콩이나 팥깍지를 저절로 까게 된다. 그러면 다음날 할머니들이 나와 빗자루로 쓸어버린다.

쭉정이를 제거할 때는 풍구를 사용했지만 요즈음엔 잘 쓰지 않는다. 시골에서는 아직도 이따금 사용하는데, 소량일 때는 키질로 한다.

선풍기로 날려 보낼 수도 있다.

　밀가루는 밀을 까부른 다음 물로 씻어내고, 먼지와 때를 완전히 없앤 뒤 햇볕에 말려 맷돌에 넣는다. 소는 하루에 밀 두 석을 갈고, 나귀는 한 석(10말), 사람은 반 석을 간다. 만약 물맷돌로 갈면 소나 송아지보다 3배는 편리하게 일할 수 있을 것이다. 밀가루는 만든 뒤 겨울에는 3개월을 저장할 수 있지만, 봄·여름에는 20일을 넘기지 못 한다.

농사로 배우는 사유방식과 삶의 원리

농사, 그 원리를 생각하라

현대 농업의 주는 하우스재배이다. 그래서 노지 재배와 하우스재배가 혼합된 정보를 제공하기 일쑤다. 작물 공부에서 가장 중요한 것은 발아 적온과 생육 온도다. 계절 채소 중심으로 하나하나 기억해두자.

쑥갓은 발아 적온이 15~20도니까 봄에서 가을 말까지 가능하다. 일 년 내내 파종하고 재배할 수 있다는 의미다. 하지만 10월 초에 심었다면 기온이 계속 떨어지니까 더 이상 자라지는 않을 것이다. 쑥갓을 9월 초에 파종하고 10월에 파종하지 않는 이유는 월동 작물이 아니기 때문이다. 심는 방법도 중요하다. 모종을 할 때와 모종이 다 자랐을 때를 상상하면서 준비해야 한다.

예를 들어 배추씨를 심는다고 하자. 배추폭을 염두에 두면 두둑에 심을 때 적어도 25~30센티미터 간격을 두어야 한다. 토종은 더 길므로 재식거리(심는 간격)가 짧아진다. 일반 배추에 비료를 팍팍 주면 재식거리가 당연히 넓어질 것이다. 밀식하게 되면 엉길 수도 있지만 식물은 인간보다 오히려 질서 의식이 강해 서로 포개어 잘 자란다. 지나치게 밀식하지만 않으면 알아서 서로 배려하는 것이다. 무의 경우엔 무통과 무청을 생각하라.

재식거리는 재배자마다 다르게 측정한다. 각자의 상상력이 다르기 때문이다. 할머니들은 집약해서 심는다. 대개 텃밭을 그렇게 한다. 땅을 놀리려 하지 않게 때문이다. 감자씨의 경우도 그렇다. 감자씨 하나에 씨눈이 3~4개 나면 4쪽을 낼 수 없다. 감자 씨눈을 2개 정도 남겨두고 잘라 심는다. 감자 몸체엔 영양분과 수분이 함께 들어 있다. 발아되기 전 20일 동안은 영양분을 씨몸체를 통해서 공급받으며 자란다. 마치 아기를 잉태한 자궁 같다. 싹이 나고 줄기가 두 개 나더라도 한 쪽에 집중을 시키면 되니까 두세 개 줄기만 남기고 모두 잘라낸다. 몸체는 더 이상 필요하지 않기 때문에 나중에 캐 보면 몸체가 쭈글쭈글 마른 것을 볼 수 있다.

모종을 하는 이유는 '수확량을 위한 욕심' 때문

가지의 파종 시기와 옮겨심기를 보자. 가지씨를 텃밭에 직접 뿌린 적이 있는가? 아마 없을 것이다. 거의 모종을 사다 심었다. 왜 그럴까? 가지의 발아 적온은 25~30도, 생육 온도는 25~30도다. 그렇다면 가지를 5월 중순에 심어야 한다는 얘기다. 그런데 왜 매뉴얼에는 2월이나 3월 초에 심으라고 되어 있을까? 씨가 발아되는 데에는 온도 외의 환경이 필요하다. 시간도 걸린다. 이런 사정으로 미루어 보면 가지와 고추가 우리나라 전통 작물이 아니라는 것을 알 수 있다. 열대작물인 것이다.

우리나라에는 30도를 유지하는 기간이 한여름밖에 없다. 그래서 미리 하우스 온도에서 모종을 길러내서 5월에 노지에서 생육시킨다.

고추의 경우는 발아되기까지 14~20일이 필요하다. 자라서 모종을 내고 9월 초에 이르기까지 절대적인 생육 기간이 필요하다. 만일 아무 때나 파종해서 먹게 되면 고추는 빨갛게 익는 양이 현저하게 줄어들 것이고, 가지는 아마 몇 번밖에 못 먹을 것이다.

모종은 수확 기간을 충분히 가지려고 내는 것이다. 고추와 가지 모종은 3월에 해도 된다. 어차피 이 원리대로라면 5월에 정식하기 때문이다. 가지나 고추와 유사한 것에 또 뭐가 있을까? 토마토가 가장 가까울 것이다. 파종 시기는 3월 중순, 그때 내서 5월 초에 정식한다. 토마토는 방울토마토의 경우 10월 초까지 따서 먹을 수 있다. 개량종이라서 그렇다.

가을감자는 어떨까? 가을감자는 온도 때문에 안 된다. 이때엔 반드시 비닐이 필요하다. 하지감자는 온도가 올라가고 가을감자는 온도가 내려간다. 그래서 남부지방에서 주로 한다. 해남이나 진도는 겨울에도 일손을 놓지 못 한다. 겨울에도 해야 할 작물이 많은 탓이다. 남부지방이 따뜻해서 살기 좋다고 생각하지만 몸은 더 놀려야 하는 게 현실이다. 그래서 예전 할머니들은 시집갈 때 중부지방으로 가려고 했다는 이야기도 들었다.

요즘은 잎들깨를 많이 심는다. 과연 잎만 따 먹고 버릴 것인가? 들깨를 심으면 잎도 먹고 들깨 열매도 먹을 수 있는데 왜 잎들깨를 고집하는지 모르겠다. 우리의 전통 작물은 어린아이도 잡아먹을 수 있고 늙어서도 잡아먹을 수 있다. 그만큼 친근하다. 호박도 그렇다. 애호박도 먹고 늙은 호박도 먹지 않는가? 현대 농업의 성과인 개량 호박은 애호박만 생산한다. 들깨도 마찬가지다. 깻잎을 먹고 열매는 부각해서 먹고 익으면 깨를 내서 먹는다. 이토록 알찬 토종 종자를 왜 소중하게 여기지 않는 것일까?

토종이 수확량이 떨어진다고 하지만 생육 기간 내내 먹을 수 있다는 점을 감안하면 오히려 훨씬 더 많다. 한 번에 대량으로 생산할 수 없을 따름이다. 자급하는 생활에서는 토종만큼 좋은 게 없다. 브로콜리보다 좋은 게 부추·당귀이다. 모두 항암제로 제 몫을 단단히 한다. 아욱은 그냥 산파에서 먹으면 된다. 시금치·아욱 모두 그냥 뿌리면 된다. 파 농사에서 줄파 하는 이유는 잡초 때문이다. 잡초를 제거하려고 줄지어서 하지만 이왕이면 잡초와 같이 생육하는 시간도 고려해야 한다. 시금치는 동면하기 전에 뿌린다. 굳이 줄뿌림할 필요도 없다. 잡초 문제가 없으므로 그냥 뿌리면 된다. 줄뿌림 하는 경우는 김을 매야할 때뿐이다. 참깨, 콩, 토란 옛날부터 해왔던 작물을 하면 좋겠다. 파도 양념류니까 하면 좋다. 땅콩은 땅에서 콩인지 처음 알았다는 에피소드도 있다.

텃밭 '매뉴얼'에서 벗어나라

작부체계를 세울 때 어떤 원칙과 기준을 가지고 할 것인지 정해야 한다. 요즘 텃밭은 대개 5평 정도. 예전의 농가 기준으로 따진다면 거의 20~30평에 해당한다.

텃밭에서 자라는 식물 가운데 가장 흔한 것은 밥상에 올릴 쌈채류나 김장거리, 단발성 잎채소 등이다. 그 다음으로 많은 게 장류(백태)를 위한 것과 곡류(조·수수·밀·보리), 양념류(고추·마늘·양파·파·산초) 등으로 나눠진다. 세 번째가 약초류다. 이를 테면 간에 좋은 부추 같은 것이다. 부추는 예전부터 해독과 피로 회복을 위해서 많이 사용했다.

곡류 가운데서는 녹두가 약성이 있다. 해독제로 사용되는 산초는 양념류에 넣지만, 결명자·당귀·도라지·황기·산초 등이 실제 약초로 사용되었다. 네 번째는 생활용품을 만들기 위한 것들이다. 일반적으로 삼·뽕·목화·모시·닥나무 등이다. 그 다음이 바로 벼이다. 위와 같은 것들이 주로 우리의 전통적인 텃밭에서 자라던 것들이다.

나는 농사를 시작하려는 사람들에게 "300평 정도가 가장 좋다."고 말한다. 섬유 재료까지는 재배하지 못 해도 전통 텃밭의 원칙은 가져가야 하니까. 매뉴얼에 의존할 필요도 없다. 감자나 고구마를 많이 심고 싶으면 주식으로 재배하라. 김치를 굳이 안 먹어도 되면 토마토나 오이를 심으라. 그리고 내 가족이 무엇을 좋아하는지, 어디에 초점을 맞출 것인지, 집안에 아이가 있는지 환자가 있는지에 따라 재배 작물의 우선순위를 잡아라. 작부체계엔 기준이 있어야 한다고 했다. 공동 경작을 할 것인가? 아니면 다양한 작물을 경험할 것인가? 가정 경제에 보탬이 되게 할 것인가? 이처럼 각 개인의 필요와 환경에 맞게 가족과 또는 공동체 구성원들과 협의해서 작부계획을 세우라.

농촌에서 혼자 사는 것은 매우 힘든 일이다. 공동 작업이 필요한 부분이 많기 때문이다. 공동으로 살기, 노동을 조율하면서 함께 나누기 등을 연습해야 한다. 이제는 곡물 생산을 같이 하자는 이야기도 심심찮게 나온다. 하지만 아직까지 모델로 삼을 만한 자급자족 공동체는 없다. 만약 혼자 산다면 자신의 생명활동을 위해 소비되는 수량을 현저히 줄여야 한다. 혼자 산다고 생존하지 못하는 것은 아니다. 욕심을 버린다면 오지에서도 얼마든지 살아갈 수 있다.

먹을 것만 생각하는 편협한 사고에서 벗어나야 한다. 진정한 자급자족이란 먹고 입고 살아가는 데 필요한 모든 것을 손수 해결하는 것을 말한다. 농사기술, 방적기술, 집짓는 기술, 그리고 산야에서 자라는 야생초들과 함께 살아가는 기술도 습득해야 한다. 안전한 미래란 신기술이 아니라 자급자족에서 나온다는 사실을 인식해야 할 것이다.

스마트폰 없이 스마트하게 사는 법

예전에는 꽃 피고 꽃 지고, 풀 나고 풀 지는 것을 보면서 농사를 지었다. 하루의 일상은 해 뜨고 지는 것을 기준 삼아 살았지만, 씨를 뿌리는 일은 식물의 생로병사를 관찰하면서 했다. 시계에 의존하지도 않았다. 자연을 보고 '그냥' 알았다. 자연과 함께, 자연의 흐름에 따라 살았기에 순환은 자연스러웠다.

요즘은 농사를 지을 때도 휴대폰을 쓴다. 농사를 지으려면 휴대폰을 버리고 모든 전자제품을 버려라. 한 삽질 하고 허리를 펴면 해가 중천, 그러면 밥을 먹는다. 파란 잎사귀가 올라오면 봄. 그러나 숫자를 만들고 시계를 보면서부터 우리는 시간에 얽매기 시작했다. 장터에 나가 막걸리 한 잔 하고 있으면 보고 싶은 사람을 다 만난다. 내 일, 남의 일 참견하다 보면 지루한 기다림은 멀리 달아난다.

농사는 곧 생활이다. 그리고 문화다. 생활 문화는 의식이다. 산에서 사는 사람을 상상해 보라. 산 속에서는 4시면 해가 진다. 그러므로 4시경까지는 모든 일을 끝내야 한다. 6시 즈음 저녁 먹고 8시경이면 잠든다. 내가 사는 곳이 어디인가, 즉 산이냐 평야냐에 따라 문화가 달라진다. 산은 춥기 때문에 더욱 부지런히 몸을 움직여야 하고, 미리미리 모든 것을 준비해야 한다. 일하는 시간이 적다고 생각하지만 일조량이 작아서 일을 야멸치게 하는 것뿐이다. 바닷가에 산다면 바다의 흐름에 따라야 한다. 우리는 시간에 사는 것이 아니다. 자연과 지형, 그리고 기후에 따라 산다. 그렇게 사는 것이 가장 현명한 삶의 방법이지 않겠는가? 도시에 살면서 삶이 고달픈 것은 우리가 너무 많은 규칙과 기계에 의존하기 때문이다.

원자력은 대체 에너지가 될 수 없다

일본 지진과 쓰나미, 원전폭파. 이 사건이 벌어지기 전부터 우리는 이미 원자력 에너지의 부정적 측면을 인식하고 있었다. 그런데도 요즘 지자체들은 돈에 혈안이 되어 원자력을 유치하기 위해 고군분투하고 있다. 예산도 대폭 인상한다.

원자력 시설을 유치한 지자체는 귀농인 영입에 미온적이다. 원전이 있는 울진 영광이 귀농인 유치에 미온적인 이유는 돈이 충분하기 때문이다. 울진은 군민이 대학에 가게 되면 대학등록금 일부를 보조한다. 의료비도 마찬가지다. 고등학생 등록금은 전액 무료다. 교육비와 의료비를 지자체에서 지원하니 서민들의 만족도가 상당히 높다. 일반 군 단위에서 찾아보기 힘든 젊은이들도 많다. 덕분에 평균 연령층이 낮아지고 유흥가도 형성되었다.

처음엔 원자력 시설 건립을 반대하던 지역 주민들도 당장의 이익에 눈이 멀어 외려 적극적으로 변한다. 그들은 지금 원자력 피폭 문제를 접하면서 어떤 생각을 할까?

우리나라 전력 구조의 30% 이상을 원자력 에너지가 차지하고 있다. 지금 피폭 현장에서 누출된 방사능 물질이 공기와 토양, 바다로 번지는 현상을 보라. 결국 인간의 죽음으로 끝이 날 생태 순환계의 파괴

현장이 우리나라에 만연한 날도 머지않았다. 원자력은 더 이상 안전한 대체 에너지가 아니다.

타락과 죽음을 부추기는 문명교육

얼마 전 화제를 몰고 온 다큐 프로그램 「아프리카의 눈물」에서 한 아이가 이렇게 말했다. "결혼해서 집도 사고 옷도 사고 행복하게 살고 싶어요. 졸업하면 남아공에 가서 일할 거예요." 나레이터는 그 아이를 엄마를 위해 열심히 공부하는 소년이라고 소개하면서 그가 종국에 아버지가 죽었던 남아공에 가서 일하고 싶어하는 이유에 대해 '살고 있는 지역에는 일자리가 없기 때문'이라고 설명했다. 이미 어린 소년에게조차 도시가 '돈'과 '잘 사는 곳'의 이미지로 박힌 것이다.

다큐를 제작한 이들의 입장도 매한가지다. 그들 역시 이 상황에서 '가난'을 죄라고 생각하는 모양이다. 하지만 선입견 없이 본다면 내용이 전혀 달라진다. '문명이 어떻게 인간을 죽음으로 내몰았는지'를 보여주기 때문이다.

1980년대 영화 「아웃오브 아프리카」에서는 여주인공이 아프리카 어린이들을 위해 학교를 만들겠다고 나선다. 학교 운영은 대개 선교사들의 몫이다. 우리나라 목사님들도 아프리카에 가서 선교한다면서 학교를 연다. 한국 목사는 한국어를 가르치고, 유럽이나 미국 선교사는 영어를 가르치면서 성경을 전한다. 영화에서는 학교를 열겠다는 여주인공의 주장에 지역 사람들은 "당신네들 방식을 강요하지 마라. 우리는 지금까지 행복하게 살았다. 더 필요한 것이 없다."라며 거절한다.

그 영화에서는 남녀의 연애관도 엿볼 수 있다. 남자는 자유로운 삶을 살지만 여자는 결혼과 같은 인증 절차를 원한다. 두 사람은 결국 제도에 대한 가치관의 대립으로 헤어진다. 사랑도 교육 문제와 다를 바 없다. 제도에 익숙해지도록 만드는 것이니까.

「아프리카의 눈물」에서 아프리카는 자신들이 행하지 않은 행동의 결과물을 뒤집어쓰고 있다. 억울한 일이다. 도시 문명으로 인한 기후 온난화로 삶이 피폐해졌는데도 그것을 도시화의 문제라고 생각하지 못 한다. 오히려 자신의 터전에 들어와 교육을 빌미로 전통과 자연을 잠식하는 도시민들을 동경한다. 그들은 도시에서 사는 것을 '가난의 극복'이자 '자신들의 목표'로 설정하게끔 교육받는다. 하지만 도시를 향한 노력은 처참한 결과로 끝을 맺는다. 주검이 되어 돌아오거나 타락한 생활을 하게 된다. 도시는 그들이 꿈꾸던 곳이 아니었다.

유네스코는 아직도 가난한 아이들에게 그런 '거짓되고 불편한 환상'을 심어준다. 도시의 공산품을 가져다주면서 그들을 유혹한다. 자신들의 삶이 얼마나 가난하고 피폐했는지 깨달으라고 부추긴다. 어쩌면 그들은 타락한 도시 문명의 전도사인지 모른다.

중국 영화 「서랍속의 동화」는 어린 교사가 도시로 돈 벌러 간 학생을 찾는 과정을 그렸다. 영화는 어린 교사의 학생에 대한 애틋함을 그리면서 교육의 열의가 도시에 대한 허망함을 꿈꾸게 했음을 지적한다. '열심히 공부해서 잘 살겠다'는 식의 60~70년대 개발 도상국가의 영화를 보는 듯하지만 메시지는 살아 있다. 문명의 폐해를 잘 보여주는 예이므로.

과학 기술과 진보, 더 높고 더 빠른 삶의 방식을 추구하다가 지금 이웃 나라 일본은 수많은 사람들이 죽어가고 있지 않은가? 전쟁이 아닌, 사람의 손에 의해 창조된 문명의 이기 아래. 문명의 폐해를 자각하고 그것으로부터 해방되고자 노력하는 이들이 증가하는 지금, 한번 쯤 깊이 생각해 볼 일이다.

사랑한다는 착각

농사는 자식을 키우는 것과 같다. '자식농사'라는 말도 있듯이. 농사는 내가 손수 작물을 키우는 것을 말한다. 나의 노동이 주요하다. 이때 우리는 '작물 재배'라는 말을 쓴다. 동물에게는 '가축, 사육'이라는 말을 붙이고, 인간에게는 '양육, 교육'이라는 단어를 쓴다. 교육과 양육은 부모가 자식을 길들이는 일이다. 자연에 의존해 키우는 것은 교육이라고 치지 않는다.

식물은 자주 보고, 칭찬하고, 자주 붙들어 주어야 한다고 생각한다. 동물도 자주 빗질하고, 리본을 달아주고, 목욕을 시켜줘야 한다고 생각한다. 이 모든 게 사람의 손길에 길들여진 '애완'용의 특성이다. 하지만 이것은 인간의 방식일 따름이다. 그런데도 사람들은 이런 행위를 '사랑한다'고 착각한다. 그것이 나를 위한 것이고, 나의 만족을 위한 이기적인 행동임을 간과한 채. 그래서 식물은 작물화되고, 동물이 가축화되는 것이다.

예를 들어 식물을 이동시킨다고 하자. 순을 따주고 물을 주고 관리하면 식물은 엄청난 스트레스를 받는다. 이런 상황을 "너 이제 죽을 거야."라는 메시지로 받아들여 본능적으로 빨리 꽃을 피우고 씨를 맺는다. 동물도 마찬가지다. 개를 부지런히 씻기거나 털을 깎는 행위는 모두 인간의 판단 기준에 근거한다. 지저분하니까, 더울 테니까. 하지만 천만의 말씀. 자연 상태의 동물은 수돗물로 목욕하지 않아도 깨끗하다. 털이 있어도 혀로 열을 조절해서 살아가는 데 지장이 없다.

식물을 사랑할 때는 식물의 입장에서, 동물을 사랑할 땐 동물의 입장에서 사랑하는 게 진짜 사랑이다. 사랑한다는 건 사물의 특성을 가장 잘 이해하는 것이니까. 사람도 마찬가지다. 자식을 사랑한다면서 자신의 방식을 강요하고, 연인을 사랑한다면서 '무조건 나를 따르라'는 건 사랑이 아니다.

엇나간 사랑은 교육에서 심각하게 폭발한다. 정작 아이들은 꼴등해도 상관없어 하는데 부모가 외려 열을 받는다. 부모는 "너를 위해서 공부하라는 거지, 언제 나를 위해 공부하라고 했냐?"고 몰아치지만 공부는 실제로 부모를 위해서 한다. 부모에게 인정받고, 보상받고 싶어서. 날마다 열등감을 느껴야 하는 교육, 자살을 생각하게 만드는 교육, 1등만 대접받는 교육……. 이 모든 결과가 사랑의 부산물이라니, 참 놀랍기만 하다.

허울 좋은 사랑타령은 이제 그만!

식물을 작물이 되게 하고, 동물은 가축으로 만들고, 인간은 교육한다. 이게 우리가 말하는 '사랑'이다. 인간의 사랑만 따로 떼놓고 보면 상황은 더욱 복잡하고 어려워진다. 결혼이라는 제도 때문에 더욱 그렇다.

'사랑하면 결혼해야 한다'는 생각의 이면에는 상대방을 안정적으로 소유하겠다는 욕망이 도사리고 있다. 하지만 사랑은 결혼과 무관하다. 그런데도 인간은 남녀가 서로 좋아하면 같이 살아야 하고, 아이를 낳아야 하고, 성씨를 이어가야 한다고 생각한다. 이러한 흐름은 아무 생각 없이 '제도'를 따르는 데 다름 아니다. '제도'는 배타적 소유를 기반으로 한다. 배타적 소유를 기반으로 하지 않는 사회엔 제도가 필요없다.

우리 의식 굴레 속에는 양육과 교육, 재배와 사육, 사랑과 결혼이라는 공식이 존재한다. 제도와 관습이 혼재된 인식의 결과물이다. 흔히 "남의 자식이라면 신경도 안 써. 하지만 내 자식이니까."라거나 "사랑하니까!"고 말한다. 모두 사랑과 소유가 동격이 되고, 그 아래 '나 중심의 길들이기'가 진행된 결과이다.

농사는 분명 천지인의 합동 작용이다. 하지만 내가 말하는 농사는 양파 껍질을 대신 벗겨주는 행위가 아니다. 양파 껍질은 때가 되면 자신이 알아서 벗는다. 농사는 식물의 특성을 잘 알고, 어떻게 하면 잘 자라는지 돕는 것이다. 다치게 하지 않고, 스트레스를 주지 않고, 몰래 옆에서 도와주는 행위다. 잡초가 좋다니까 잡초를 재배한다. 비닐하우스에 넣고 덩굴까지 만들어서. 이는 잡초를 위한 것이 아니라 인간의 이익을 위한 행위다.

아이가 세상에 나오면 엄마는 자기 잣대를 휘두르기 시작한다. 무엇이든 본인이 원하는 대로 가르친다. 아기가 태어나 처음 듣는 말도 '안 돼!'이다. 아이들은 어른이 될 때까지 긍정적인 말보다 부정적인 말을 더 많이 들으면서 자란다. 금기를 먼저 배우는 아이들은 어떻게든 그것을 넘어서고 싶어한다. 자기도 모르는 사이 파괴와 일탈의 씨앗을 품고 자라는 셈이다.

콩의 순을 지르는 것도 사람을 위한 행위다. 순지르기 안 하고 그냥 놔두어도 콩은 잘 자란다. 적게 먹으면 그만이다. 논 주변에 그냥 심어 놓으면 자기들끼리 알아서 잘 자라는데, 노동하는 사람의 입장에서 극성을 떨면서 한 곳에 단작해버린다. 식물끼리의 자연 작용마저 없애면서. 이 모든 행위엔 인간의 노동이 따른다. 더 많이 수확하려면 당연히 더 많이 노동해야 한다. 그게 세상의 원리다.

사랑이라는 이름 아래 저질러지는 행위들. 농사 이면의 본질이 탐욕과 노동의 노예가 되는 것처럼 사랑의 행위 이면에는 소유욕의 노예가 똬리를 틀고 있다. 농사와 사랑의 행위, 그 본질을 알게 되었다면 이제 그런 굴레를 벗어 던지고 살아가면 어떨까?

당장의 이익을 경계하라

재배와 사육의 과정은 인간의 노동이 투여되는 고된 작업이다. 인간이 쉴 시간마저 앗아간다. 전통 농법에서는 덜 하지만 현대 농법에서는 사람들이 기계의 노예가 되고, 석유의 노예, 돈의 노예가 된다. 하지만 농사는 원래 놀이하듯 '게으르게' 즐겨야 한다. 자연의 흐름을 따르면 얼마든지 가능하다. 그게 농사의 본질이다. 물론 처음부터 농사에 게으름을 피우라는 이야기는 아니다. 무엇이든 마찬가지지만 농사도 시작이 어렵다.

할머니들이 하던 방식을 떠올려 보라. 이른 새벽 4시부터 일어나 호미를 들고 밭으로 나가지 않았던가? 인위적인 행동이므로 노동이 투여되는 것은 당연하지만 머릿속에서 사육과 재배라는 개념을 없앤다면 우리는 최소의 노동만을 가지고 일하고 먹고 살 수 있다. 이게 농사다.

농사는 자연이고 자유다. 생태의 기본이 자유 아닌가? 자유를 찾는 사람이라면 생태농을 시작하라. 유기적 순환 구조로 무장한 사유

체계를 가지고 상상력을 발휘하라. 하루에도 몇 명씩 사람들이 사랑 때문에 자살하고, 돈 때문에 자살하고, 명예 때문에 죽는 것은 알고 보면 모두 소유욕 때문이다. 이것을 깨닫지 못한 채 어리석은 인간들이 죽음을 향해 달려가는 것이다.

유기적 순환 체계에 익숙해지면 삶의 방식과 사고가 달라진다. 행복에 정답이 없다는 것, 길이 하나밖에 없는 게 아니라는 것을 알게 된다. 그러려면 자기를 바라보고, 내 안에 숨겨진 이면들을 잘 읽어낼 필요가 있다. 농사는 그런 의미에서 자기 수양에 도움이 된다. 식물을 보면서, 자연을 바라보면서. 하지만 농사를 지을 때 화학비료를 쓰거나 농약 사용을 먼저 배우다면 절대 그 이치를 깨닫지 못 한다.

자연의 흐름과 일치하고 수양을 가능하게 하는 농사를 지으려면 첫째, 농기의 가난을 받아들여야 한다. 기계 사용으로 오는 이익과 편리함을 거부할 줄 알아야 한다. 최소한 도구만 사용하면 농사가 더욱 즐거워질 것이다. 둘째, 안일함을 버리고 약간의 게으름을 부려야 한다. 급한 마음에 하루가 길세라 땅을 뒤집고 파는 것은 옳지 않다. 농부는 기다릴 줄 알아야 한다. 셋째, 당장의 이익을 버려라. 눈앞의 이익에 사로잡혀 비료를 남용하고 대량 생산 체계를 갖추는 것은 어리석은 짓이다. 황금알을 더 꺼내기 위해 마법의 닭을 죽이는 것과 다르지 않다.

맞춤형 시골집 짓기

도시 사람들이 집 한 칸 마련하기 위해 평생을 허비하는 것처럼 귀농인들도 대부분 집부터 짓는다. 정말 어리석은 일이다. 집은 시간을 두고 자신이 필요한 때 짓는 게 옳다. 아무리 미리 계획을 세운다 해도 시골에서 살 때와 도시는 전혀 다르다.

도시의 집은 획일적이다. 단순히 밥을 먹고 잠을 자는 베드타운이다. 전원주택을 짓고 싶다며 '저 푸른 초원 위에 그림 같은 집을 짓고 사랑하는 님과 함께' 살아도 좋다. 가장 아름답고 가장 편리한 집, 도시의 호화스런 아파트 내부를 뚝 떼어다가 푸른 초원 위에 얹으면 그만이다. 하지만 농가 주택은 그렇지 않다. 내게 필요한 것이 무엇인지, 어떤 농사를 지을 것인지, 내게 중요한 것이 무엇인지를 충분히 알고 난 뒤 집을 지어야 한다. 그래야 후회가 없다.

주변에 나무가 많다고 해도 꼭 나무만 가지고 집을 지을 필요는 없다. 지형이나 기후, 마을 구성원 등 여러 가지 조건을 요모조모로 따져 자신의 상황이나 형편에 딱 맞춤한 집을 지으면 된다. 쉽게 말해 '내 몸에 맞는 집'을 지어야 한다는 뜻이다. 가장 좋은 것은 기존에 있던 집을 개조하는 것이다. 자재의 성질을 그대로 살린, 지형과 기후에 맞는 집이기 때문이다.

귀농하자마자 집부터 짓는 사람은 대개 욕심 때문에 움직인다. 집은 자신의 옷처럼 편안하고 몸에 잘 맞아야 한다. 사람을 초대하거나 잔치를 벌이려고 짓는 게 아니지 않은가? 생각없이 집부터 크게 지은 사람들은 나중에 보면 꼭 후회한다. 치우고 관리하느라 귀농 본연의 목적을 잊어버린다. 집이 생활의 전부가 되면 귀농한 보람이 없다.

시골에서는 실내를 크게 만들 이유가 없다. 마당에 우물이나 수도가 있다면 투명한 아크릴로 사각 창고를 만들어 씌우면 그만이다. 그러면 비가 오나 눈이 와도 씻고 빨래하는 데 지장이 없다. 방한이 안 된다 싶으면 처마 밑에 비닐을 치거나 아크릴로 둘러라. 문만 열면 자연인데 굳이 넓은 거실을 만들어 놓고 앉아 있을 이유가 있을까? 시골집을 구하라. 그리고 용도에 맞게, 취향에 어울리게, 요모조모 뜯어 고치면서 살아라. 노인들이 헌집을 어떻게 고치면서 살아가는지를 잘 보아라. 시골 살이의 참맛은 거기서부터 출발한다.

아무 것도 버릴 게 없다!

어르신들의 삶에서는 버리는 게 없다. 깻잎이 노랗게 되면 소금물에 담가 장아찌를 해 먹고, 방에서 지네가 나오면 잡아서 말려두었다가 약으로 쓴다. 창고 안에 깻대를 가지런히 놓았다가 나중에 태워서 재를 이용한다. 살균할 때도 쓰고, 비료로도 쓰고, 비누 대용으로도 사용한다. 예전엔 놋그릇을 닦을 때 짚에 재를 묻혀 썼다. 싹싹 문지르면 반짝반짝 윤이 났다.

텃밭도 그냥 텃밭이 아니다. 그 안에 정원의 개념도 들어가 있다. 고추 옆에는 파가 있고, 그 옆에는 샐비어 꽃이 있다. 작물만 심는 게 아니라 꽃도 같이 심는다. 부추 하나에서도 꽃도 보고 부추도 먹는다. 조그만 텃밭에 좋아하는 꽃과 먹을거리가 가득한 것이다.

선조들은 작은 것 하나도 지나치지 않았다. 퇴비더미에도 파와 상추를 심었고, 짜투리 땅에 찬거리를 심고 꽃을 심었다.

요즘도 시골에 가면 담 아래 짜투리 땅이나 시멘트가 깔린 동네 길에서 알뜰한 농사의 현장을 볼 수 있다. 이른바 '할머니들의 도시농업'이다. 그뿐인가? 비료 부대나 함지박에 고추도 심는다. 무엇 하나 버리지 않는 것, 농사와 시골 살림의 지혜는 이런 것 아닐까?

농農살림 사람살림

문명사회를 극복하라

시간을 아껴야 한다는 미신

"시간은 금이다."는 속담이 있다. 매우 오래된 것처럼 보이지만 실은 19세기 초 영국 최고의 인기를 누린 소설가 리턴 남작의 『돈』에서 처음 언급된 말이다. '시간은 금'이다는 곧 '시간은 돈'이다는 말로 대체할 수 있다.

당시 영국에서는 초기 산업자본주의가 형성되고 값싼 원자재 구입과 시장 확보를 위해 식민지 침략 전쟁이 한창이었다. 노동자들은 자동화된 시스템에 맞춰 생산량을 늘렸고, 시간은 곧 돈으로 환산되었다. 얼마나 많은 시간 일하느냐, 얼마나 빠른 속도로 일하는가에 따라 그들이 손에 쥐는 돈의 양도 달라졌다.

1970년대 출간된 미하엘 엔데의 소설 『모모』에는 시간을 훔치는 도둑에 대한 이야기가 나온다. 소설은 한 이발사의 푸념을 통해서 자유를 뺏고 뺏기는 것이 궁극적으로 무엇인지를 보여준다.

"인생을 제대로 살려면 시간이 있어야 한다. 자유로워야 한다. 평생을 철컥거리는 가위질과 쓸데없는 잡담과 비누거품에 매어 살았다." 시간 도둑 회색신사들은 '시간을 저축하는' 것으로 그 문제를 해결하려고 든다. 시간을 저축하려면 불필요한 생각과 일을 접고 평소보다 더 빠른 속도로 일해야 한다.

현대적이고 진보적인 사람은 시간을 아낀다. 그러다보면 하루가 짧아진다. 일상이 걷잡을 수 없이 빠르게 흘러간다는 사실을 깨닫는 순간, 사람들은 시간의 소중함을 깨닫고 시간을 아껴 쓰기 위해 지금까지 하던 것을 되돌아본다. 불필요한 일이라고 판단되면 여지없이 잘라낸다. 그래서 회색도시 사람들은 이를 악물고 더 열심히 일한다. 덕분에 그들의 주머니는 돈으로 채워지지만 얼굴은 '무언가 못마땅한 기색이나 피곤함, 불만으로 가득 차게' 된다. 시간 절약을 통해 얻은 것이라곤 돈뿐이다.

그렇다면 과연 현대인들은 모모에 나오는 이발사처럼 인생을 제대로 살고 자유로워졌을까? 아니다. 돈에 얽매여 살게 되면서 편리함을 얻은 대신 많은 것을 잃었다. 돈은 고작해야 소비를 위한 수단일 뿐, 생의 풍요로움은 사라지고 삶은 더욱 의존적이게 되었으며, 생태환경은 파괴되었다.

우리는 어린 시절부터 계획표를 작성하는 법을 배운다. 규칙적인 생활의 중요성을 배우는 것이다. 시간을 절약하고 짧은 시간에 더 많은 것을 할 수 있는 방법을 배운다. 하지만 여전히 우리는 시간에 쫓긴다. 여가 시간마저 '여가'로 사용하지 못 한다. 빠른 시간 안에 더 많은 즐거움과 휴식을 주는 오락거리를 찾는 탓이다. 그래서 짜릿한 흥미를 추구하게 되고 모험성 오락을 즐기게 된다. 여가 시간조차 스트레스가 이만저만 쌓이는 게 아니다.

조용하게 사색하고 싶어도 불가능하다. 정적을 견디기 힘들도록 길들었기 때문이다. 사방이 고요하면 마치 무슨 안 좋은 일이라도 벌어지고 있는 것 같아 불안해진다. 일상적 소음이 없는 시골의 정적도 도시인들에게는 버겁기만 하다. 시간이 멈추어 선 듯한 시골의 조용함은 '공포'와 다름없다.

시간은 아끼면 아낄수록 더욱 더 부족해진다. 하루가 36시간인 것처럼 아껴 써도 소용없다. 도대체 무엇이 문제일까?

바쁘면 바쁠수록 일이 많아진다

하루에 많은 양을 처리하다 보니 "시간이 없다."는 말을 예사처럼 내뱉는다. 시간을 절약해서 더 많은 일을 처리하기 때문이다. 시간은 정해진 자원인 동시에 누구에게나 사용 가능한 자원이다. 하지만 현대 사람들에겐 늘 시간이 부족하다. 쏟아지는 정보와 그 어느 때보다 활발해진 교류 때문이다.

산업자본주의는 시간 부족 현상에 일조한다. 교통수단과 전자기기의 발달로 이제는 모든 것을 한 자리에서 해결하게 되었다. 이동 시간이 줄어들면서 시간이 남으리라 생각했지만 결과는 정 반대다. 자동차·컴퓨터·가전제품·자동화 시스템·휴대폰 등은 시간을 단축시켰다. 하지만 휴대폰과 자동차는 시간을 절약하여 속도를 가속화하고 일의 양을 늘여준 장본인이기도 하다.

시간이 없다는 말은 거짓말이기도 하고 사실이기도 하다. 늘어난 양을 처리해야 하기 때문에 여유가 없다는 말이기도 하니까. 또 한편으로 "그 일을 할 시간이 없다."는 것은 자신의 기준에 따른 '가치'가 적다는 뜻이기도 하다. 간절한 사람은 아무리 시간이 없어도 시간을 마련한다. 문제는 그 어떤 일이 우선적 가치인가 아닌가에 달려 있다.

"시간이 없어서 못 했어."라는 말 속에는 "그것보다 먼저 해결해야 할 더 중요한 일이 있었어."가 숨어 있다.

시간은 상대적인 개념이다. 고학력자일수록 시간이 부족하다. 우리 사회는 "시간이 없다."는 말을 매우 자랑스럽게 여긴다. 자본주의 사회에서 시간이 없다는 말은 그 만큼 바쁘다는 뜻이고, 이는 능력이 많다는 뜻으로 해석된다. 자본주의 사회에서 '거머리' 같은 존재로 인식하는 것은 으레 '백수'나 '게으름뱅이'다. 시간을 돈으로 여기지 않는 사람들이다. 정신없이 바쁜 사람들의 눈에 비친 그들은 '시간은 금이다.'라는 격언을 신봉하지 않으며 살아가는 좀벌레 같은 존재다. 누군가에게 의존해서 밥을 먹는다고 판단하기 때문이다.

자본주의 사회는 자신이 일한 만큼 돈을 벌어서 자립하는 생활을 기본으로 한다. 돈을 벌면 자신이 맘대로 할 수 있다는 착각을 심어 주는 이른바 '소비 사회'이다. 돈만 있으면 얼마든지 자유로울 수 있다는 착각은 이 지점에서 발생한다. 그러다보니 누구나 돈을 벌기 위해 혈안이 되고 기꺼이 시간을 저당 잡혀 일한다. 돈을 벌어 소비하고 싶은 물건을 소비하는 자유를 누리기 위해서.

결국 '바쁘다'는 말은 그만큼 돈을 많이 벌겠다는 의지의 표현인 셈이다. 그런 사람들은 근면하고 성실한 사람이라는 긍정적 평가를 받는다. 시간이 없다는 말이 곧 시간을 절약하면서 일하는 사람이라는 말로 해석되니까. 우리 사회가 시간 부족을 최고의 가치로 여기는 한, 고달픈 얼굴과 일에 찌든 피곤한 육체는 당분간 사라지지 않을 전망이다.

시계와 달력이 필요 없었던 농경 사회

원시 부족에게 "지금 몇 시예요?" 하고 물어 보라. 아마 질문의 뜻을 알아듣지 못 할 것이다. 그들의 개념에는 '숫자'가 없기 때문이다. 몇 살인지, 몇 시인지 그들은 알지 못 한다. 단지 이렇게 대답할 것이다.

"잠을 잘 시간예요."

"사냥 나갈 시간예요."

인간의 생활을 지배한 것은 숫자가 아니고 하늘이었다. 또 자신의 몸이었다. 우리가 지금 생체시계(Bio-Clock)라고 부르는 것이다. 농경 사회만 해도 시간의 개념이 없었다. 태양에 의한 해시계만 있었을 뿐이다. 눈을 뜨고 일어나는 것도 밤에 잠을 자는 것도 일을 하러 나가거나 밥을 먹는 것도 모두 빛에 기대 결정했다. 몇 시 몇 분인가 하는 것은 수렵과 채취 혹은 농경 사회에서는 아무런 의미가 없었다.

> 해가 뜨면 일하러 나가고
> 해가 지면 돌아와 쉰다
> 우물을 파서 물을 얻고
> 땅을 일궈 곡식을 거둔다
> 이처럼 우주의 창조에 동참하니
> 왕이라 해도 이보다 나을 수 없다. (고대 중국, 기원전 2500년)

농경 사회의 규칙은 아침에 일어나고 저녁에 돌아가 쉬는 것이다. 한겨울에는 동면의 시간을 보낸다. 해가 길면 오래 일하고, 해가 짧아지면 일찌감치 집에 들어간다. 그러니 특별히 시간을 재기 위해 도구가 필요했을 까닭이 없다. 그들에게 시간은 한없이 계속되는 영겁이었고, 때로는 한 순간의 찰나였으며, 자연이었기 때문이다. 겨울을 살아야만 봄이 오고, 봄이 지나면 여름이 온다는 것도 몸으로 알았다. 당연히 자연의 변화와 소리에 민감해질 수밖에 없었다. 자연의 신호를 못 알아채면 생활 자체가 파국으로 치달았으니까. 그래서 옛날 사람들은 자연에 귀를 기울이는 능력이 현대인보다 뛰어났다.

'시간'을 이야기한 소설 『모모』를 보면 청소부 배포가 시간의 속도를 견디는 방법을 이야기해준다.

"한꺼번에 도로 전체를 생각해서는 안 돼. 다음에 딛게 될 걸음, 쉬게 될 호흡, 다음에 하게 될 빗질만 생각해야 한다. 계속해서 바로 다음 일만 생각해야 하는 거야. 그래야 꾸준하게 오래 갈 수 있단다."

시간은 흐르는 물과 같다. 과거와 현재, 미래의 경계도 없고 잡아두려고 해도 결코 머물지 않는다. 아낀다고 늘어나지 않고, 맘껏 사용한다고 줄어들지도 않는다. 시간은 곧 자연이고 우리 몸 안에서 통합된 관념이다. 달력이나 시계 없이도 생활을 유지하고, 풍요로운 문화를 이루었던 선조들을 생각한다면 이해가 될 것이다. 내 시간 네 시간 할 것 없이 토막 시간에 몸과 마음을 맡기고 사는 데 익숙한 우리에게는 요원한 풍경이지만.

인간은 언제부터 미래에 대한 환상을 품게 되었을까?

시간을 과거·현재·미래처럼 수직으로 파악하는 흐름은 언제부터 생겼을까? 사람들은 왜 미래가 현재보다 나을 것이라고 생각할까? 실체를 알 수 없는 미래에 현재를 종속시키면서. 어쩌면 우리는 미래가 최소한 현재보다 더 나아야 한다는 고정 관념에 지배당하고 있는 것 같다.

인류 문명은 곡물을 재배하면서 시작되었다. 곡물 재배는 채집과 달리 저장성이 많아 비축이 가능했다. 곡물을 비축한다는 건 먹을거리를 안전하게 확보한다는 의미로써 인간으로 하여금 생명 지속에 대한 안도감과 희망을 품게 했다. 창고 속에 쌓인 잉여 생산물은 인간에게 에너지를 비축할 수 있다는 자신감을 불어넣어주었고, 농사 외의 다른 일에도 눈을 돌리게 만들었다. 그 전까지는 하루하루 현재에만 충실하게 살았을 뿐이지만 그때부터 비로소 미래가 보장되기 시작한 것이다.

식량 비축과 함께 인간은 계획을 세울 수 있게 되었다. 따라서 진보의 세계로 나아가기 시작했다. 창고 주위로 시장이 형성되었고 덩달아 도시가 이루어졌다. 곡식을 재배하면서 인간은 또 이전까지의 행동 방식을 버렸다. 어느 순간부터 현재는 더 이상 과거의 반복이 아니라 미래를 향한 도약대로 인식되기 시작했다. 하지만 바로 이 시점에서 문명과 인간의 전쟁이 시작되었다. 문자의 발명과 거래, 독재와 창조적 정신 사이에서 갈등이 고조되는 비극이 시작된 것이다.

인간은 곡식이 가득한 창고를 외부로부터 지키기 위해 거주지 주변에 담을 쌓고 보초를 세웠다. 그리하여 인간은 이제 두 부류로 갈라지게 되었다. 한 곳에 정착해서 도읍을 이루고 사는 시민들과 예전 생활 양식을 고수하며 사는 유목민(정원사, 사냥꾼, 목동도 여기 속한다)들이다. 유목민들은 도시민들을 부러운 시선으로 바라보면서 식량이 떨어지면 곧장 도적으로 돌변했다. 반면 도시민들은 그들로부터 식량을 보호하기 위해 군대를 양성했다. 대립과 반목, 그리고 힘에 의한 대치가 시작된 것이다.

물류의 축적은 상호 거래를 요구했다. 따라서 교환과 교류를 전담

하는 상인층이 생겼고, 이들은 부의 순환을 기록하려고 기호 체계를 정립했다. 장부가 생겼고 새로운 직업으로 필사생이 출현했다. 곡물을 저장하게 되면서 인간은 또 신전에 제사를 지내게 된다. 원시 농경 시대에 자연(신)과 개인이 일대일로 소통했다면 그때부터는 신의 의사를 대신 전하는 소통 전문가 즉 사제들에게 그 권한을 모두 위임하게 된 것이다.

곳간에 곡식이 쌓이듯 그때부터 인간 사회에는 온갖 문서와 규율이 쌓이기 시작한다. 기록 전문가가 생기고, '역사'에 대한 개념이 정립된다. 더불어 '진보'의 개념이 생겨났고, 진보가 없이는 역사도 없다고 생각하게 되었다. 진보를 최고의 가치이자 절대 미덕으로 간주하는 풍토는 특성상(진보라는 단어의 개념에는 이미 미래라는 의미가 들어 있다) '미래'가 '현재'보다 나을 것이라는 믿음을 창출했다. 하지만 최근 들어 이제까지 소홀하게 다루었던 진보의 숨은 이면이 부각되고 있다. 진보에는 어떤 형식으로든 대가가 있음을 깨닫게 된 덕분이다. 진보는 부정적일 수도 파괴적일 수도 있고, 더 나아가 인간 사회를 파멸로 몰고 갈 수도 있다는 깨달음을 얻게 된 것이다.

"행복한 민족은 역사가 없다."는 격언이 있다. 역사란 곧 진보이며, 진보와 행복은 본질적으로 양립할 수 없다는 점을 무의식적으로 간파한 말이다. 진보는 현재 갖지 못한 것(미래의 것)을 원하지만, 행복은 현재 가진 것에 만족해야만 느낄 수 있는 탓이다.

행복에서 진보로의 이행, 다시 말해서 고대 문명의 황금기에서 진보로의 이행에 대해 헤시오도스와 아이스킬로스가 취한 입장은 상당히 흥미롭다. 그 두 사람은 프로메테우스라는 인물을 통해 각각 반대되는 견해를 표명했다.

헤시오도스는 기원전 8세기경, 하늘에서 불과 곡식을 훔친 프로메테우스를 인류 타락의 책임자라고 보았다. 조화를 파괴하고, 신들을 우롱했으며, 세계에 악의 불씨를 심었다는 것이다. 헤시오도스의 입장은 기독교의 '창세기'를 옹호하는 것으로, 마치 야훼가 카인을 벌하는 것과 같은 맥락이다. 카인은 아직까지도 대홍수, 바벨탑, 소돔과 고모라 등 모든 타락과 공격성, 자만성과 야비한 행동 등을 초래한 '부조화의 원흉'으로 간주된다.

반면 아이스킬로스는 프로메테우스가 인간의 문명을 발전시킨 단초라고 본다. 그의 덕분으로 인간은 동물을 길들이고, 이를 이용해 농사를 지을 수 있었고, 재물의 축적과 학문의 발전이 가능했다고 본다. 그는 프로메테우스가 언젠가는 제우스가 추락할 것임을 알고 있었다고 생각했다. 실제로 제우스는 죽었고, 다른 신들도 종말을 고했다. 그리고 결국 프로메테우스적인 인간만 살아남았다.

헤시오도스가 황금기는 끝나버렸고 미래는 현재보다 훨씬 암울할 것이라고 내다본 반면, 아이스킬로스는 인간의 황금기가 과거에 지나간 게 아니라 미래에 도래할 것이라고 예측했다. 이리하여 아테네 사람들은 5세기부터 프로메테우스를 경배한다. 미래에 대한 환상과 지나친 비전은 이때부터 비롯되었다.

진보는 소유욕에서 비롯된다

밭에 곡식을 심게 되면서 땅은 벌거숭이가 되었다. 씨앗을 뿌리기 위해 땅을 갈기 시작했기 때문이다. 농경과 함께 인간 사회에는 개인 소유의 개념이 생긴다. 개인 소유를 표시하기 위한 '경계'라는 개념에서 나라와 나라 사이의 소유를 갈라놓는 '국경'의 개념이 생겨났다. 그 결과 서로 대치하게 되었다.

땅만이 아니다. 시공간과 마찬가지로 동식물마저 세속화되었다. 모든 것에서 유용성을 따지게 되었다. 유용성이 가치의 잣대로 등극한 것이다. 세속화된 식물의 대표적인 예가 곡식이다. 어떤 곡류도 자연 그대로 얻어진 게 없다는 점을 기억해야 한다. 곡류는 인간이 야생에서 얻었던 풀을 지속적으로 취사·선택하여 여러 가지 방법으로 교배하고 변형시킴으로서 얻어낸 결과물이다. 여기에 곡류의 문제가 있다. 자연 상태의 식물이 아니라 인간이 만들어낸 작위적인 식물이므로 환경이 변하거나 그것을 재배하는 사람의 의도가 달라지면 얼마든지 별종이 만들어질 수 있다는 점이다.

진보라는 어휘는 프랑스에서 계몽주의 열풍이 일어났을 때부터 회자되기 시작했다. 그러다가 합리주의를 거쳐 19세기 과학만능주의에 이르러 그에 대한 믿음과 가능성이 무한 확대되었다. 진보를 찬양하는 사람들은 곧잘 "진보는 지성적이고 정신적인 동시에 물질적이다."고 말한다. 하지만 언젠가부터 진보의 업적은 물질적인 면에서만 강조되고 강화되었다. 그리고 인간은 물질로 구성된 세상에서 유일한 주체가 되어 욕망을 채워나가기 시작한다. 가장 대표적인 예가 1869년 발표된 멘델의 유전법칙과 드브리스의 돌연변이 이론이다. 이들에 의해 안정된 인류 문명에 꼭 필요한 식물의 '품종 개량'이 이루어졌고, 과학은 최첨단 문명을 위해 도약하기 시작한다.

하지만 안타깝게도 진보라는 말 속에는 이미 쇠락의 개념이 내포되어 있다. 무엇이든 계속 상승하는 것은 없기 때문이다. 인간과 자연의 관계도 마찬가지다. 처음에는 인간과 자연이 친화적인 관계를 유지한다. 그랬다가 차츰 악화되면서 급기야 가속도가 붙어 급파멸에 이른다. 누가 보아도 뻔한 이치다. 이를 테면 상호 협력하던 파트너가 서로 적이 되어 상대방을 제어하고 길들이려고 기를 쓰다가 공멸하는 것과 같다.

인간은 어디까지나 자연의 일부이다. 자연 없이는 살 수 없다. 원하든 원하지 않든 이것은 자명한 사실이다. 인간이 자연의 일부라고 할 때 진보 역시 자연의 일부라고 보아야 한다. 진보란 진화의 연장선 위에 있기 때문이다. 하지만 인간을 제외하면 그 무엇도 자기가 자연의 유일한 주인이며, 다른 모든 생물의 삶과 죽음을 관장할 수 있다고 주장한 창조물은 없다. 인간만큼 소유욕과 지배욕이 있는 생물은 지구상에 존재하지 않는다. 결국 우리는 '더 나아져야 한다.'는 믿음 아래, '저 나아지면 더 잘 살 수 있다.'는 헛된 구호 아래 현재의 행복을 희생시키고 있는 셈이다.

미래에 저당 잡힌 삶, "오늘 말고 내일 행복하세요!"

교육은 길들이는 것이다. 부모가 자식을 양육하는 과정을 보면 확신이 간다. 부모는 자신의 생각과 잣대를 가지고 아이를 양육하고 교육한다. 부모의 잣대 역시 윗대로부터 전수받은 것들이다. 결국 교육이란 기존의 가치를 학습하고 재훈련하는 과정이라도 보아야 한다. 여기에 가장 앞장선 기관이 학교이다. 기존 세대의 가치와 철학을 모양만 바꿔 학습시키는 과정에서 피교육자들은 '현재의 자유와 행복'을 박탈당한다. 한국의 교육 현실이 이를 200% 증명한다.

아이들이 좋은 점수를 얻어오면 부모는 기뻐하고 칭찬한다. 아이들은 부모의 웃음과 표정을 보며 '해야 할 일'과 '해서는 안 되는 일'을 배우고, 잘한다는 칭찬이 곧 당근을 얻을 수 있는 기회라는 사실을 깨닫는다. 그래서 아이들은 태어나면서부터 부모의 눈치를 살피고, 부모의 가치를 자기 것으로 받아들인다. 자본주의의 구조적 학습과 문명의 학습은 이렇게 시작된다.

아이들은 나이를 먹을수록 부모의 욕망을 더 열심히 따라간다. 그래서 '커서 무엇이 되는' 것에 목을 맨 학교 교육을 그대로 받아들인다. 한국의 입시제도는 이런 특성을 유감없이 발휘한다. 좋은 점수를 얻어서 일류 대학에 가고 졸업 후 일류 기업에 취직해서 돈을 많이 벌고 나중에 행복하게 살겠다는 신념을 죽을 때까지 몸에 지닌다. 장년기에 이르러 지나온 삶을 반추하면서 후회해도 소용이 없다. 미래에 편승된 삶을 살아온 탓에 이제 그들에게는 더 이상 건강한 미래를 꿈꾸거나 계획할 여력이 남아 있지 않다. 결국 시간을 잃고, 건강을 잃고, 돈을 모두 잃은 다음에야 '행복의 파랑새'를 잡을 수 없다는 사실을 깨닫게 된다. 아마 그래서 삶의 마지막을 장식하는 장례식장에 가면 다들 이렇게 말하는 모양이다.

"고인의 명복을 빕니다. 부디 저승에서라도 원하셨던 바 다 이루시고 행복하세요."

소비하는 인간, 호모 콘수무스

생산과 소비가 한 몸인 사회

산업자본주의 사회는 모든 것을 소비한다. 그래야만 생활이 가능하다. 손수 만드는 것은 차치하고, 공장에서 만들어진 제품조차 직접 사서 쓰지 못 한다. 반드시 시장이라는 중간 단계를 거쳐야만 사용할 수 있다. 노동의 대가로 돈을 받고 그 '돈'으로 시장에서 생활필수품을 구매한다. 노동력을 팔아서 돈을 받고 그 돈으로 소비한다. 결국 소비하기 위해 노동을 파는 셈이다.

자본주의 사회를 살아가는 우리의 일생은 나의 노동력을 얼마큼 비싸게 파느냐, 나의 몸값을 얼마나 불리느냐에 바쳐진다. 교육도 마찬가지다. 행복한 삶을 위한 정신적·정서적 가치를 배우기보다 '먹고 살기 위한 몸 값 올리는' 데 집중한다. 소유하고 싶은 것이 많을수록 자신의 몸값을 올리든지 더 많이 노동해야 원하는 만큼 돈을 벌 수 있기 때문이다.

돈은 생명 유지를 위한 기본 수단이다. 하지만 자신이 먹고 입고 사용하는 것들 모두를 자연에서 얻었던 농경 사회의 모습을 상상하면 꼭 그렇지만 않다는 사실을 알 수 있다. 농경 사회에서는 자신의 노동력을 이용해 무엇이든 자급했다. 잉여물이 생기면 꼭 필요한 다른 것과 바꾸기 위해 상인에게 팔았다. 시골장터를 떠올리면 된다.

시장은 잉여물을 다른 자재로 바꾸기 위한 곳이다. 자급이 기본이었고, 생산자와 소비자 분리되지 않았기에 그들은 노동으로부터 소외당하는 일이 없었다. 과소비도 일어나지 않았다. 쓰레기까지 알뜰하게 재사용했다. 최소한의 소비, 검소한 생활, 자연의 흐름을 거스르지 않는 순환이 기본인 생활이었다.

낡은 것은 버리고 새로운 것을 소비하라

소비가 주인인 사회에서는 '소비'가 곧 경제의 핵심이다. 소비가 일어나지 않으면 모든 순환 체계가 망가진다. 노동력을 기업에 팔아서 돈을 챙기려면 먼저 물건의 소비가 이루어져야 한다. 소비자는 곧 노동력을 파는 노동자이다. 그들이 기업에서 받은 돈을 시장에 내놓지 않고 주머니에 모아두면 시장은 돌아가지 않는다. 그래서 기업은 그들로부터 돈을 내놓게 만들려고 끊임없이 새로운 물건을 생산한다. 필수품 목록을 늘린다.

소비자가 생활에 필요한 필수품만 구입한다면 기업은 원하는 만큼 돈을 벌 수 없다. 노동자들에게 급여를 제공하기 어려워진다. 그래서 소비자들이 필수품인 것처럼 착각하도록 새롭고 신기한 물건들을 만들어낸다. 구매력을 고취시켜야 하기 때문이다. 이것이 바로 "낡은 것은 폐하고 새로운 것을 소비하라."는 구호이다.

세탁기는 빨래하는 시간을 줄이고 편리하게 일하려고 사용하는 기계다. 제 아무리 많이 쓴다고 해도 5~6년 이상 사용할 수 있다. 기업에서 보자면 그렇게 긴 기간을 두고 세탁기를 제조할 수 없는 일이다. 그래서 구매 의욕을 불러일으킬 만한 세탁기를 계속 개발하고 제조하는 것이다. 보다 편리하게, 보다 세련된 디자인으로. 이 논리를 모르는 일반 소비자들은 옆집에 새로운 세탁기가 들어오면 부러워한다.

하지만 소비자를 자극하는 것은 세탁기 자체가 아니다. 세탁기가 상징하는 '부'이다. 부에 대한 욕망이 곧 새로 나온 세탁기를 소유하는 것으로 충족되는 것이다. 새로운 세탁기를 구매하는 순간 소비자는 옆집과 동등해졌다고 생각한다. 동시에 새 것을 갖지 못한 다른 이들보다는 부자라고 생각한다.

매스미디어는 소비욕을 부추기는 데 기여한다. 그들의 광고는 시각적인 효과를 충분히 누리면서 소비자를 충동질한다. '부의 욕망'을 자극하는 것이다. 자동차도 그렇다. 교통의 수단으로 등장한 자동차가 이제는 지위와 부를 과시하는 상징이 되었다. 배기량과 크기에 의해 부를 과시할 수 있으니까.

휴대폰도 마찬가지다. 잘 쓰면 아주 오랫동안 쓸 수 있지만, 요즘에 나오는 휴대폰의 수명은 채 2년도 가지 않는다. 수명을 단축시키고 부품을 빨리 바꿈으로써 부품 공급이 제대로 이루어지지 않게 만든다. 짧은 주기 안에 제품을 다시 사게 만드는 상술이다.

소비자는 이처럼 끊임없이 소비의 유혹에 노출된다. 한두 가지로 만족하던 가전제품 수는 기하급수적으로 늘었고, 소모품이 필수품 자리에 올라왔다. 소비를 통해 부가 표현되는 사회인 탓이다.

소비 욕구는 경쟁 욕구와 비례한다. 남보다 뛰어나려는 욕구, 남보다 부유하고픈 욕구, 남보다 더 많이 더 빠르게 소유하고 싶은 욕구는 끊임없이 소비를 부추긴다. 이면의 진실을 싹 감춘 채.

경쟁을 자극하는 매스미디어

배우의 몸값은 그들이 출연하는 프로그램의 시청률에 좌우된다. "저 배우가 나오면 시청률이 오른다."는 일종의 보호막과 안전장치가 있어야 기업이 협찬한다. 미디어는 광고를 더 많이 딸수록 제작비용을 덜고, 기업은 더 많은 사람들이 광고를 볼수록 수익을 올린다.

공용 방송처럼 전적으로 투자에 의해서만 운영된다면 매체들은 제작비용을 감당하기 어려울지도 모른다. 제작비 증가는 역으로 상품의 원가를 올린다. 결국 소비자가 제작비의 일부를, 그 중에서도 광고 모델의 몸값을 대는 셈이다.

광고는 미디어의 꽃이다. 기업과 상생하지 못하는 미디어는 광범위한 독자나 시청자를 확보할 수 없다. 오직 기업과 상생하는 미디어만이 대중성을 획득한다. 소비가 곧 생산을 불러일으키는 현재의 시스템에서는 기업이 미디어의 힘을 등에 업고 갈 수밖에 없다. 그렇다면 소비는 어떻게 조장되는가?

가장 쉬운 방법은 기업이나 금융권에서 신용카드 소비의 증가를 늘리는 것이다. 하지만 소비자들은 플라스틱머니를 빚으로 인식하는 대신 소비가 수월해지는 편리한 수단으로 인식한다.

행동이 생각보다 더 빠르게 움직이도록 만드는 것이 신용카드다. 신용카드는 과소비를 부르고, 허영을 불러일으킨다. 덕분에 우리 사회에는 '신용불량자'들이 양산되었다. IMF때 쏟아져 나온 대부분의 신용카드 불량자가 이 사실을 방증한다. 특히 지불 능력이 없는 학생이나 무직자에게 신용카드를 발급해준 것은 돈에 눈이 먼 기업의 도덕적 무책임이라고 말할 수밖에 없다.

정보 무지에 대한 경제학 "난 무식한 사람 아니야!"

우리 집엔 텔레비전이 없다. 신문도 한동안 오지 않았다. 집에 있는 건 오로지 컴퓨터 한 대. 하지만 전원을 켜고 포털사이트의 초기 화면에 접속만 하면 모든 게 해결된다. 게다가 '검색 순위'라는 게 있어서 요즘 이슈가 되는 게 무엇인지, 어떤 드라마가 가장 인기가 좋은지, 남북 정세는 어떤지, 어떤 관리가 무슨 짓을 했는지, 어떤 영화가 제일 잘 나가는지 모두 알 수 있다. 그것도 한눈에.

인터넷에서 논란이 되면 누구나 관심을 갖게 마련이다. 나 같은 사람조차 '나는 가수다'와 관련된 몇몇 검색어에 유혹을 당해 친구 집 TV 앞에 앉았으니까. 방송국이 의도했든 의도하지 않았든, 이처럼 뭔가 논란거리가 되면 그것은 순식간에 인터넷 포털을 점령하고 대중은 거기 목을 매단다. 시청률은 올라가고, 제작진은 포상 휴가를 떠나고, 프로그램의 인지도는 천정부지로 치솟는다. 이렇게 되면 100% 성공한 셈이다. 프로그램의 인지도는 곧바로 돈과 연결되니까.

한동안 정운찬 전 총리에 대한 구설수로 인터넷이 화끈거렸다. 이른바 '신정아 사건'이다. 그녀는 자서전에 국무총리였던 정운찬이 추파를 던졌다고 적었다고 한다. 사실 나는 이 여자를 잘 모른다. 별로 관심이 없다. 다만 2008년 즈음 정치 인사와의 스캔들이며 학력 위조 등 스캔들을 일으켰던 장본인이라는 것밖에는. 그런데 이 여자가 낸 자서전이 하루 2만부가 팔렸다고 한다. 베스트셀러도 이런 베스트셀러가 없다. 어떤 이는 출판계의 이변이라고 말한다.

하지만 이변이 아니라 참변이라고 하는 게 맞다. 스캔들을 이용한 마케팅의 성공일 뿐이다. 아마 인터넷에서 이 소식을 접한 사람들은 그녀가 누구인지 궁금해졌을 것이다. 잘 알지 못하면 트위터나 페이스북에 글 한 줄 올릴 수 없으니 당연히 책을 샀을 것이다. 정보 하나를 얻고, 그 정보를 재생산하기 위해 지갑을 연 것이다. 정보의 진위나 사실성, 가치 따위는 고려하지 않은 채.

무지에 대한 두려움, 정보를 공유하지 못 하면 소외된다는 두려움의 만연은 어제 오늘의 일이 아니다. 잘 보지 않던 TV를 보게 만들고, 인터넷 서점을 어떻게 이용하는지조차 모르는 사람이 책을 주문하게 만드니까. 공유된 정보, 너나 할 것 없이 떠드는 정보, 하지만 그것들이 과연 정보일지는 생각해 보아야 할 일이다. 혹 그들만의 놀음에 편승해서 특정인에게 유익을 제공하고 있는 건 아닌지.

교류가 늘자 돈이 날개를 달다

잉여생산물이 생기고, 축적이 가능해지면서 본격적인 교류가 시작되었다. 물물교환을 위한 상인의 출현은 교류를 촉진시켰다. 활발한 교류의 필요성은 지형과 기후의 한계를 넘어서는 교통수단을 발달시켰다.

도시 사람들은 마차를 이용해서 인접 도시까지 왕래했다. 상업이 발달하면서 말을 이용한 교통로가 발달했고, 급기야 증기 기관차가 발명되면서 산업 교통로가 뚫리기 시작했다. 산업자본주의의 확대는 교통의 발달에 근거한다. 증기 기관차는 산을 관통할 수 있었고, 넓은 대륙을 횡단할 수 있었다. 지형적 장애를 넘어선 기차의 출현에 더해 석탄과 석유 등 잇단 화석 연료 에너지의 개발로 급기야 세계는 단일 교통권에 묶이게 된다. 이제 기업은 자신의 지역뿐만이 아니라 전 세계를 통해 소비를 촉진시킬 수 있게 되었고, 세계를 시장으로 삼게 되었다. 소비자들 역시 지구 반대편에서 생산하는 과일과 공산품을 저렴한 가격에 사용할 수 있게 되었다. 생산과 소비가 전 세계로 확장된 것이다.

1900년대 제국주의는 세계를 식민화하면서 약탈의 무대로 삼았다. 따라서 생산과 소비의 불평등과 강압이 횡행했다. 교통이 덜 발달된 곳이나 자본주의 문명이 덜 이식된 곳에선 수탈이 시작되었다. 아이티는 사탕수수 하나 때문에 전 국토가 사탕수수밭이 되었다. 강대국은 아프리카 원주민을 노예 삼아 그 섬에 정착시킴으로써 필요한 노동력을 확보했다. 아이티는 최대 사탕수수 수출 국가로서 이제 그 돈으로 먹고 사는 나라가 되었다. 하지만 2009년 최대의 지진 사태를 겪으면서 아이티는 토양 침식의 부작용을 그대로 떠안았다. 소비의 집중과 확대에 의한 폐해를 보여주는 극명한 예라 하겠다.

교류의 최대 이점은 순식간에 돈이 전 세계를 오가도록 만들었다는 점이다. 달러는 세계 화폐가 되고, 달러 종주국은 화폐 금융 조작을 통해 더 많은 이득을 본다. 허울뿐인 국가 간의 교류는 개방 압력에 의한 수직적 교류가 된 지 오래다. 무역 불균형과 경제 불평등은 날이 갈수록 심각해졌다.

때맞춰 개인적 교류도 활성화된다. '세계를 내 품 안에'라는 기치 아래 여행을 통한 개인 교류가 시작된 것이다. 우리나라에서는 일찍이 선교사 등에 의한 외국과의 교류가 시작되었고, 일제 강점기에는 일본과 미국 그리고 중국과의 왕래가 빈번해졌다. 개인적 교류는 다른 나라의 문화를 받아들이고 물질적으로나 사상적으로 그들을 숭배하는 풍조로 이어졌다. 우리의 현대 문화에 남아 있는 뿌리 깊은 사대주의는 아마도 여기서 비롯되었을 것이다.

물질적 교류 이후 세계는 정보 통신의 발달로 더욱 더 망을 좁힌다. 급기야 인간의 뇌에 도전하는 컴퓨터의 등장으로 사람들은 앉은 자리에서 지식과 정보를 공유하게 되었다. 이 같은 물질적·정신적 교류는 부를 가져오는 수단이 되었다.

최근 소셜네트워크라고 해서 스마트 폰을 위시로 한 이동 통신을 통한 교류는 다양한 양상으로 맥을 형성한다. 페이스북과 트위터 등으로 대변되는 소셜네트워크는 세계를 하나의 망으로 보고 교류를 촉진한다. 비단 개인의 정보만이 아니라 집단이나 단체, 나라의 정보까지 공유한다.

소셜네트워크를 관장하는 그룹은 개인의 정보는 물론 위치까지 추적해낸다. 필요한 상황이 닥치면 언제 어디서든 개인의 모든 것을 찾아내고 심지어 약점까지 이용할 수 있다는 의미이다. 과거처럼 어디에 숨는다고 찾지 못 하는 상황이 아닌 것이다. 개인 추적 장치는 파놉티콘처럼 중앙에서 조정 가능한 것이다. 교류는 편리한 수단인 동시에 권력을 휘두르고 개인을 이용하는 수단이기도 하다.

정보 조작은 소비 촉진을 통해 가능하다. 정보를 통제하는 데에는 주로 교육이 이용된다. 정보를 수없이 먹는 소비자는 정보의 오류로 인해 조작된 삶을 살 수 있다. 소비가 망처럼 엮어진 탓에 정보의 근원지를 알 길이 없다. 정보를 통해 사람을 훈련시키거나 조작하고, 기업과 국가가 연합하여 개인에게 족쇄를 채울 수 있다. 때로 개인이나 소규모 집단을 옭아매기도 한다.

정보의 소비와 교류는 결국 더 많은 소비를 조장하여 침잠하는 인간, 생명의 근원으로서 인간, 소우주로서 살아갈 수 있는 인간의 본성을 파괴한다. 인간이 인간답게 살기 위해서 과연 교류가 절실한가는 다시 한 번 제고해야 할 일이다. 역사가 진보를 목적으로 현재를 저당 잡힌 채 인간의 생명을 파괴하는 길로 나간다면 문명은 인간에게 행복을 가져다 줄 수 없다. 교류와 소비의 불평등이 존재하는 한, 교류는 차단되어야 할 게 아닐까?

노동의 결과물은 자신이 소비해야 한다

생산자와 소비자가 일체가 되려면 자신이 한 노동의 결과물을 스스로 소비해야 한다. 그럴 때 비로소 보다 검소하고 소박하게 생산물을 다루고 생산할 때도 보다 정성스럽게 만들 수 있다. 함부로 버리는 일이 적어진다.

소비와 생산이 분리된 산업 자본주의에서는 생산된 양만큼 쓰레기가 생긴다. 각종 쓰레기들은 폐기되어 자연 환경에 악영향을 끼친다. 생산 자체에서도 소중함을 자각하는 일 없이 오로지 이윤만을 생각하느라 인간에게 해를 끼친다. 소비해서 해롭고 쓰레기로 남아 자연 환경을 오염시킨다. 사회적 가치와 도덕적 가치를 내팽긴 노동은 자연의 합목적적인 개조로 변질되고 돈은 결국 사람을 소외시킨다.

농경 사회의 농민들은 노동의 목적 자체가 수단이었다. 그러므로 쓰레기를 만들지 않았다. 농민의 근면함은 자신을 위한 행위였다. 그러나 산업자본주의 사회는 다르다. 이때의 근면함은 오직 돈을 더 많이 벌어 소비하기 위한 수단에 불과하다. 자신의 근면함이 기업의 이익과 맞아떨어져 기업은 소비자에게 부적절한 행위를 생산하는 권력자가 된다.

시장에서 질병덩어리 음식을 만들어내도 노동자는 묵인하고 넘어간다. 그들은 돈과 밀약하는 공모자로 전락한다. 그래서 자동차, 핸드폰, 성장호르몬 가득한 사료와 화학비료를 만들어낸다. 심지어 전쟁을 수행하기 위한 무기를 만들어내는 데 동참한다.

노동자들의 근면함과 노동의 목적은 현대 자본주의 사회에서 오로지 돈에 있기에 양심에 대해서는 일체 함구한다. 더 많은 돈을 기업에 요구할 뿐이다. 나는 이제까지 노동자들이 기업에게 더 좋은 음식과 더 좋은 물건을 만들라고 요구하는 파업을 본 적이 없다. 그들 역시 철저한 경제 논리에 물들어 자신의 피해가 발생할 때에만 눈을 뜬다. 하지만 이것은 노동의 양심이 아니다. 노동은 화폐에 종속되고, 도덕 의식과 기본권 역시 화폐에 종속된다.

자본주의 사회에서 노동자가 이윤을 추구하는 기업에 화살을 돌리려면 먼저 자신의 임금을 포기해야 할 것이다. 소비를 포기하고 대안을 찾아야 할 것이다. 그러려면 자신의 소비와 욕망을 억제할 줄 알아야 한다. 소비자인 노동자들이 기업에 대항하고, 주체인 국민들이 국가에 대항하는 것, 자본제 생산물을 구매하지 않는 행동만이 악순환의 고리를 끊는 방법이다.

소비의 교류를 끊고, 마을 안에서 서로 나누며 일하는 자급 시스템이 이루어질 때 기업과 국가는 불필요하다. 돈을 추구하는 산업 노동자, 소비 노동자로 전락하지 않으려면 교류와 소비를 최소한으로 제한해야 한다. 소비는 미덕이 아니다. 시간은 돈이 아니다.

당대의 가치를 배우는 사람들

자연인에서 사회인으로

인간의 본성은 관계를 형성하고 교류하면서 살아가는 것이다. 아리스토텔레스의 국가공동체론에 의하면 가족이 국가의 최소 단위다. 가족이 모여 촌락 공동체를 형성하고 마지막으로 국가를 형성한다.

아리스토텔레스는 사람의 좋은 성품이나 현명함이 자연적으로 얻어지는 게 아니라 꾸준한 교육의 결과라고 보았다. 한 사람의 훌륭한 시민이 되는 것은 좋은 사회적 제도와 도덕적 환경에 의해 좌우된다는 것이다. 개인의 성숙은 그가 살고 있는 사회의 정치 수준, 사회 발전과 깊은 관계가 있다. 행복이 개인의 목적이듯 국가도 행복을 위한 국가로서 기능해야 한다. 그는 『정치학』에서 사람의 본성을 '사람은 본래 정치적 동물'이며, '언어를 사용하는 능력'을 갖는다고 말했다.

자연인으로서 태어난 인간이 최초로 만나는 사람이 부모다. 부모는 양육자로서 아이를 품에 안고 젖을 먹이고 가르친다. 사회적 가치를 처음 배우는 대상이 바로 부모이다. 이렇게 자연인에서 사회인으로 변하는 학습이 시작되면서 양육자의 성격이나 기질, 체질 등은 매우 중요한 요소로 다루어진다. 자신은 자각하지 못 하지만 아이는 이미 부모를 통해 모든 것과 교감한다. 양육자가 좋아하는 것, 싫어하는 것, 아끼는 것, 소중하게 다루는 것, 배타적인 것이 무엇인지를 알게 되는 것이다. 당연히 아이는 자신에게 젖을 주고 배설물을 치워주며 공포와 두려움으로부터 막아주는 양육자의 품에서 벗어나지 않으려고 그의 뜻에 순종하게 된다.

가족의 문화를 학습하며 자란 아이는 곧 유아원이나 탁아소의 문화를 배운다. 이곳에서는 가족의 가치와 다른 집단과 제도의 가치를 배운다. 가족을 벗어나는 단계 즉 가족 이외에 사람들과 어울리게 되면서부터 아이들은 '사회인'으로서 평가된다.

"이 아이는 사회성이 있어요."라는 말은 '인간관계'가 원만하다는 의미이고, 이런 평가를 받은 아이는 긍정적인 인간군에 속하는 것으로 평가받는다. "이 아이는 사회성이 부족해요."라고 간주되면 홀로 놀거나 배타적이거나 고집스런 성향이 강한, 즉 부정적 인간군으로 분류된다. 그러면 가족들은 아이에게 제도가 요구하는 '사회성'을 길러주기 위해 노력하게 된다. 사회성을 재는 척도가 '무난하고 원만한' 특성 아닌 특성으로 고착되는 탓이다.

관계는 나의 힘?

사회성이 없는 아이들은 인간의 본성을 저버린 아이들일까? 인간의 본성은 인간관계에만 국한되는 것일까? 도시가 형성됨에 따라 농경으로 먹고 사는 것 외에 다른 일에 종사하는 사람들이 나타났다. 상인과 교육자, 관료 등 직접 농사를 짓지 않고 농부로부터 생산된 것을 구매하거나 이들에게 일을 시켜 먹고사는 계급이 형성된 것이다.

재화의 생산이 도시 외곽에서 이루어진 데 비해 재화의 잉여는 도시에 쌓이기 시작한 것이다. 따라서 도시국가는 날로 번성하고 물질적으로도 풍요로워졌다.

도시의 권력자가 된 일부 계층은 도시에서 살면서 자연과의 교감을 멀리 하고, 체제를 유지하기 위해 사회와 정치를 조작하기 시작한다. 이때부터 자연은 인간의 배경으로서만 존재하게 된다. 그리고 자연이 삶의 근본을 이루던 농경문화 대신 인간이 중심이 된 도시 문명이 자리를 차지한다.

문명의 역사는 인간관계에 의한 사회성만을 중요하게 취급한다. 다름 아닌 사회의 가치와 기준을 반영하는 것이다. 아시아 문명을 보자. 유교에서의 인간관계는 어른에 대한 공경과 우정, 임금과 신하의 관계가 주종을 이룬다. 전통 한국 사회도 마찬가지다. 우리나라 역시 사회성의 기본을 이러한 가치를 만족시키는 것으로 보았다.

현대의 인간관계는 양상이 조금 다르다. '인간관계가 곧 돈'이라고 할 만큼 인맥을 중시한다. 다른 사람과 충돌이나 갈등 없이 지내면서 필요할 때 타인의 '힘'을 동원할 수 있는 능력을 사회성으로 본다. 따라서 인간관계가 좋다는 것은 자신의 물질적 기반을 형성하는 수단으로써 사회생활을 해 나가는 데 매우 중요한 가치가 된다.

재벌끼리 사돈을 맺는다든지, 정치권과 기업이 자식들의 혼인으로 동맹을 맺는 것은 과거의 왕족들의 풍습과 같다. 이런 풍조는 돈과 재물을 높이 세우고, 희소가치에 대한 탐욕을 불러일으키며, 대립과 갈등, 반목을 만들어낸다. 인간관계를 '권력과 이윤'이라는 좁은 가치 체계에서만 평가한 탓이다.

이분법적인 사고에서 벗어나라

흔한 것은 아무도 쳐다보지 않는다. 도둑질 당할 염려도 없다. 남의 물건에 대한 탐심貪心은 희소가치에 눈 뜰 때 생긴다. 평소에는 물을 훔치지 않아도 가뭄이 들면 남의 우물에 눈독을 들일 수 있다. 문명이 갈수록 심란心亂해지는 것은 인간이 자연을 버리고 인간 사회의 가치만을 좇는 탓이다.

아름다움의 문제만 해도 그렇다. 사회에서 추구하는 아름다움의 기준이 있고, 개인이 생각하는 기준이 있다. 사실 절대적 기준이란 없다. 사회적으로 매기는 가치 기준이 있고, 편견이 있을 뿐이다. 우리 사회는 오랫동안 다양성을 인정하지 않았다. 다양성은 곧 제도를 어지럽히는 것으로 간주되어 배척당했다. 그래서 사람들은 제도와 교육이 부여한 가치 기준에 얽매여 스스로를 훈련하고, 오감을 다스렸다.

선악의 문제도 마찬가지다. 착하다는 것은 '착하지 않음'의 반대 개념이다. 실제로 '착하다'는 개념은 반대 성질이 없다면 부각되지 않는다. 어렵다는 것과 쉽다는 것도 상대적이다. 길고 짧음도, 높고 낮음도, 앞과 뒤도 상대적이다.

서로 대비되는 개념을 구분하는 이분법적 사고는 기독교의 '선악과' 논리이자 성경을 바탕으로 형성된 유럽문명의 기반이다. 서구문명은 자신들이 '미개하다'고 판단한 아프리카·인도·아시아를 차례로 점령하면서 이런 사유체계를 유포시켰다. 밝고 화려한 세계와 첨예하고 복잡한 세계를 이상적인 문명으로 각인시켰다.

이 같은 서구식 사고와 문명관에 젖어 있는 한 우리 사회는 인간 본연의 가치 체계들, 즉 소박함과 정적, 그리고 차분한 삶과는 점점 멀어지게 될 것이다.

서구문명의 폐해에서 벗어나는 세 가지 방법

인간 본연의 가치를 등한시하는 서구문명의 폐해에서 벗어나려면 첫째, 욕구를 줄여야 한다. 대신 몸을 건강하게 만들어야 한다. 역사를 돌이켜 보라. 태평성대라 일컬었던 시대는 늘 백성들의 배가 부르고 삶이 안온했다. 병들었던 사람들이 병을 고치고 건강한 자연으로 되돌아갔다. 간교한 꾀, 지나친 의욕, 인간 중심의 지혜는 인간들이 서로 다투고, 남을 악용하고, 서로 재물을 빼앗으면서 병들고 타락하게 만들었다.

둘째, 인간의 지적 능력을 부풀려 강조하거나 문명의 발달이 인류의 행복을 보장한다고 믿는 오류에서 벗어나야 한다. 문명은 인간의 욕망을 무제한 자극한다. 욕망을 충족시키기 위해 살라고 유혹한다. 그래서 진취적이고 도전적인 삶을 강조한다. 당연히 물질과 과학의 발달을 숭상한다. 하지만 인간이 그런 데서 진정한 행복을 찾을 수 있을까?

셋째, 자연의 소리에 귀를 기울이고 생태계의 신호에 민감해야 한다. 아무리 놀라운 과학의 업적도 자연의 재앙 앞에서는 무기력하다는 것을 우리는 역사 속에서 수없이 경험했다. 문제는 새로운 과학이 아니다. 어제보다 발달한 오늘이 아니다. 생태계를 파괴하고 자연의 소리를 무시하면서 과연 얼마나 오랫동안 문명을 지탱할 수 있을 것인가?

무엇을 먹을까, 무엇을 입을까 염려하지 마라

문명의 이기利器를 줄이고, 무기를 버리고, 비행기 같은 교통수단을 쓸 필요가 없는 삶을 건설하면 인간은 좀 더 안온하게 살 수 있다. 해가 뜨면 일하고 해가 지면 집에 돌아와 잠을 자며 일하는 고대 농경 사회 사람들처럼. 물론 인간에게는 먹는 것과 성생활에 대한 기본욕구가 있다. 다른 동물과 마찬가지다. 하지만 집단생활을 영위하면서 문명을 발전시키고 번성하는 와중에 비극의 씨도 함께 잉태했다. 문명은 인류를 행복하게 만들어주었지만 동시에 인류를 타락시켰다.

한 시대를 관통했던 문명이 끝날 때, 전환기가 찾아온다. 역사가 정반합의 원리대로 이루어진다는 점을 감안한다면 놀랄 일이 아니다. 진보를 추구하던 인간이 이제는 잠시 멈춰 서서 뒤를 돌아보라고 역설한다. 자연을 지배해야 한다고 소리치던 사회가 생태계를 걱정한다. 미래에 목숨을 걸었던 사람들이 과거를 돌아본다. 그러면서 삶의 원칙이 필요하다고 말한다.

처음부터 자연의 일부였던 인간은 생태적인 삶을 살 때 비로소 행복하다. 생태적 삶의 시작은 '지금 여기'에서 비롯되어야 한다. 무한도전과 무한경쟁으로부터 벗어나야 한다. 자본주의가 양산한 경쟁 이데올로기에 길들여진 상태에서는 자연도 나도 바로 볼 수 없다. 자본주의에 대항하는 길은 크게 두 가지가 있다. 하나는 자본으로 자본주의에 대항하는 것이다. 자동차를 타면서 자동차 문명과 싸우는 것이다. 다른 하나는 이데올로기 자체를 아예 인정하지 않는 것이다. 나는 후자를 원칙으로 삼고, 전자를 적절하게 사용한다.

자본과 돈이 중심이 되어 돌아가는 세상을 철저히 외면하고 무시하는 것보다 더 큰 도전은 없다. 어떤 제도나 사상에 대해 '그런 게 언제 있었나'는 듯 살아보라. 국가의 녹을 먹지 않겠다고 마음먹고, 의료보험이나 국가에서 만든 보험에 들지 않고 살아가겠다고 마음먹는 것은 제도와 타협하지 않겠다는 뜻이다. 국가가 우리의 일상을 지배하고 있는 사회에서 국가를 무시하고 살아간다는 것은 분명 쉽지 않은 일이다. 하지만 우리는 자본주의가 존재하지 않는 것처럼, 문명이 없었던 것처럼 그렇게 살 수 있다. 눈에 보이는 것만이 전부가 아님을, 보이지 않는 소중한 것을 보면서. 무엇을 먹을까, 무엇을 입을까 염려하지 않고 하늘의 뜻을 이루는 일에 골몰하면서.

같이 살아야 나도 살 수 있다

"세상은 죽기 아니면 살기인가. 원자벌판에 살아남아 있는 사람들을 향해 '원자폭탄에 죽지 않으려면 어떻게 해야 옳은가?' 하고 묻는다면 누구나 한결같이 이렇게 대답한다. '달아나야 한다'고. 어쨌든 달아나는 것이다. 모든 것을 다 내던지고 달아나는 것이다. 일이라든가 책임이라든가 의무라든가 의리라든가 인정이라든가 재산이라든가 그런 일체를 내어던지고 내 목숨 하나 살릴 것만 생각하고 멀리 달아나는 것밖에 살아남을 방법이 없다. 다친 벗이 '살려주시오' 하고 부르는 소리를 들어도 들은 체하지 않고 발을 붙잡은 그 벗의 손을 뿌리치고 달아난 우리들이다."

내과 의사였던 나가이 다까시는 나가사키에 떨어졌던 원자탄을 맞고 병상에서 몇 권의 책을 썼다. 그 중 『원자벌판의 소리』는 이웃을 위해 살려고 했지만 원자탄이 떨어지자 평소에 마음먹었던 것과 달리 행동했던 자신의 체험을 솔직하게 쓴 것이다.

전쟁을 겪어본 사람들은 누구나 알지만 내가 살려면 적을 죽이고 따돌리고 뿌리쳐야 한다. 굶주리면 남의 것을 훔치고 빼앗아서라도 먹어야 한다. 의리라든가 사랑, 희생은 쓸 데 없다. 그래서 지금 같은

사회가 이루어졌다. 이른바 '무한 경쟁의 사회', '전쟁을 치루는 일상'
이 된 것이다. 이런 사회에서 '같이 살아야 나도 살 수 있다'는 말은
허구에 불과하다.

정의로운 사회의 기본 원리는 같이 살아야 나도 살 수 있다는 것이
다. 절박한 상황에서 나무를 한 그루 심는다는 스피노자의 말도, 덴
마크의 나무심기 운동도, 여자 아이를 낳으면 오동나무를 심었던 조
상의 지혜도 그렇다. 나무를 심는 행위는 당장의 이익과는 거리가 멀
지만 후대와 나 아닌 다른 이들을 위한 행위이다.

"같이 살아야 나도 살 수 있다."는 생각은 생태적 삶의 근본이다. 지
금의 사회 구조에서는 다양한 개인을 인정하면서 다양한 개인이 협력
해야 삶을 이어갈 수 있다.

같이 살기 위해서는 세상과 거리를 두어야 한다. 세상 사람들이 편
리하고 소중하게 여기는 문명의 이기들을 포기하고 소박한 삶을 사는
것 말고 과연 어떤 방법이 문명의 폐해를 극복하고 생태적으로 살게
해줄까?

행복이 쾌락과 부, 안락이라고 여기며 사는 사람들과 되도록 거리
를 두라. 대신 자신이 옳다고 믿는 방식을 추구하라. 적극적으로, 가
능한 한 빨리.

칭찬이 사람을 망친다

잘못을 일깨워주는 사람은 고마운 사람이다. 그러나 우리는 불행하
게도 그런 사람에게 고마운 마음을 갖기보다 미워하는 마음을 먼저
갖는다. 존경과 칭찬에 길들여진 사람은 비판을 받아들이지 못 한다.

현대인은 대부분 비판에 약하다. 비판을 받는 순간 남보다 뛰어나고 싶은 욕망이 좌절되는 경험을 하는 탓이다.

요즘 교육은 훈계보다 '달래기'가 위주다. 상처를 주지 않는 게 좋은 것이라는 생각은 '좋은 게 좋다'의 다른 버전일 뿐이다. 칭찬이 약이라는 생각도 경계해야 한다. 칭찬이 난무하면 교만해지고 두려움이 없어지고 이기적이 된다. 자신에 대한 진지한 성찰을 뒤로 미루게 하고, 습관적으로 두려움을 피하게 만든다. 이렇게 자란 사람은 비판과 상처를 동일시하고 허약하고 의존적이 된다.

이들에겐 고의적인 소외가 징벌이다. 같이 식사를 하지 않고, 어울리지 않으면 칭찬과 존경에 익숙해진 이들은 수치스러움을 느낀다. 하지만 이미 나약해진 상태에서는 이것도 별로 효과가 없다. 경쟁에서 밀렸다는 생각, 나를 받아들이지 않는다는 절망에 빠져 우울증과 자살충동을 경험하게 된다. 이런 경우에는 약간의 칭찬이란 방편을 사용할 수는 있다. 하지만 칭찬이 만연한 교육은 진실한 교육이 아니다.

웃음과 칭찬, 격려에 익숙한 사회는 자본주의가 배태한 구조적 문제 즉 욕망의 충족을 학습시키는 교육만을 강조한다. 비뚤어진 문명의 구조적 학습인 셈이다. 화려한 지식과 문구를 내보이고 싶은 욕망을 양산하는 칭찬과 격려는 천박한 교육이다.

'개인의 행복?' 국가는 그런 것 몰라!

조직마다 고유의 원리가 있다. 어떤 조직이든 영속적이고 확대되길 바란다. 그래서 종종 고였다가 썩는다. 조직은 생로병사의 자연사적 과정을 따라야 오래 갈 수 있다. 자라서 나이들고 병에 걸리고 죽는 것을 당연하게 받아들여야 한다. 인간 사회의 최고 조직은 국가다. 국가에 반하는 인간은 말살되거나 박해를 받는다. 어떤 조직이든 영속적인 유지가 최대의 목적인 탓이다.

현대 국가의 존립은 석유문명에 근거한 기업과 명맥을 같이 한다. 위험한 줄 알면서도 끝없이 사업을 확대하는 기업에 힘을 실어주는 것도 그런 역학관계 때문이다. 국가는 또 국민을 지배하기 위해 세금을 거두고, 이것을 보조금의 형태로 지방공동체와 기업에 주면서 지배권을 강화한다. 세금뿐만 아니다. 건강보험 등 여러 가지로 자금을 운용하면서 거대국가 자본주의를 공고히 한다.

사람들은 흔히 국가가 뭔가 좋은 일을 해주리라고 기대한다. 하지만 사정은 전혀 다르다. 국가가 형성되어 온 역사만 봐도 알 수 있다. 국가는 좋은 일을 해주기보다 더 많이 잘못된 일을 저지른다. 아니 애초부터 '악의 축'으로 존재했는지도 모른다.

기업이 잘 되기만을 고대하는 국가가 국민을 위해 자연을 위해 뭔가 해줄 거라고 믿는 것은 어불성설이다. 열심히 세금을 거둬 개발에 사용하는 국가, 전쟁을 불사해서라도 석유를 얻어내는 국가, 생태계 오염을 알면서도 이를 묵인하고 공장건설을 허가하는 국가. 국민에게 국가는 그런 존재가 된 지 이미 오래되지 않았는가? 국가가 살면 개인이 죽고 생태계가 파괴된다. 참으로 아이러니한 일 아닌가?

노인에게 배운다

현대 사회에서 노인은 쓸모없는 존재로 취급된다. 특히 도시에서는 더욱 그렇다. 몸을 움직일 수 있는 할머니는 손자를 돌봐주는 가사도 우미가 되지만 할아버지는 가사를 도울 게 없다. 도시에 사는 노인들은 하릴없이 양로원을 기웃거리는 신세로 전락한다. 몸이라도 불편하면 고려장 당하지 않는 것을 고마워해야 한다. 그만큼 우리나라 노인들은 차가운 대접을 받는다.

도시에 사는 노인들은 대개 잉여 인력으로 취급된다. 생산 노동력이 없다고 판단하기 때문이다. 국가에서조차 고령화 사회를 두려워한다. 경제활동 인구를 청장년층으로만 한정했기 때문이다. 노인은 그저 부양되어야 할 인구, 돌보아야 할 인구, 사라져도 좋은 인구층이 되어 버렸다.

그러나 이것은 석유문명이 활발할 때의 이야기다. 만일 석유문명이 끝나면 우리는 노인들에게서 지혜를 배워야만 한다. 그들은 전쟁과 구황시기를 겪으면서 살아남는 지혜를 체득한 사람들이다. 시골에 가면 아직도 노인들의 생활 지혜를 엿볼 수 있다. 그들은 누구보다도 검박하다. 모든 것을 소중하게 다룬다. 아껴 쓰는 생활 자세가 몸에 배어 있다. 사과를 싸온 포장지 하나 함부로 버리는 법이 없다.

노끈을 모아서 광주리를 엮고, 음료수 페트병을 모아 균형추로 이용한다. 자신의 체형과 쓰임새에 맞게 농기구를 변형시키고, 자연에서 나오는 모든 것들을 살아가는 데 요긴하게 사용한다. 문명의 쓰레기도 마찬가지다. 오래된 냉장고는 작은 창고가 되고, 헌 책상은 밥상이 된다. 그들에게는 버릴 게 아무것도 없다.

노인들에게는 먹을거리를 모으는 지혜와 약방의 지혜가 살아 있다. 우리는 이제 노인들로부터 그 모든 살림의 지혜를 배워야 한다. 의식주를 직접 해결하려면 그들이 가진 기술을 전수받는 수밖에 없다. 그들이 다 돌아가시기 전에, 석유문명이 끝나기 전에 오래된 지혜를 살려내야 한다. 그리고 다시 복원해야 한다. 그렇지 않으면 잘못된 정보를 책으로만 배우게 될 것이다.

노인이 많은 마을로 가라. 여성은 방적과 살림을 배우고, 남성은 농기구와 농자재를 만드는 기술을 배우라. 무엇보다 세대가 함께 하는 가족, 세대차가 없는 가족의 삶을 다시 배우라. 지금 이 문명이 끝나면 아이들은 하늘을 두려워하게 되고, 노인들과 어우러지면서 서로 유익한 존재가 될 수 있는 세대차의 갈등이 없는 세상이 될 것이다. 좋은 일을 하고, 스스로 즐기면서 아름다운 물건들을 만드는 재미를 익히게 될 것이다. 새로운 문명이 시작되는 곳, 그곳은 노인들이 사는 곳이다.

가족의 탄생

과거 농경사회는 혈연이 되는 몇 세대가 가족을 이루고, 마을을 이루었다. 지금은 가족들이 도시로 흩어지고 고령의 부모들만 시골에 남아 있다. 새로운 사회는 도시에서 시골로 인구가 분산되면서 형성된다. 70년대처럼 거대한 이농의 물결이 일지는 않겠지만 이제 역으로 도시 사람들이 문명의 위기를 절감하고 시골로 향할 것이다. 우리는 다시 농경사회로, 자급하던 생활방식으로 돌아갈 수 있을까?

석유가 생활의 기반이 되었던 현대사회는 농부가 필요 없는 사회다. 식물공장을 운영하는 공장주와 기술자만 필요한 사회다. 하지만 다가올 자연의 재앙, 문명의 재앙을 목전에 두고 우리는 다시 농부로 돌아갈 준비를 하고 있다.

자신의 생각을 집단에 맞추려는 충동은 사람 됨됨이가 비열하고 천박하기 때문에 생겨난다. 흔히 사람들은 요즘 젊은 세대에 대해 '이 기적'이라고 비난한다. 하지만 나는 그렇게 생각하지 않는다. 그들은 집단에서 필요한 일이 자신의 생각과 일치하면 기꺼이 자신의 자유를 희생한다. 반면 권위적 발상에는 동조하지도 협력하지도 않는다. "모난 돌이 정 맞는다."는 과거의 속담은 집단을 따라야 한다는 협박에 다름 아니었다.

지금의 세대는 개인이 존중받는 세대이다. 그래서 개인이 결합하여 필요에 따라 새로운 가족을 형성할 여지도 많아졌다. 예전처럼 혈연에 얽매이지 않는다. 그들은 기꺼이 새로운 가족을 맞을 준비가 되어 있다. 도시에서 살았던 경험, 도시에서 홀로 배회한 경험, 이혼과 재혼이 빈번한 자본주의 사회 구조를 몸소 체험했기 때문이다.

이미 타향이 되어버린, 고향 아닌 고향에서 살아가는 우리는 이제 개인과 개인이 만든 가족, 그들이 일군 마을에서 서로 기대면서 살아야 한다. 현대적 의미의 가족은 이렇게 탄생한다.

자연에 종속되라

세상이 어지러우면 말세론이 고개를 든다. 종말론이 기승을 부린다. 지금이 그런 순간이다. 잦은 재앙과 더불어 인간의 과학기술이 만들어낸 원자력 방사능 유출 사고, 생명을 천하게 다룸으로써 발생한 감염 바이러스, 석유독점 분쟁에서 야기된 처참하고 반근대적인 전쟁등, 어쩌면 인류는 정말 말세를 맞고 있는지도 모른다.

이 모든 것은 독점적 인간, 탐욕적 인간이 문명을 장악한 탓에 벌어진 일이다. 지진과 쓰나미 같은 자연의 반란은 인간의 욕심을 채우기 위한 반생태적 행위에 대한 자연의 경고이다. 사리사욕을 채우고, 오직 인간 중심의 사고만을 역설했던 문명사회는 다수의 절명과 자연 질서의 파괴를 초래했다. 인간이 죽고 자연도 죽어간다. 그러나 자연의 정화력은 여전히 유효하다.

병든 세상은 죽어야 한다. 병든 세상이 죽어야 새로운 세상이 살아나니까. 겸허하게 이 모든 현상을 받아들이고 문명의 이기를 거부하는 삶을 찾아야 한다. 살기 위해서 선택해야 하는 단 하나의 길이다. 만일 우리가 서둘러 전환을 모색하고 대안을 찾지 않는다면 우리의 찬란한 문명은 사라질 것이다. 고대문명이 저 사막 속으로 사라진 것처럼.

자연은 자연이기를 포기하지 않는다. 포기는 자연의 속성이 아니다. 인간이 처음부터 끝까지 자연에 종속된 존재임을 자각할 때 자연은 생명을 보듬고 다시 잉태하고 살려낼 것이다. 평화로운 세상을 만들고 싶은가? 그렇다면 자연에 종속되라. 자연의 힘을 빌어 최소한의 욕심만 만족시키면서 살아라. 인위적인 것, 파괴적인 것, 단절적인 것에 의존하지 말고, 자연적인 것, 생산적인 것, 영속적인 것을 추구하는 삶을 살아라. 자연과 하나가 될 때 인간은 모든 것을 버릴 수 있다.

교류를 거부하는 자급자족 마을

지역화는 세계화에 대항하는 개념이다. 현재의 체제는 물질과 에너지, 수송에 드는 엄청난 비용을 요구한다. 필연적으로 파괴와 생명 단절을 낳는다. 1인당 에너지 소비가 수십 배 증가한 상황에서 인간은 욕구를 채우기 위해 더 많은 소비를 촉진한다. 그러나 자원은 곧 고갈

될 것이다. 그리고 그 끝은 문명의 종말이다.

가장 중요한 것은 자본주의 문명 궤도에서 이탈하고자 할 때 대안을 찾는 일이다. 이 점에서 나는 사회민주주의나 사회주의적 복지국가를 외치는 이데올로기가 큰 적수라고 생각한다. 이들은 생태개량주의자들이다. 식량이나 옷, 주택이나 건강 문제, 학교와 같은 기본적 필요를 채워줄 생산이 가능하려면 일정 규모 이상의 사람들이 모여야한다. 무엇보다도 적극적이고 민감한 개인들이 있어야 한다. 이들이선도자가 되어 작은 땅이라도 확보하고, 자급을 위한 농사를 시작하고, 모여 살 건물을 지어야 한다. 생활필수품을 대부분 자급자족해야한다.

물론 교환을 위한 얼마간의 잉여분은 필요하다. 하지만 원칙적으로자급자족체제부터 갖추어야 한다. 자급하는 공동체들은 너무 긴밀하게 연결되어서는 안 된다. 교류가 일어나는 순간 더 많은 에너지가 필요하게 되고, 다시금 문명의 시대로 돌아갈 테니까.

스스로 식량을 생산하고, 집을 짓고, 정신과 육체를 재생산하라. 필요로 하는 모든 것을 가능한 한 자신의 노동으로 생산하라. 이 체제로부터 해방된 생활을 만드는 일이다. 그러기 위해서는 땅이 필요하다. 자연의 생산이 목적이 아닌 나의 삶을 위해서.

다시, 생명을 노래하다

기원을 찾아서

인간은 태어나고 자라면서 수시로 '자아'를 발견한다.

"나는 어디서 와서 어디로 가는 걸까?"

"나는 왜 이 세상에 태어났는가?"

"나는 누구인가?"

"나는 어떻게 살아야 하나?"

"가족과 나는 어떤 관계인가?"

"나는 왜 결혼을 해야 하나?"

청소년 시절을 거쳐 중년에 이르기까지, 심지어 노년에 이르러서도 '나'에 대한 질문을 끝이 없다. '나'의 세상살이는 이런 질문과 함께 시작되고, '나'에 대한 성찰은 계속된다. '나'에 대한 고민은 '나'와 관계를 맺고 있는 모든 것과의 대응관계에서 이루어진다.

궁극적으로 어떻게 살아야 하는지, 나에게 소중한 가치는 무엇인지를 스스로 묻고 확인하는 과정을 거친다. 이는 '생명'에 대한 의문을 포괄한다. '나'의 생명은 부모의 뱃속에서 나와서 궁극적으로 흙으로 돌아간다. 이렇게 인정하면서도 생명의 근원에 대한 의문은 여전히 사라지지 않는다. 깊게 파고들수록 더욱 불확실해질 따름이다. 존재에 대한 불안과 생명에 대한 두려움에서 종교에 의탁하기도 하지만, 삶에 대한 의문은 쉽게 해결되지 않는다.

인류의 조상이 유인원이라는 설에서부터 생명은 물에서 시작했다는 설에 이르기까지 우리는 생명의 기원에 대한 무수한 '설'을 들으면서 자란다.

나는 기독교에서 가장 대중적인 생명의 기원을 접했다. 바로 '창세기'를 읽으면서다. 기독교 사상은 오늘날의 서양 사상의 근간을 이룬다. 유럽과 아메리카로 대변되는 백인 중심의 사상이기도 하다. 그러나 이제는 전 세계로 전파되어 가장 영향력 있는 종교가 되었다. 성경은 생명의 근원을 "태초에 말씀이 있었다."는 말로 설명한다. 말로 생명을 창조했다는 점에서 기독교를 현대의 문명의 시원이라고 보는 사람도 많다.

성경에서 하느님은 여섯 날 동안 창조를 한다. 여기에 최초의 어둠에서 빛을 만들고 '생명'을 빚기 시작했다는 입장이 들어간다. '진리는 나의 빛, 생명은 나의 빛'이라는 말은 초기 기독교 사상의 핵심이다. '빛'은 하늘과 땅을 가르고, 식물을 자라게 한다. 빛이 없으면 인류는 살 수 없다. 빛이 생명의 시작이라면, 빛을 보지 못 하는 지하의 것들은 생명에서 제외된다는 뜻이 된다. 하지만 성경은 세상을 지배한 것은 태초에는 어둠이었다고 말하면서 신이 어둠에서 빛을 만들었다고 말한다. 어둠을 생명 이전의 모습으로 간주하는 것인지도 모른다.

우주도 무궁하고 자아도 무궁하다

　동양사상은 빛이 아닌 '어둠'을 생명의 기원으로 본다. 특히 우리나라의 동학사상은 생명의 기원을 성경에서처럼 창조의 순서대로 열거하지 않고 '과정에 대한 사유방식'을 강조한다.

　동학은 '그러한 것[其然]'과 '그렇지 아니한 것[不然]'의 이치를 밝힌다. 우주 만물과 모든 현상은 두 개의 상반된 원리의 연쇄 작용에 의해 이루어졌다고 보면서, 옛날 사람들은 이 두 개의 상반된 이치를 잘못 깨달아서 사물을 관찰하는 데 실패했다고 보았다. 이것이 바로 '불연기연不然其然'사상이다. 이론적으로 진리를 탐구하거나 사물을 관찰하는 데 있어서 현상 그대로를 보지 말고 그 현상이 나타나게 된 동기를 살펴 온전한 원리를 발견하라는 가르침이다.

　'나'와 생명에 대한 기원을 찾아 거슬러 올라가면 과학적으로 선명하지 않은 여러 가지 사실에 부딪힌다. 우주의 기원과 생명의 기원 등 알 수 없는 문제가 한두 가지가 아니다. 육안肉眼의 한계가 나타나고, 심안心眼과 영안靈眼을 동원하지 않고서는 알 수 없는 문제들이다.

　수운은 이를 '불연'이라고 한다. 원인에 대한 경험적 추론이 기연이라면, 궁극적 원인에 대한 철학적 논구는 불연이다. 그러나 감각의 육안으로 알 수 없다고 생각했던 것도 바로 가까이 있는 감각적 세계를 통해서 알 수 있다고 역설한다. 불연이 일상 감각적인 데서 멀리 떨어져 있는 것 같지만 차원만 다를 뿐 결국 불연 속에 기연이, 기연 속에 불연이 있다고 보았다.

　수운은 사계절이 갈마들고 산 위에 물이 있고, 제비가 강남 갔다 다시 주인을 찾아오는 주변의 모든 일들 속에 불연의 신비가 들어 있다고 보았다. 그래서 이들의 상호관계는 결코 분리되어 있는 게 아니라 상호 교류하고 상통한다는 것이다. 따라서 불연기연을 상태가 아닌 작용의 성질로 파악한다. 수운은 "무궁한 그 이치를 불연기연 살펴내니, 무궁한 이 울 속에 무궁한 나 아닌가?"라고 했다.

불연기연의 궁극적 목적은 무궁한 우주 속에서 무궁한 자아를 발견하는 것이다. 우주도 무궁하고 자아도 무궁하다. 유한하지만 한계가 없다는 것이다. 이것이 바로 수운이 도달한 결론이다. 유한하지만 한계가 없다는 논리는 필연적으로 '인내천人乃天'을 요구한다.

수운은 심안과 영안이 있다 하더라도 어디까지나 그것은 감각의 눈을 떠날 수 없다고 본다. 차원이 다를 뿐 고차원의 세계도 우리의 눈을 돌리기만 하면 육안으로 볼 수 있는 것이라면서.

해월 최시형은 불연의 세계에 둘러싸인 기연을 물속의 고기에 비유했다. 해월은 「천지이기」에서 "사람은 능히 양수를 보고 음수는 보지 못하느니라. 사람이 음수 속에서 사는 것이 고기가 양수 속에서 사는 것과 같으니라. 사람은 음수를 보지 못하고 고기는 양수를 보지 못하느니라."고 말했다.

사람이 음수 안에서 살면서 이를 보지 못하는 것은 경험적·감각적 지성으로는 알 수 없기 때문이다. 음수는 초의식과 직관을 통하여 볼 수 있을 뿐이다. 그러므로 그는 "크게 깨달아서 확실히 통한 연후라야 현묘한 이치를 능히 알 수가 있다."고 말한다. 이처럼 불연은 기연을 근본적으로 규정하는 힘 또는 원인이다. 불연은 포말적 현상들의 심연에 존재하는 보이지 않는 힘이라 할 수 있다.

동학에서는 우주의 본체를 '지기至氣'라고 한다. '성리학'에서는 우주의 정신적 본체를 '이理'라 하고 물질적 본체를 '기氣'라고 보았다. 그러나 동학·천도교의 지기론至氣論은 이기이원론理氣二元論을 극복한 새로운 우주관을 보여준다. 동학에서의 '지기至氣'는 물질적 본체일 뿐 아니라 영적靈的, 정신적 본체로서의 의미를 포함한 우주의 궁극적 본질이다. 신령한 기화氣化의 지기로서 한울님의 신령神靈한 기운을 의미하며, 모든 창조와 나아가 진화의 근원으로서 우주 만유와 사람에게 접령접기接靈接氣하는 기화의 신神이다. 지기는 '지화지기지어지성至化至氣至於至聖'이라고 한 점에서 우주 만유의 생성 진화 과정에 무기물-유기물-생물-인간-초인간(성인)에 이르는 모든 진화의 근원이다.

지기는 우주 만유에 접하고, 사람에게 강림降臨하여 접령接靈하는 기운으로서 한울님과 표리적인 관계를 가진다. 지기의 기화지신氣化之神이 내 몸에 강림한다는 것은 한울님의 영이 나에게 감응하여 시천주侍天主의 경지에 들어가 성인에까지 이르는 것을 말한다. 이 점에서 한울님과 지기는 이위일체라고 할 수 있다. 동학·천도교의 우주관은 이기이원론理氣二元論의 수용·극복은 물론 초월적 유일신에 의하여 우주 만물이 화생하였다는 창조론을 수용·극복하고, 나아가 진화론과 그리고 모든 것을 한울님의 조화로 보고 조화는 곧 무위이화라고 하여, 도교적 무위사상까지도 수용하고 있다고 볼 수 있다.

생명을 구성하는 원소들

영국의 생물학자이자 유전학자인 헉슬리는 생명의 진화에 필요한 일차적인 요소로 '수소·탄소·산소·질소'를 찾아낸다. 인간의 신체를 구성하는 원소와 같다. 현대의 화학적 분석은 원소주기율표에 있는 칼슘·인을 포함한 100개 이상의 원소들 가운데 이 네 개가 사람 몸에서 발견된 원자들의 95% 이상을 차지한다고 말한다.

어느 과학자는 체중 60Kg의 남성 신체를 분석한 결과 몸이 비누 7개분의 지방, 연필 9천 개분의 탄소, 성냥머리 2천2백 개분의 인, 설사약 1회 복용분의 마그네슘, 우동 한 그릇 분의 석회, 1되 병의 물로 되어 있었다고 밝혔다.

스위스의 화학자 피터 이든은 남성의 신체를 구성하는 물질을 돈으로 환산하면 6백만 불 정도라고 말한다. 인간의 신체를 만드는 데 들어간 액수가 아니라 현상계에서 분리된 물질을 구입하여 구성할 때의 추정치다. 여성 신체는 호르몬 계통이 남성보다 복잡하다고 한다. 호르몬을 인공적으로 만든다면 1g에 2천만 달러나 든다고 하니, 화학적 분리에 의한 인간의 신체는 특별한 게 없는 모양이다. 지구상 어느 곳에나 있고 우주에서 흔히 볼 수 있는 물질로 만들어졌으니까.

생물계와 무생물계, 생명과 물질은 서로 이어져 있다. 구별할 수 없다. 고대의 점성술은 생명을 이루는 4대 원소를 불·땅·바람·물[火地風水]로 나누었고 이를 12황도와 일치시켰다. 지구가 태양에서 떨어져 나와서 불덩이 상태였던 것을 의미하는 화火, 태양에서 떨어져 나온 불덩이가 식어서 지구를 이루었고 지구는 흙으로 이루어져 있다고 하는 지地, 지구가 식어서 가스가 공중으로 올라오면 공기가 된다는 풍風, 생명은 바다로부터 오는데 물이 생기는 것은 비가 생기게 됨으로써 생명이 존재하는 터전을 가지게 된다는 수水이다.

이 논리는 인간의 신체에도 적용되었다. 그래서 동양의학에서는 간장은 나무[木], 심장은 불[火], 비장은 흙[土], 폐는 쇠[金], 신장은 물[水]로 구성된다고 보고 이는 신체 구조만이 아니라 성격과 기질, 체질에도 영향을 미친다고 본다.

내 몸은 우주를 닮았다

살아 있는 유기체의 기본 구성과 전체로서의 우주의 기본 구성 사이엔 유사성이 있다. 우주의 별과 성간 먼지에 대한 분광 측정 결과로 헉슬리는 네 원소들이 우주의 상위 5위 안에 자리 잡고 있으며, 그 중에서 우주 안에 모든 물질의 90% 이상과 사람 몸에 있는 원자들의 60% 이상이 수소로 이루어졌음을 발견했다.

수소는 150억 년 전 '빅뱅'이라는 격렬한 폭발을 통해 형성되었다. 수소 이외에 모든 원소들은 좀 더 시간이 흘러 불타는 별들의 핵융합 반응에 의해 주조된 것들이다. 1983년 윌리엄 포울러가 원소들의 기원에 관한 연구로 노벨상을 수상한 자리에서 "우리 모두는 참으로 말 그대로 한 줌의 우주먼지다."라고 말한 것은 이런 이유에서다.

우주에서 볼 때 지구는 생명의 기본 원소들을 갖춘 유일한 곳이 아니다. 지구는 태양으로부터 자신보다 더 먼 거리에 있는 이웃 행성들보다 수소·탄소·산소·질소를 상대적으로 덜 갖고 있다. 그럼에도 인간을 비롯한 생물계의 공동 거주자들이 지구에 존재한다는 사실은 생물권이 형성될 만큼 충분한 생명 필수 원소들이 지구에 있다는 증거이다.

그렇다면 다른 행성에서 생명 필수 원소들이 발생하지 않았던 까닭은 무엇일까? 그것은 이 원소들이 지화학적인 측면에서 생화학적 측면으로의 진화를 촉진시켰던 특정 분자들로 결합되었기 때문이라고 한다. 지구상의 생명 형성에 필수적이었던 세 가지 단 분자들은 물(수소+산소), 탄산(탄소+수소+산소), 암모니아(질소+수소)이다. 이 세 분자들은 중요한 역할을 하는데, 특히 이들 가운데 하나인 물이 풍부했다는 점이 바로 푸른 행성 지구의 가장 독특한 점이다.

생물의 화학적 구조는 물에서 발생한다. 생명에 필수적인 다른 많은 화합물들은 물이 있어야만 쓸모가 있다. 각종 화합물의 역할은 바로 물에 용해되는지의 여부와 자신들의 전기화학적인 속성에 물이 미치는 작용이 무엇인가에 의해 결정된다. 물은 지구상 거의 모든 지역에서 발견된다. 유기체들로 구성된 무성한 미시군집들이 점토와 다공질 암석에 들러붙어 있는 얇은 수막에서도 행복하게 헤엄치고 있는 모습을 자주 본다.

우리의 행성에 생명이 출현하기에 앞서 수많은 주요 유기화합물들(탄소와 수소를 모두 포함한 화합물들)이 최초로 합성되었던 곳은 바로 물속을 비롯해 물을 흠뻑 머금은 토양과 퇴적층이었다. 아미노산 뉴클레오티드, 그리고 지방질 같은 유기화합물들은 지구 최초의 단백질, 유전자, 그리고 세포막 각각에 필수적인 구성단위들이었다.

이 구성단위들의 합성은 오직 자연의 기본 열역학적 법칙이 화학반응에 순응했을 경우나 장벽을 극복할 만큼 에너지가 제공되었을 경우에만 저절로 일어났을 것이다. 공을 밀어 올릴 만한 에너지를 제공하지 않으면 그 공이 오르막 운동보다 내리막 운동을 하려는 경향이 있는 것과 마찬가지다. "생명을 향해 뻗어 있는 경로는 어떤 경우이든 반드시 내리막 방향이어야만 했다."와 상통하는 논리다.

생명은 저절로 생기지 않는다. 생체 분자들과 그 분자들 사이의 상호 작용은 고도로 조직적이어서 엔트로피, 즉 무질서를 향한 기본 열역학적 경향을 거스른다. 살아 있는 유기체들은 외부의 에너지를 거두기 위한 메커니즘(광합성)을 발전시킴으로서 엔트로피와의 전투를 치른다. 그 에너지를 이용하여 오르막 운동을 하고, 그 결과 열역학적으로 거스른 반응을 이끈다. 유기체가 죽으면 이 능력을 잃게 되고,

결국 엔트로피가 승기를 잡아 분해 대사를 통해 복잡한 생체분자들이 기본 성분들로 쪼개진다.

필요한 에너지를 다스릴 수 있는 살아 있는 유기체가 존재하기도 전에 열역학적으로 순응하지 않는 합성을 하는 생명의 기본 단위들은 과연 어떻게 출현했을까?

어둠 속의 먹이사슬

생명의 기원에 관한 연구를 통해 지표 아래 수백 미터 깊이에서, 즉 온도와 압력이 극도로 높은데다가 산소도 빛도 전혀 없는 그런 곳에 미생물이 군집한다는 사실을 발견했다.

호극성 생물들은 암석과 점토 내부에서 물을 취한다. 어떤 것들은 이산화탄소에서 직접 탄소를 섭취하고, 에너지는 태양이나 고대에 매장된 식물을 소비해서 얻는 것이 아니라 수소 가스나 암석 기질 내부에서 발견되는 무기 화학 성분들로부터 얻는다. 이는 모든 생명이 태양 에너지에 의존한다는 주장에 맞서는 것이다.

어둠의 먹이사슬에 기초한 미생물 유기체들, 즉 괴상한 물질대사를 하는 이 유기체들은 아마 지구 최초 생명체들의 직계 후손일지도 모른다. 남아프리카 동부 드리폰테인 금광에서 토양생물학자들은 3킬로미터 깊이에 있는 고온다습한 암석 내부에서 미생물들을 발견했다. 섭씨 70도에서 살아남은 호열성 세균은 최근 이론적 최대 한계치로 섭씨 150도에서도 살 수 있다는 가설까지 등장했다.

만약 생명이 뜨거운 지표 아래서 발원했다면 우리는 식어가는 온도에 적응했다는 뜻이다. 원시 세균은 섭씨 113도에서도 성장할 수 있고, 121도 압력솥 안에서도 한 시간을 버틸 수 있는 것으로 보고되었다. 그래서 최초의 생명은 호열 혐기성 생물이라고 본다.

약 28억 년 전에 시작된 광합성 유기체들의 확산은 광합성 작용의 부산물인 대기 중 산소의 비율이 급격히 상승하는 결과를 낳았다. 사실 산소를 좋아하든 싫어하든 모든 유기체들은 호흡을 할 수 있다. 호흡하는 과정에서 방출된 에너지는 모두 생명 활동에 쓰인다.

부족하기는 하지만 생명에 필수적인 원소의 하나인 질소를 찾아내는 것보다 더 모진 투쟁은 없었다. 지구상에 있는 모든 살아 있는 세포는 질소를 필요로 한다. 원시에는 콩과류가 많았다. 탄소·산소·수소와 함께 질소는 아주 중요한 생명의 재료이다. 살아 있는 유기체들 안에 있는 질소의 대부분은 단백질을 비롯해 우리 유전자의 기초적인 구성단위인 아미노산과 핵산의 형태로 되어 있다. 이것은 지구상의 생명체 발생에 아주 핵심적인 역할을 했다.

단백질 기반의 효소들은 기본적인 생화학 반응을 촉매하며, 우리의 DNA와 RNA의 핵산 서열들은 단백질 합성을 명령하여 자기 복제와 진화를 위한 수단을 제공한다. 특정 원소가 부족해질수록 그 원소를 얻어가는 도상에서 새로운 변이를 가진 유기체들이 성공적으로 살아남아 후손에게 그 능력을 물려주게 될 것이다. 그렇지 않으면 우리는 훨씬 오래 전에 멸종되었을 것이다.

지하에 살고 있는 생명은 유기체들 사이의 협력에 기반을 두는 경우가 흔하다. 비록 유전자와 개체의 활동 양식이 이기적이긴 하지만 자연은 종들 사이의 협력 작용이 서로에게 유익한 결과를 이끌어내는 복잡한 공생관계들을 수없이 진화시키지 않았는가?

질소는 아주 특별한 자원이다

질소가 희귀한 자원이라는 사실은 자연이 가진 아이러니 중의 하나다. 1m^3의 78%가 질소 가스로 이루어졌다. 우리가 숨을 쉴 때 빨아들여 폐의 공기를 채우는 것도 대부분 질소다. 그러나 질소는 흡수되지 않는다.

지구상의 질소 99% 이상은 대기 안에 가스로 존재한다. 그 외 토양이나 바다, 그리고 살아 있는 것들에게서 발견되는 모든 질소가 나머지 1%를 이룬다. 대부분의 미생물을 비롯한 지구상의 생명체들은 '질소고정자'라고 불리는 특별한 세균에게 의존하고 있다. 이들은 질소가스를 나머지 생물체들이 사용할 수 있는 형태로 전환해준다. 이것이 바로 생명의 역사에서 초석이 되는 '질소고정작용'과 '탄소고정작용(광합성 작용)'이다.

많은 사람들이 30억 년 전쯤에 제일 먼저 광합성 작용이 진화했고, 그 다음 10억 년 후에 질소고정작용이 진화했을 거라고 믿는다. 이 두 가지 생물학적 과정이 지구의 생명 부양 능력을 엄청나게 증가시켰다고 한다.

질소고정작용은 세균(박테리아)을 통해 식물에게 질소를 제공하는 대가로 광합성작용의 산물인 탄소와 에너지 풍부한 당분을 얻는다. 토양미생물의 질소고정과 식물들의 탄소고정의 공생은 육상에서 생명에 필요한 질소를 충족시키는 데 아주 필수적이다. 농사를 지을 때 콩으로 돌려짓기를 하는 이유와 같다.

지구적인 규모로 볼 때 탈질소생물들은 다량의 질소를 토양에서부터 대기 중으로 되돌린다. 질소고정 생물들이 벌이는 모든 고된 작업을 무색하게 한다. 농사를 지을 때 다량 수확을 하기 어려운 것도 이런 이유 때문이다. 이에 합성 질소 비료를 고정해낸 프리츠 하버에 의해 농경 체계에서 질소 비료를 90% 소비하여 전 세계 전체 1/3 정도를 먹여 살리는 것으로 식량 생산에 기여하게 되었다.

하지만 우리는 심각한 방식으로 질소 순환에 개입하고 있다. 비록 배고픈 세계를 먹여 살리는 데 기여했지만, 동시에 토양과 대기 물질에 질소 오염물질이 과도하게 쌓였기 때문이다. 순환 체계의 미비로 인해 화학 비료는 1/3 정도 식물에 섭취되고 나머지 질소는 질산염의 형태로 지하수 강 하구, 그리고 바다로 누출된다.

식용수의 질산염 농도가 높으면 사람에게 유독하다. 질산염은 먹이 사슬 균형을 깨뜨리고 부영양화라 불리는 현상을 야기한다. 수생 미생물들이 번성하도록 질산염을 자극하는데 물길을 막히게 하고 투명도를 떨어뜨리며 수중에 있는 대부분의 산소를 고갈시켜 다른 생물 종들이 살아갈 수 없게 만든다. 이런 질소 유입은 순환 주기를 점점 더 빨라지게 하는데, 순환이 이루어질 때 이동되는 질소 양이 점점 많아질수록 더 많은 질소가 누출된다.

요즘은 아산화질소라고 알려진 기체 형태의 질소 누출에 대해 걱정이 많다. 성층권의 오존층에 타격을 입힐 수 있고, 산성비를 내리게 하며, 무엇보다도 매우 유력한 온실가스로 이산화탄소보다 300배나 더 강력하기 때문이다.

육식의 종말은 콩을 요구한다. 콩은 토양의 질소고정화를 통해 돌려짓기 등을 통해 식물들이 자라게 해주며 토양을 질소원이 풍부하게 만든다. 구제역 발생이나 AI 등의 바이러스를 통해 종말을 고하는 것은 자연의 거대한 운명적 순환 체계에서 필연적 발생을 유도한 것이 아닐까?

영원히 재조직되는 지구

수십억 년 동안의 광대한 진화의 길을 따라가다 보면 인류가 경험하고 기록해온 역사적 시간이 얼마나 빈약하고 협소했는지를 깨닫게 된다. 오랜 화석과 별들의 느린 움직임에 새겨진 흔적을 읽으면서 시간을 '단선적인 것이 아니라 창공에 떠 있는 공간적인 것'으로 바라보게 된다. '시간의 창공'이 펼쳐지면서 '자연스러운 것은 어떻게 자연스럽게' 되었는지, '죽음'은 어떻게 '생명의 탄생'을 위해 진화의 자리에 들어왔는지 의문을 갖게 된다.

인간은 두 가지 방식으로 자연을 바라본다. 원시적인 과거에서도, 현대의 원시부족들 사이에서도 이 사실을 관찰할 수 있다. 인간은 가시적 자연과 비가시적 자연 모두에 대한 믿음을 갖고 있다. 실용주의자이면서 신비론자인 탓이다. 원시의 인간은 미신에 사로잡혀 있었지만 그와 동시에 과학자이자 기술자이기도 했다. 경험적으로 관찰하면서 도구를 만들었으니까.

인간을 흔히 '소우주'라고 한다. 지구를 순환과 물질대사를 하며 유기체적 세계와 교류하는 또 하나의 살아 있는 유기체로 보는 것처럼 인간의 순환체계 역시 우주에서 벌어지는 것을 축소해서 재연하거나 영향을 받았다고 보기 때문이다. 기독교 사상에서 말하는 천지창조, 에덴동산, 대홍수 같은 이야기들도 신비적이고 초자연적인 방식으로 전해지고 이제까지 맥을 이어간다. 자연계시록은 마치 경험을 통한 예언과도 같다.

지질학자들은 단절, 불연속점, 심지어 동물군의 갑작스런 변화도 모두 전 세계적인 혼란의 결과로 받아들인다. 허튼 이후 지구 역사에 관한 지질학적 지식이 증가하여 무언가 거대하고 초자연적인, 알 수 없는 힘들이 작용하고 있다는 것을 암시했다. 이는 한 시대에서 다른 시대로 가는 문을 닫은 결과이다.

지질학자 허튼은 산의 개울이나 봄에 불어난 큰 물길로 인해 흙더미가 밀려들어가 낮은 계곡을 이룬 모습을 보았고, 바람이 고권지대의 돌들을 마멸시키는 모습을 관찰했다. 그는 바다에서 육지로 다시 육지에서 바다로 끊임없이 물이 흐른다는 사실을 알고 있었다. 나뭇잎 하나가 떨어지면 그것이 어디로 갈지 생각했다. 나뭇잎 하나는 무수한 가을 동안 왔다가 사라지는 수만 개의 나뭇잎으로 불어난다.

자연은 움직임이면서 살아간다. 시간의 오랜 가로지름 속에서 운명적으로 그렇게 살도록 되어 있다. 허튼은 또 땅은 사라져가는 중에도 새로이 만들어지고, 대륙은 침식뿐만 아니라 융기도 되었다고 말한다.

자연에서는 격렬한 운동과 함께 가끔씩 대규모 격변이 발생한다. 마치 유럽 빙하기처럼. 그러나 자연은 자기 균형적이다. 요즘의 지진은 지각 변동의 암시이고, 화산은 안전벨트로서 작용한다.

유기체들은 스스로 진화하고 형성되지만, 기계는 그렇지 못하다. 생명이 기계보다 월등한 존재라는 것은 이런 사실에서 입증된다.

우리가 지질학적 순환을 인식하고, 현재에 작용하는 힘들을 이해한다면 과거의 신비를 풀 수 있을 것이다. 한결같은 발전의 통일성을 지닌 자연에 제약을 가하지 말아야 함을 명심하면서.

생명체는 역사에 바탕을 둔다

역사를 바라보는 눈 없이는 식물이나 동물에 나타나는 변화의 조짐을 인식하지 못 한다. 새로운 종을 키우는 '육종'은 초기 형태의 진화론이라 할 만한 이론을 강력하게 뒷받침한다. 자연선택을 연구하는 과학자는 육종을 하다가 너무도 동떨어진 종이 상당수 있는 것을 보고 변화를 낳는 인간의 힘에 한계를 둘 수 없다고 고백했다.

종이라 일컬어지는 많은 것들이 실제 같은 혈통에서 나오지 않았을까 하는 추리를 벗어나는 건 아주 간단한 일이다. 허튼은 바위에서 시간의 흐름을 읽어냈고, 지구가 간직한 엄청난 힘을 믿었다.

격변론이 대중적 인기를 얻는 것은 과학과 오래된 신앙 사이의 타협점이다. 고대 해변 위에 사람 손 모양의 자국을 남긴 한 파충류는 인간의 출현을 암시하며, 두 발로 다니는 공룡이 내디딘 걸음의 폭은 마침내 두 발로 걷는 인간의 출현을 예고한다.

과거의 세계에 현재 살아 있는 생명체들 사이에서 발견되지 않는 식물과 동물이 있었다는 사실도 밝혀졌다. 마치 고대 동물들은 인간을 향한 계통 발생적 전조로서 존재하는 것처럼 보인다.

시간에는 끝이 없다. 과거의 물방울과 햇볕은 과거나 현재나 모두 존재한다. 실재하는 것은 실마리일 뿐이고, 그 실마리는 곧 생명이다. 새 중에서 노래하는 파충류의 모습을 보고, 아이가 진흙을 헤치며 걷는 데서 습지를 좋아하는 고대 양서류의 흔적을 본다. 생명체가 하지 않는 단 하나의 일은 과거를 데려오지 않는다는 것뿐이다.

생명 없는 물질과 달리 생명체는 역사에 근거를 둔다. 생명체는 단하나의 기원을 지녔고 시간의 차원 속에서 아주 독특한 방식으로 여행을 해왔다. 생명체가 한 거대한 죽음의 장면에서 다른 장면으로 추상적으로 도약한다는 생각은 환상이다. 어떤 종이 사라질 때 그 종의 죽음이 부정기적이듯이 여기저기 규칙 없이 삐죽삐죽 생겨나는 다른 종들이 그 자리를 채우기 때문이다.

죽음을 이해함으로써 인간은 또 다른 비밀을 감지한다. 창조는 보이든 보이지 않든, 현재의 단조로운 세상에서 바로 지금, 우리 주변 곳곳에서 일어나고 있다. 하루에도 수천 개 씩 세포가 죽고 살아나는 인간의 피부처럼.

시간은 천천히 흐르고 생명은 끊임없이 움직인다. 인간이 물고기처럼 수영하는 모습에서 우리는 물고기의 전조를 본다. 뼛속에 있는 석회와 핏속에 있는 염분은 신성한 장인이 만든 것이 아니라 바다에서 물려받은 유산이다.

인간이 지상에서 산다는 것은 곧 계속해서 변화해 간다는 뜻이다. 그리고 완전해진다는 것을 의미한다. 사람의 초기 역사가 발견된 곳은 주로 열대와 아열대 지방의 거대한 충적토 계곡이었다.

물질과 유기체의 증거를 바탕으로 볼 때, 현재의 자연 질서는 분명히 아주 먼 인도에서 시작되었을 것이다. 인도는 인간이 존재하기 위해 필요한 모든 조건을 갖추고 있다. 자갈·모래·진흙이 각각의 층을 이루지 않고 섞여 있었던 흔적이 전혀 없지 않은가? 동양에서 말하는 동물의 12간지 역시 어쩌면 진화론에 대한 인간의 이야기인지도 모르겠다.

스스로 제물이 되는 사람들

문명을 학습하는 사람들은 과학의 부흥을 독특한 현상으로 본다. 하지만 가장 신성한 것은 고대의 자연이다. 자연은 숭배의 대상이자 신비를 간직한 미지의 세계다. 자연은 또 어머니다. 제아무리 문명을 발전시켜도 결코 풀지 못할 잉태의 신비를 안은 어머니다.

오늘날 대기 중에서 독소가 증가하는 경향이 포착되었다. 독소는 국경을 가로질러 지구 전역으로 바람을 타고 날아간다. 모두 인간이 만들어낸 것이다. 이것은 과거 역사를 휩쓸었던 소용돌이처럼 현대 세계에 대한 상징이자 하나의 징후에 불과하다. 모두 과학기술 혁명에서 비롯된 일이다.

과학기술 혁명은 사회 환경의 변화를 가져오고, 살아가는 방식에 변화를 주고, 관습과 윤리의식의 변화를 초래한다. 이제 인간은 깨어 있는 대부분의 시간을 기계와 함께 보낸다. 거의 모든 신경을 빼앗긴 채 과거 어느 때보다도 홀로 있지 못 한다. 모든 관심을 외부로만 투사하는 인간은 그러나 더 이상 '인간적'이지 않다. 인간의 자유도 더 이상 안전하지 않다.

앞날을 내다보거나 통찰력을 얻고자 하는 사람은 자신의 무리에서 떨어져 황야에서 살아야 한다. 수행 능력이 있는 사람이라면 분명한 메시지를 안고 돌아올 것이다. 통찰력을 얻었거나 불가사의한 것을 보았을 테고, 앞날에 닥칠 자연의 계획을 알아냈을지도 모른다.

문명의 이기에 깔려 신음하고, 죽음으로 가는 길의 선두에 서고 싶지 않다면, 욕심을 줄이고 황야로 나가보라. 그것이 어렵다면 최소한의 교류만 허락되는 산골로 가라. 자신이 만들어낸 괴물 앞에서 희생양으로 전락한 프랑켄슈타인 박사가 되고 싶지 않다면!

인간은 자연의 주인이 아니다

3억 5천만 년 전, 데본기의 한 말라가던 연못에서 시작된다. 물고기가 야음을 틈타 뭍으로 걸어 올라왔다. 1억 년 전, 지구상에 꽃이 출현하여 단조로운 녹색의 세계를 화려한 유채색으로 탈바꿈시킨 시기와 5천만 년 전 공룡이 물러간 초원에는 햇빛이 가득했다.

빙하기의 어떤 시점에 특이하게도 '두뇌'를 발전시킨 종이 있었다. 각각의 종은 나름의 독특한 상황에 적응하기 위해 '우연적인 선택'을 했고, 그 종은 모두 제각기 독특한 역사의 산물이다.

인간은 자연 세계에서 특별한 지위를 주장할 어떠한 근거도 갖고 있지 못 하다. 인간의 경우 특이하게도 신체의 발전이 두뇌의 발전에 종속된다. 아이슬리는 "인간의 진화를 지배하는 기제는 개체들 간의 생존투쟁이 아니라 상징적 의사소통을 통한 사회적 두뇌의 창출이다."라고 말한다. 이로써 인간은 꿈꾸는 동물로 정의되었다.

지금 우리 인간에게 필요한 것은 빙하와 호랑이와 곰을 물리쳤던 예전의 사람들보다 훨씬 더 온화하고 더 관대한 성품이다. 도끼를 휘두르던 과거의 손이 지금은 맹목적인 집착으로 기관총을 쓰다듬는다. 버려야 할 습성을 여전히 간직하고 있는 것이다.

생명과 자연의 신비는 모든 진화적 사실의 의미를 넘어선다. 인간이 제 아무리 투시력을 갖춘다 해도 자연의 상상력을 넘어설 수는 없다. 물 한 방울 속에 담긴 생명의 마법을 감지하는 하는 것은 정글 같은 도시에서 생존경쟁에 지친 사람들에게 꼭 필요한 상상력이다. 그런 능력은 자연에게서만 배울 수 있다.

부록

농사는 생활이다

농사란 무엇일까?

먹을거리를 만드는 것인가, 땅을 경작하는 것일까? 당대의 사유 체계를 엿보게 해주는 언어를 매개로 살펴보자. 농農은 한자어로 '별을 노래한다'는 뜻이다. 영어로는 agriculture, 즉 땅을 경작한다는 의미이다. 흔히 "인류의 문명은 농사와 동시에 시작되었다."고 말한다. 이것은 서양식 개념이다.

서양은 땅을 경작하는 인간에게 중심을 두었다. 이에 비해 동양에서는 하늘을 보면서 땅을 경작하고 생활하는 삶에 초점을 둔다. 동양의 농사란 천지인天地人의 삼위일체라고 볼 수 있다. 그러니까 '하늘을 우러러 땅의 기운을 빌어 사람이 행하는 것'이 농사다.

하지만 하늘과 땅의 기운을 빌어 사람이 '먹을 것'만 생산하는 행위를 농사라고 단정하기는 어렵다. 생명 활동의 근간이 음식임에는 틀림없지만 의衣와 주住 역시 자연으로부터 우리를 보호한다. 결국 농사는 사람이 존재하기 위한 모든 활동의 총칭이다. 생활문화적 관점에서 보면 그렇다.

국가에서 농사를 바라보는 관점은 조금 다르다. 국가 정책이나 교육 시설을 살펴보면 알 수 있다. 농수산식품부와 원예·농업 관련 학과에서는 농사의 산업적 측면을 중시한다. 그래서 농업 기술 측면을 강조하고, 생활문화로서 접근하지 못한다. 농사를 생활문화적 관점에서 바라보면 자본주의와 어우러질 수 없다는 것을 알기 때문이다.

나는 농사의 의미를 좀 더 확장해야 한다고 생각한다. 협의의 경작 활동만이 아니라 생활문화까지 포함하는 관점으로. 그 가운데는 물론 우리가 살고 있는 사회에 대한 정확한 깨달음도 포함된다. 귀농을 하거나 귀촌을 하는 사람들도 마찬가지다. 삶의 방식이 달라진다는 것은 단순히 경제 활동의 방법을 바꾸는 데서 그치는 게 아니다. 사유의 전환, 생활의 변화가 없다면 도시에서 월급쟁이로 살건 귀촌해서 농부로 살건 매한가지 아닐까?

예로부터 농사는 생활문화 전반을 일컬었다. 땅을 경작해서 얻는 것, 자연을 통해 얻는 모든 것이 우리 생활양식의 재료들이었기 때문이다. 선조들의 농생활 문화를 잘 정리한 것이 '농가월령가'이다. 농가월령가는 우리에게 '진짜 농부'들이 어떻게 절기에 따라 파종하고 수확했는지, 어떤 식으로 농사지었는지, 어떻게 알뜰하고 흥겹게 삶을 꾸려갔는지 보여준다.

정학유의 '농가월령가'를 중심으로 선조들의 농살림 지혜를 배워 보자.

들어가는 노래

어와 내 말 듣소 농업이 어떠한고 일 년 내내 힘들지만 그 가운데 즐거움 있네

위로 나라를 받들고 아래로 부모를 봉양하니 형제 처자 혼인 장례 먹고 쓰고 하는 것

을 농사 짓지 아니하면 돈 감당 누가할까

예로부터 이른 말이 농업이 근본이라 배 부려 일을 삼고 말 부려 장사하기

전당 잡고 돈 꿔주기 장날에 이자 놓기 술장사 떡장사며 주막차리고 가게 보기

아직은 잘살지만 한 번을 실수하면 거지 빚쟁이 살던 곳 남은 자취도 없다

농사는 믿는 것이 내 몸에 달렸느니 계절도 가고 오고 농사도 풍흉 있어

홍수 가뭄 바람 우박 없기야 하랴마는 열심히 힘을 쏟아 온 가족이 한마음 되면

아무리 흉년이라도 굶어 죽지 않으리니 내 고향 내가 지키고 떠날 뜻 두지 마소

하늘은 너그러워 화를 냄도 잠깐이로다 자세도 헤아려 십 년을 내다보면

칠분은 풍년이요 삼분은 흉년이라 갖가지 생각 말고 농업에 오로지 하소

하소정 빈풍시를 성인이 지었는데 이 뜻을 본받아서 대강을 기록하니

이 글을 자세히 보아 힘쓰기를 바라노라

정월령

1월은 초봄이라 입춘, 우수의 절기로다. 산 속 골짜기에는 얼음과 눈이 남아 있으나, 넓은 들과 벌판에는 경치가 변하기 시작하도다.

어와, 우리 임금님께서 백성을 사랑하고 농사를 중히 여기시어, 농사를 권장하시는 말씀을 방방곡곡에 알리시니, 슬프다 농부들이여, 아무리 무지하다고 한들 네 자신의 이해관계를 제쳐 놓고라도 임금님의 뜻을 어기겠느냐? 밭과 논을 반반씩 균형 있게 힘대로 하오리다. 일 년의 풍년과 흉년을 예측 하지는 못한다 해도, 사람의 힘을 다 쏟으면 자연의 재앙을 면하나니, 제 각각 서로 권면하여 게을리 굴지 마라.

일 년의 계획은 봄에 하는 것이니 모든 일을 미리 하라. 만약 봄에 때를 놓치면 해를 미칠 때까지 일이 낭패 되네. 농지를 다스리고 농우를 잘 보살펴서, 재거름을 재워 놓고 한편으로 실어 내어, 보리밭에 오줌 주기를 세전보다 힘써 하소. 늙으니 운이 없어 힘든 일은 못 하여도, 낮이면 이엉을 엮고 밤이면 새끼 꼬아, 때맞추어 지붕을 이니 큰 근심을 덜었도다. 과일 나무 보굿을 벗겨 내고 가지 사이에 돌 끼우기, 정월 초하룻날

날이 밝기 전에 시험 삼아 하여보고, 며느리는 잊지 말고 송국주를 걸러라. 온갖 꽃이 만발할 봄에 화전을 안주 삼아 한번 취해 보자.

정월 대보름날 달을 보아 그 해의 홍수와 가뭄을 안다 하니, 농사짓는 노인의 경험이라 대강은 짐작하네. 정월 초하룻날 세배하는 것은 인정이 두터운 풍속이라. 새 옷을 떨쳐 입고 친척과 이웃을 서로 찾아 남녀노소 아이들까지 몇 사람씩 떼를 지어 다닐 적에, 설빔 새 옷이 와삭버석거리고 울긋불긋 하여 빛깔이 화려하다.

남자는 연을 띄우고 여자애들은 널을 뛰고, 윷을 놀아 내기하니 소년들의 놀이로다. 설날 사당에 인사를 드리니 떡국과 술과 과일이 제물이로다. 움파와 미나리를 무쌈에다 곁들이면, 보기에 새롭고 싱싱하니 오신채를 부러워하겠는가? 보름날 약밥을 지어 먹고 차례를 지내는 것은 신라 때의 풍속이라. 지난해에 캐어 말린 산나물을 삶아서 무쳐 내니 고기맛과 바꾸겠는가? 귀 밝으라고 마시는 약술이며, 부스럼 삭으라고 먹는 생밤이라. 먼저 불러서 더위 팔기와 달맞이 햇불 켜기는, 옛날부터 전해오는 풍속이요 아이들 놀이로다. 설날 사당에 인사를 드리니 떡국과 술과 과일이 제물이로다. 움파와 미나리를 무쌈에다 곁들이면, 보기에 새롭고, 싱싱하니 오신채를 부러워하겠는가?

2월의 노래

따뜻한 동풍이 불어오고 꾀꼬리가 울고, 얼음이 녹고 물고기가 얼음 위로 올라온다. 바야흐로 봄이 시작되는 입춘立春 절기다. 2월 4일경의 입춘 절기에는 농기구를 정비하고 종자를 갈무리 한다.소가 쟁기질 할 때는 소의 상태를 점검했다. 두 번째 중요한 것은 거름을 준비해야 한다.

나무를 태우는 구들장이 있었을 당시에는 재거름을 걷어 놓은 것을 똥오줌과 잘 비며 놓았다. 옛날에는 재만큼 중요한 것은 없었다. 재는 살균작용이 있고 칼륨(K)영양도 많아 일상적으로 사용했다. 재는 주방에서는 놋쇠 그릇을 닦는 세정제로서 사용했고, 잿물을 받아 머리와 몸을 씻기도 했다.

잿물의 원리를 그대로 화학적으로 만들어낸 양잿물이 들어와서 세정제로 정착해가면서 구들장의 재를 사용하는 것이 줄어들기 시작했다. 잿물과는 달리 양잿물은 자살용으로도 많이 사용한 바, 서양에서 들어온 것들은 살림보다 죽임을 전제로 하는 것이 많은 것 같다.

재는 농사의 거름으로 매우 긴요했다. 지금은 헛간용 생태뒷간을 만들어 재통을 놓으면 된다. 발판 두 개를 놓고 그 위에서 변을 보는 방식의 부춧돌 식 뒷간을 만들어 똥 누고 재를 뿌린 뒤 밀개로 밀어낸다. 문제는 여성의 경우다. 오줌이 같이 나오기 때문이다. 그것을 분리하려면 바가지를 앞에 대고 있으면 된다. 앞에 약간 아래로 골을 만들어서 호스를 이용하여 바깥에 빼내는 방식도 좋다.

생태뒷간은 간단하게 해결된다. 밭에 가서 구덩이 파서 통변하고 나서 흙을 덮어도 된다. 사람도 없는데, 보는 이도 없는데 그냥 누면 된다. 바람이 부니까 춥다고 하지만 옛날에 한 겨울에도 엉덩이를 드러내곤 하였다. 인도사람들은 길바닥에서 변을 보는 경우를 시골에 가면 보게 된다.

마을버스가 지나가도 아랑곳하지 않는다. 얼굴만 가리면 된다. 간단하게 사는 방법이 많다. 그래서 재거름·낙엽·가지·깍지 등을 버리지 않고 모아서 거름 만든다. 겨울 보리밭에 오줌 주기를 힘써 하는 것이 누이 좋고 매부 좋을 일이 된다.

노인들 힘이 부쳐 힘든 일 못 하여도 낮에는 이엉 엮고 밤에는 새끼 꼰다. 산촌에서는 이엉은 칡넝쿨로 했다. 칡넝쿨로 섬유도 만들었다. 누룩도 준비해 둔다. 봄에 온갖 꽃이 피어나면 꽃밭에서 취한다.

남자 아이들은 연 날리기, 널뛰기, 윷놀이를 한다. 산나물 삶아 내서 밥상에 올린다. 귀 밝히는 약술이며 부스럼 삭히는 생밤을 먹는다. 더위팔기, 달맞이 횃불 놓기는 아이들 놀이다. 메주 안 만들었으면 빨리 메주 만들고, 우수절 끝 무렵에 얼음이 풀리면 봄보리를 파종한다.

이월령

이월은 한봄이라 경칩 춘분 절기로다 초엿샛날 좀생이로 풍흉을 안다 하며

스무날 날씨 보아 대강은 짐작하니 반갑다 봄바람이 변함 없이 문을 여니

말랐던 풀뿌리는 힘차게 싹이 트고 개구리 우는 곳에 논물이 흐르도다

멧비둘기 보라나니 버들빛 새로와라 보습 쟁기 차려 놓고 봄갈이 하여 보자

기름진 밭 가리어서 봄보리 많이 심고 목화밭 되갈아 두고 제때를 기다리소

담배 모종과 잇꽃 심기 이를수록 좋으리라 뒷동산 나무 다듬으니 이익이구나

첫째는 과일나무요 둘째는 뽕나무라 뿌리를 다치지 말고 비오는 날 심으리라

솔가지 찍어다가 울타리 새로 하고 담장도 손을 보고 개천도 쳐올리소

안팎에 쌓인 검불 말끔히 쓸어 내어 불 놓아 재 받으면 거름을 보태려니

온갖 가축 못다 기르나 소 말 닭 개 기르리라 씨암탉 두세 마리 알 안겨 깨어 보자

산채는 일렀으니 들나물 캐어 먹세 고들빼기 씀바귀며 소루쟁이 물쑥이라

달래김치 냉잇국은 입맛을 돋구나니 본초강목 참고하여 약재를 캐오리라

창백출 당귀 천궁 시호 방풍 산약 택사 낱낱이 적어 놓고 때 맞추어 캐어 두소

촌 집에 거리낌 없이 값진 약 쓰겠느냐

3월의 노래

　말랐던 풀뿌리는 힘차게 싹이 트고, 복숭아 꽃이 피고 나비가 날면 개구리
가 동면에서 깨어나고 논물이 흐르는 경칩절이다. 경칩은 날짜로 3월 6일경이

다. 경칩이 지나면서 얼음이 풀리면서 땅이 한껏 부풀어 오른다. 실제 눈으로 볼 수 있다. 경칩절부터 부지런히 밭갈이를 한다. 재거름을 한 뒤 봄보리 많이 심고 목화밭 갈아 둔다.

봄보리 파종할 때, 이후 콩 사이짓기를 하려면 봄보리 사이에 수수, 들깨, 삼 등의 씨를 모래흙과 더불어 섞어서 희박하게 뿌리고 쇠스랑으로 동시에 흙을 덮어준다. 이들 여러 종자가 먼저 자라게 되면 콩의 종자를 사이지시로 뿌리는 것이 편하다.

벚꽃·목련·개나리가 피기 시작한다. 낮과 밤의 길이가 같고 이후로 해가 길어지는 춘분 절에는 창포·쪽·오디씨·산초·종이를 만드는 닥나무를 파종한다. 남부지방에는 메기장도 한다. 빗자루를 만드는 댑싸리 감기약에 좋은 차조기 등도 파종한다. 삼과 홍화를 파종하는데 거름을 많이 넣어주면 줄수록 좋다.

담배를 심는 곳에는 이 때 모종내기를 하는데 담배 종자를 오줌에 잘 섞어 질소와 영양분을 충분히 먹인 뒤에 한다. 호박이나 파·가지·상추·부추 등 찬거리들을 파종한다. 춘분에 날씨가 추우면 보리 수확량이 줄어든다. 가을비는 쓸데없어도 봄비는 많을수록 좋다. 비가 올 때, 과일나무와 뽕나무 등 잡목을 심는다. 과일나무는 보름 전에 심는 것이 좋고, 보름 이후에 심으면 열매가 적게 나온다. 오곡에도 그렇게 적용된다고 말한다. 묵은 밭일수록 기장·조·목화·메밀을 재배하는 것이 좋다.

솔가지 꺾어다가 울타리 새로 하고 담장도 손을 보고 개천도 쳐올린다. 안팎에 쌓인 검불 말끔히 쓸어 내어 불 놓아 재 받으면 거름에 보탠다. 메주를 햇볕에 말리고 마르면 장을 담근다. 밭에는 먹을 것이 없지만 산과 들에는 고들빼기 씀바귀며 소리쟁이·물쑥·달래·냉이 등이 지천인지라 캐어다 봄나물 한가득 찬을 만든다.

겨울을 지낸 나물을 부지런히 뜯어 밥상에 올리면 그것이 산삼보다 귀한 몸에 필요한 봄의 약재다. 밭을 일구지 않으면 밭에도 잡초들이 지천이다. 밭을 갈지 않으면 산과 들에 나가지 않고서도 텃밭에서 나오는 봄나물을 밭에서 실컷 먹을 수 있다.

삼월령

3월은 늦봄이니 청명 곡우 절기로다 봄날이 따뜻해져 만물이 생동하니

온갖 꽃 피어 나고 새소리 갖가지라 대청 앞 쌍제비는 옛집을 찾아오고

꽃밭에 범나비는 분주히 날고 기니 벌레도 때를 만나 즐거워함이 사랑홉다

한식날 성묘하니 백양나무 새 잎 난다 우로 느껴 슬퍼함을 술 과일로 펴오리라

농부의 힘드는 일 가래질 첫째로다 점심밥 잘 차려 때 맞추어 배 불리소

일꾼의 집안식구 따라와 같이 먹세 농촌의 두터운 인심 곡식을 아낄소냐

물꼬를 깊이 치고 도랑 밟아 물을 막고 한편에 모판하고 그 나머지 삶이 하니

날마다 두세 번씩 부지런히 살펴보소

약한 싹 세워낼 때 어린아이 보호하듯 농사 가운데 논농사를 아무렇게나 못하리라

개울가 밭에 기장 조요 산 밭에 콩 팥이로다

들깨모종 일찍 뿌리고 삼농사도 오리라

좋은 씨 가리어서 품종을 바꾸시오 보리밭 갈아 놓고 못논을 만들어 두소

들 농사 하는 틈에 채소 농사 아니할까 울 밑에 호박이요 처맛가에 박 심으고

담 근처에 동과 심어 막대 세워 올려 보세

무 배추 아욱 상치 고추 가지 파 마늘을 하나하나 나누어서 빈 땅 없이 심어 놓고

갯버들 베어다가 개바자 둘러막아 닭 개를 막아 주면 자연히 잘 자라리

오이밭은 따로 하여 거름을 많이 하소 시골집 여름 반찬 이밖에 또 있는가

뽕 눈을 살펴보니 누에 날 때 되었구나 어와 부녀들아 누에 치기에 온 힘 쏟으소

잠실을 깨끗이 하고 모든 도구 준비하니 다래끼 칼 도마며 채광주리 달밭이라

각별히 조심하여 내음새 없이 하소

한식 앞뒤 삼사 일에 과일나무 접하나니 단행 이행 울릉도며 문배 참배 능금 사과

엇접 피접 도마접에 행차접이 잘 사느니 청다래 정릉매는 늙은 고루터기에 접을 붙여

농사를 마친 뒤에 분에 올려 들여놓고 눈 바람 추운 날씨 봄빛을 홀로보니 실용은 아

니지만 고고한 취미로다 집집이 요긴한 일 장 담그기 행사로세

소금을 미리 받아 법대로 담그리라 고추장 두부장도 맛맛으로 갖추 하소

앞산에 비가 개니 살진 나물 캐오리라 삽주 두릅 고사리며 고비 도랏 어아리를 일부는

엮어 달고 일부는 무쳐 먹세 떨어진 꽃잎 쓸고 앉아 병 술을 즐길 때에 아내가 준비한

일품 안주 이것이로구나.

4월의 노래

청명이 되면 진달래가 피고, 강남 갔던 제비가 돌아오고 기러기는 북으로 날아간다. 제비가 처마 안쪽으로 집을 지으면 흉년이 든다는 속담이 있다. 제비는 기후에 민감하여 제비집이 거칠면 토양습도가 많다는 뜻으로 풍년이 예측되고, 집을 안쪽에 지으면 그 해 바람이 많고 날씨가 안 좋을 것을 예상하는 것이다.

산과 들에는 복숭아꽃 진달래가 핀다. 소리쟁이가 쑥쑥 자라고, 냉이와 민들레 꽃다지들이 눈에 띈다. 작은 쑥들이 나오고, 고들빼기가 눈에 자주 띄고, 황새냉이·말냉이·다닥냉이들이 지천이다. 환삼덩굴 싹이 밭 가장자리에 삐죽이 올라온다.

모란이 피고, 산철쭉과 유채꽃이 피면 곡우절기다. 곡우 절기에는 비 올 때

가 많다. 곡우에 비가 오면 풍년이 든다는 속담도 있다. 이때는 올조(올이란 일찍 심는 것을 말한다)와 올기장을 파종한다. 보리밭 김매기를 한다. 물꼬를 깊이 치고 도랑 밟아 물을 막고 한편에 모판하고 그 나머지 논 만든다.

개울가 밭에 기장 조, 산밭에 콩·팥·들깨모종 내고 삼농사도 한다. 삼 농사는 대마농사를 말한다. 대마는 조선시대의 우리의 자원이기에 살림에서는 빼놓을 수가 없었다. 들농사 하는 틈에 채소 농사도 부지런히 한다.

울 밑에 호박 심고, 처맛가에 박 심고, 담 근처에 동과를 심어 지지대 세워 올린다. 무·배추·아욱·상치·고추·가지·파·마늘을 하나하나 나누어 빈 땅 없이 심어 놓고 갯버들 베어다가 밭 울타리로 만들어 닭과 개를 들어오지 못하도록 한다.

오이 밭은 따로 하여 거름을 많이 하고, 그 옆에 결명자도 심고, 청수세미·토란·목화 등을 심는다. 마른 밭에 목화 종자를 사이짓기로 참깨를 파종한다. 왜냐하면 거름을 많이 주기 때문이다.

율무는 낮고 습한 땅에 파종한다. 뽕잎이 나오면 누에치기에 힘써야 한다. 현재는 먹을거리만 생각하지만 의생활에 눈을 돌려야 한다. 석유는 더 이상 대량의 옷을 만들어주지 못하기 때문이다.

집집마다 장을 담근다. 삽주·두릅·고사리·고비·도라지·으아리 등 먹고 남은 것들은 엮어 달아 말린다. 각종 꽃잎으로 술 담그고 남으면 말려서 먹는다. 산에서 산 사람을 채취를 해야지 뭔 농사를 지을 생각을 하는가. 예전에는 다락 논에 벼를 재배했다. 산에서 쌀을 먹지 않고도 산다. 산에서는 수렵과 채취를 하면서 살겠다. 고사리는 산불 난 곳에서 난다. 그래서 불이 난 곳에도 먹을 것이 있다.

사월령

4월이라 초여름이 되니 입하 소만의 절기로다. 비 온 끝에 햇볕이 나니 날씨도 화창하다. 떡갈나무 잎이 피어날 때에 뻐꾹새가 자주 울고, 보리 이삭이 패어 나니 꾀꼬리가 노래한다

농사나 누에 치는 일이 이제 막 한창이다. 남녀 노소가 농사일에 바빠서 집에 있을 틈이 없어, 고요한 가운데 사립문이 녹음 속에 닫혀 있도다. 목화를 많이 심소, 길쌈의 기본이 되는 것이다. 수수나 동부, 녹두, 참깨 밭에 간작을 적게 하소. 떡갈나무를 꺾어 거름을 만들 때 풀을 베어 섞어 하소, 무논을 써레질하여 이른 모를 심어 보세.

추수 때까지 먹을 양식이 부족하니 환자를 얻어 보태리라. 한 잠 자고 일어난 누에에게 하루에도 열두 차례의 밥을 밤낮을 가리지 않고 부지런히 먹이리라.

뽕잎 따는 아이들아, 후일을 잘 보살펴서, 오래 묵은 나무는 가지를 찍어 버리고 햇잎은 잘 제쳐서 따소.

찔레꽃이 만발하는 계절이 되었으니 적은 가뭄이 없겠는가.

이 때를 당해서 내가 할 일을 생각하소. 도랑을 만들어 물길을 내고 비가 새는 곳은 지붕을 고쳐서, 비 오는 것에 대비하면 뒷근심이 더 없다네.

봄에 짠 무명을 이 때 표백하고, 삼베와 모시로 형편에 따라 여름 옷을 지어 두소. 벌통에 새끼를 치니 새 통에 분가를 시키리라. 천만 마리의 벌이 한 마음으로 왕벌을 옹위하니, 꿀을 먹기도 하겠지만 임금과 신하의 도리를 깨닫게 되도다. 사월 초파일에 등불을 켜 놓는 일이 산골 마을에서 긴요한 것은 아니나, 느티떡과 콩찌니는 계절에 맞는 별미로다.

앞 시내에 물이 줄었으니 물고기를 잡아 보세. 낮이 길고 바람이 잔잔하니 오늘 놀이 잘 되겠다. 맑은 시냇물이 흐르는 백사장을 굽이굽이 찾아가니, 늦게 핀 연꽃에는 봄빛

240

이 아직도 남아 있구나.

그물을 둘러치고 싱싱한 물고기를 잡아 내어, 편평한 바위에 솥을 걸고 솟구쳐 끓여 내니, 팔진미나 오후청이라도 이 맛에 비길 수가 있겠느냐.

5월의 노래

죽순이 나오고 지렁이가 나오고 청개구리가 울면 여름 기운이 일어서는 입하 절기다. 아카시아꽃이 피고 이팝나무꽃이 핀다. 들깨를 파종하고 지금까지 못 심은 것들 모두 심는다. 비 온 끝에 볕이 나니 날씨도 좋다. 이 절기에 이르면 농사도 한창이고 누에치기 바쁘다. 누에가 이미 많이 번식하였기 때문에 뽕잎을 부지런히 따서 먹인다. 뽕 딸 때 뒷날을 생각하여 오랜 가지 따고 햇잎은 둔다. 남녀노소 일이 바빠 집에 있을 틈이 없다. 방적의 근본인 면화를 많이 한다. 목화는 이제 막 싹이 트는데 만약 냉해를 입어서 말라서 스러져버렸다고 하더라도 갈아엎어서는 안된다. 김매기를 하면서 목화의 뿌리를 북돋아주면 살아날 수 있기 때문이다. 조와 목화는 자연 재앙에도 살아남는다. 동부·녹두·참깨·들깨는 사이짓기 한다. 이엉 재료로 쓰이는 갈대를 꺾어 거름할 때 풀 베어 섞어 쓴다. 베·모시 등 시간 나는 대로 여름옷을 지어 둔다. 벌통에 새끼 나니 새 통에 받는다. 냇가가 있던 시골 마을에는 어린 남자들이 투망으로 물고기를 잡는다. 여름에는 여뀌를 개울에 뿌려 물고기의 움직임을 둔화시켜 잡곤 하였다. 개울가 물고기는 남녀노소 어우러진 놀이터에다 먹을거리 나오는 곳이었다. 잡은 물고기를 편편한 돌에 솥을 걸쳐 장작불로 끓여 먹으니 계절에 산해진미가 이보다 더 좋을 수가 있겠나.

오월령

오월이라 한여름되니 망종 하지 절기로다

남쪽 바람 때 맞추어 보리 추수 재촉하니 보리밭 누른 빛이 밤 사이 나겠구나.

문 앞에 터를 닦고 보리밭 터를 닦고 보리 타작 하오리라

드는 낫 베어다가 한 단 두 단 헤쳐 놓고

도리깨 마주 서서 흥을 내어 두드리니 불고 쓴 듯하던 집안 갑자기 벅적인다

가마니에 남는 곡식 이제 곧 바닥이더니 중간에 이 곡식으로 입에 풀칠 하겠구나

이 곡식 아니라면 여름 농사 어찌할까 천심을 생각하니 은혜도 끝이 없다

목동은 놀지 말고 농우를 보살펴라 뜨물에 꼴 먹이고 이슬풀 자주 뜯겨 그루갈이 모
심기 제 힘을 빌리리라

보릿짚 말리우고 솔가지 많이 쌓아 땔나무 준비하여 장마 걱정 없이 하소

누에 치기 마칠 때에 사나이 힘을 빌어 누에섶도 하려니와 고치나무 장만하소

고치를 따오리라 맑은 날 가리어서 발 위에 엷게 널고 되약 볕에 말리우니

쌀고치 무리고치 누른 고치 흰 고치를 하나하나 나누어서 조금은 씨로 두고

그 나머지 켜 오리라. 자매를 차려 두고 왕채에 올려 내니 눈 같은 실오리기

사랑스런 자애소리 금슬을 고르는 듯 여자들 적공을 들여 이 재미 보는구나

오월 오일 단오날에 빛깔이 산뜻하고 새롭다 오이밭에 첫물 따니 이슬이 젖었으며

앵두 익어 붉은 빛이 아침 볕에 눈부시다 목 맺힌 영계소리 연습 삼아 자주 운다

시골 아녀자들아 그네는 뛴다 해도 청홍 치마 창포 비녀 좋은 시절 허송 마라

노는 틈틈이 할 일이 약쑥이나 베어 두소

하느님 느그러워 뭉게뭉게 구름 지어 때 미쳐 오는 비를 뉘 능히 막을소냐

처음에 부슬부슬 먼지를 적신 뒤에 밤 되어 오는 소리 주룩주룩 하는 구나

관솔불 둘러앉아 내일 일 마련할 때 뒷 논은 뉘 심고 앞밭은 뉘가 갈고

도롱이 접사리며 삿갓은 몇 벌인고 모찌기 자네 하고 논삶이 내가 함세

들햇모 담뱃모는 머슴아이 맡아 내고 가짓모 고춧모는 아기딸이 하려니와

맨드라미 봉숭아로 너무 즐거워 하지 마라

아기 어멈 방아 찧어 들바라지 점심하소

보리밥 찬국에 고추장 상치쌈을 식구들 헤아리니 넉넉히 준비하소

새참 때 문을 나서니 개울에 물 넘는다 농부가로 답을 하니 격양가 아니런가

6월의 노래

메밀이 익는다. 망종·하지 절기로 한 여름이다. 양파·마늘·보리·밀이 누렇게 익어 추수해야 한다. 파종하지 않는 곡식 파종도 해야 한다. 손님이 이때 찾아오면 보는 체하지 말아야 한다.

보리 추수는 낫으로 베어다가 한 단 두 단 헤쳐 놓고 도리깨 마주 서서 흥을 내어 두드려서 타작하기도 한다. 보리 뒷그루로 콩과 팥을 하고, 그 다음에 기장이나 조를 한다.

목화밭 김매기, 담배모종 옮겨심기를 한다. 녹두는 땅을 비옥하게 하므로 척박한 땅에 녹두를 심고 갈아엎어 녹비로 사용한다. 가뭄에도 잘 견딘다. 들깨모종 옮겨 심는데 재거름 넣으면 무성해진다.

늦벼를 옮겨 심는다. 죽순을 베어 쪄서 말려 1년 내내 먹는다. 요즘에야 급속 냉동을 시키기도 하지만. 참깨와 여름 무와 차조기를 심는다. 파와 배추, 무 등 채종한 씨는 잘 말려서 다음해에 심는다.

가마니에 남는 곡식이 바닥이지만 이 절기에 수확한 곡식으로 곡기를 채운다. 보릿짚 말리우고 솔가지 많이 쌓아 땔나무 준비하여 장마 대비한다. 오이밭에 첫물을 따고, 앵두 익어 붉은 빛이 아침볕에 눈부신다.

사과 배나무는 지형과 기후를 가리지만 앵두나 살구나무, 자두나무는 집 마당에 심는다. 가지치기를(전지)를 하면서 스트레스를 주면 열매가 잘 맺힌다. 스트레스 군이 주지 말자. 돈이 안 되니 요즘 없어지는 나무들이다.

산초는 약이고 양념이다. 차로도 쓰인다. 없어지는 나무들을 울타리처럼 심으면 된다. 탱자나무도 심고. 탱자나무는 식초도 만든다. 노는 틈틈이 할 일이 약쑥이나 베어 둔다.

가족이나 일꾼들 모여 관솔불 둘러앉아 내일 일 의논한다. 뒷논은 누가 심고 앞밭은 뉘가 갈고, 도롱이 접사리며 삿갓은 몇 벌인지 헤아리고 모찌기·논삶이·들깨·담배·가지·고추 모종은 누가 심는지 역할 배분한다.

아낙네 방아 찧어 새참 점심하고 추수한 보리밥 찬국에 고추장·상추쌈을 넉넉히 준비한다.

유월령

유월이라 늦여름 되니 소서 대서 절기로다 큰 비도 때로 오고 더위도 극심하다
초록이 무성하니 파리 모기 모여들고 땅 위에 물 고이니 참개구리 소리 난다
봄보리 밀 귀리를 차례로 베어 내고 늦은 콩 팥 조 기장을 베기 전에 심어 놓아
땅힘을 쉬지 말고 알뜰히 이용하소 젊은이 하는 일이 김매기뿐이로다
논 밭을 번갈아 삼사차 돌려 맬 때 그 가운데 목화밭은 더욱 힘을 써야 하니
틈틈이 나물밭도 김매 주고 잘 가꾸소 집터 울밑 돌아가며 잡풀을 없게 하소
날 새면 호미 들고 긴긴 해 쉴 틈 없이 땀 흘려 흙이 젖고 숨 막히고 맥 빠진 듯
때마침 점심밥이 반갑고 신기하가 정자나무 그늘 밑에 앉을 자리 정한 뒤에
점심 그릇 열어 놓고 보리 단술 먼저 먹세 반찬이야 있고 없고 주린 창자 채운 뒤에

맑은 바람 배부르니 낮잠이 맛있구나 농부야 근심 마라 수고하는 값이 있네

오조 이삭 푸른 콩이 어느 사이 익었구나 이로 보아 집장하면 양식 걱정 오랠소냐

해진 뒤 돌아올 때 노래 끝에 웃음이라 자욱한 저녁 내는 산촌에 잠겨 있고

달빛은 아스라이 발길을 비추누나 늙은이 하는 일 아주 없다 하겠느냐

아침 일찍 오이 따기 뙤약 볕에 보리 널기 그늘에서 누역 만들기 창문 앞에 줄 꼬기라

하다가 고달프면 목침 베고 허리 피고 북쪽 바람 잠이 드니 좋은 세월이로구나

잠 깨어 바라보니 급한 비 지나가고 먼 나무에 쓰르라미 해지기를 재촉한다

할머니가 하는 일은 여러 가지 못 되지만 묵은 솜 들고 앉아 알뜰히 피어 내니

장마 때의 심심풀이 낮잠 자기 잊었도다 삼복은 속절이요 유두는 좋은 날이라

원두밭에 참외 따고 밀갈아 국수하여 사당에 올린 다음 모두 모여 즐겨 보세

아녀자 헤피 마라 밀기울 한데 모아 누룩을 만들어라 유두 누룩 치느니라

호박나물 가지김치 풋고추 양념하고 옥수수 새 맛으로 일 없는 사람 먹어 보소

장독을 살펴보아 제 맛을 잃지 마소 맑은 장 따로 모아 익는 대로 떠내어라

비 오면 꼭 덮고 아가리를 깨끗이 하고 이웃 마을 힘을 모아 삼 구덩이 파보세

삼대를 베어 묶어 익게 쪄 벗기리라 고운 삼 길쌈하고 굵은 삼 밧줄 꼬고

촌집에 중요하기는 곡식에 버금가네 산 밭 메밀 먼저 갈고 갯가 밭 나중 가소

7월의 노래

더운 바람이 불고 연꽃이 핀다. 아직 모를 내지 못한 논에 빨리 모를 낸다. 소서, 7월 23일 대서 절기에는 큰 비도 오고 더위도 극심하다.

소서가 되면 사마귀가 나오고 매미가 울기 시작한다. 봄보리·밀·귀리를 차례로 베어내고, 늦은 콩·팥·조·기장을 베기 전에 심어 놓아 땅심을 쉬지 말고 알뜰히 이용한다.

젊은이들은 김매기를 한다. 논밭을 번갈아 3~4차 돌려 맬 때 가운데의 목

화밭에는 더욱 힘을 써야 하니, 틈틈이 나물밭도 김을 매주고 잘 가꾼다. 집 터 울밑 돌아가며 잡풀을 없앤다.

산초를 수확하고 삼을 벤다. 녹두를 심는다. 늦오이와 순무를 심는다. 실파를 심는다. 차조기 수확하고 배추를 파종한다.

날 새면 호미 들고 나가 긴긴 낮 동안 쉴 틈 없이 땀 흘린다. 정자나무 그늘 밑에 앉을 자리 정한 뒤에 점심 그릇 열어 놓고 보리단술 먹는다. 아침 일찍 오이 따기, 뙤약볕에 보리 널기. 하다가 고달프면 목침 베고 허리 피고 북쪽 바람 잠이 드니 노인들 좋은 세월이다.

원두밭에 참외 따고 밀 갈아 국수하여 사당에 올린 다음 모두 모여 즐긴다. 초보 농사꾼은 낮에는 쉬는 시간이다. 뙤약볕에서 안 쉬면 일사병 걸린다. 아녀자들은 밀기울 한데 모아 누룩을 만들고, 유두 누룩 친다. 장독을 살펴보아 제 맛을 잃지 않도록 한다.

맑은 장 따로 모아 익는 대로 떠낸다. 지금이야 유리뚜껑이 있어서 그런 일은 없다. 비 오면 꼭 덮고 아가리를 깨끗이 하고 이웃 마을 힘을 모아 삼 구덩이 파보자. 삼대를 베어 묶어 익게 쪄 벗기리라. 이때는 혼자 하지 못한다. 마을 공동체에서 하는 일이다.

삼 농사는 여러 사람이 같이 살면서 하는 일이다. 고운 삼 길쌈하고, 굵은 삼 밧줄 꼬고, 촌집에 요긴키는 곡식에 버금간다. 올기장과 올조 수확한다.

메밀을 파종한다. 아니면 녹두 파종하고 무성하면 갈아엎고 가을보리 파종하면 보리수확을 하면 좋다.

봄보리 베기 전에 하지 전에 늦은 콩, 팥, 조, 기장을 사이짓기로 심는다. 예전에는 녹두를 먹는 것만이 아니라 토지를 비옥하게 하는 녹비작물로도 사용했다.

칠월령

칠월이라 한여름 되니 입추 처서 절기로다 화성은 서쪽으로 가고 미성은 하늘 복판이라

늦더위 있다 해도 계절을 속일소냐 빗줄기 가늘어지고 바람도 다르구나

가지 위의 저 매미 무엇으로 배를 불려 공중에 맑은 소리 다투어 자랑하는가

칠석에 견우 직녀 흘린 눈물 비가 되어 섞인 비 지나가고 오동잎 떨어질 때

눈썹 같은 초승달은 서쪽 하늘에 걸리고 슬프다 농부들아 우리 일 다해 가네

얼마나 남았으며 어떻게 되어 갈까 마음을 놓지 마소 아직도 멀고 멀다

꼴 거두어 김매기 벼 포기에 피 고르기 낫 갈아 두렁 깎기 선산에 벌초하기

거름을 많이 베어 더미 지어 모아 놓고 이른 논에 새 보기와 이른 밭은 허수아비

밭가에 길도 닦고 덮인 흙도 쳐올리소 기름지고 연한 밭에 거름하고 깊게 갈아

김장할 무 배추 남 먼저 심어 놓고 가시 울 미리 막아 잃지 않게 하여 두소

부녀들도 생각 있어 앞일을 헤아리고 베짱이 우는 소리 자네를 위함이라

저 소리 깨쳐 듣고 정신을 가다듬어

장마를 겪었으니 집안을 돌아보아 곡식도 바람 쐬고 옷가지 말리시오

명주 조각 어서 뭉쳐 춥기 전에 짜아 내고 늙으신 어른 기운 빠져 환절기를 조심하고

가을이 가까우니 입는 옷 살피시오 빨래하여 바래고 풀 먹여 다듬을 때

달빛 다듬이 소리소리마다 바쁜 마음 부녀자 힘들지만 한편으론 재미있다

채소 과일 흔할 때에 뒷날을 생각하여 박 호박 얇게 썰어 말리고 오이 가지 짜게 절여

겨울에 먹어 보소 귀한 반찬 또 있을까 면화밭 자주 살펴 일찍 익은 목화 피었는가

가꾸기도 하려니와 거두기도 달렸느니

8월의 노래

시원한 바람이 불고 쓰르라미가 운다. 칠월이라 이른 가을되니 8월 7일 입추, 8월 23일 처서 절기다. 처서 절기에는 목화꽃이 핀다. 벼 이삭도 여문다.

메밀 파종하고 삼밭에 무 파종한다. 메밀은 입추 전후 씨를 조밀하게 뿌린다. 순무도 파종한다. 생강·겨자 파종한다.

목화밭 김메기를 한다. 올벼를 수확한다. 늦더위 있다 해도 계절을 속이지 못 한다. 빗줄기 가늘어지고 바람도 다르다. 꼴 거두어 김매기 벼 포기에 피 고르기 낫 갈아 두렁 깎기 선산에 벌초하기.

거름을 많이 베어 더미 지어 모아 놓고 이른 논에 새 보기와 이른 밭은 허수아비 기름지고 연한 밭에 거름하고 깊게 갈아 김장할 무·배추 남 먼저 심어 놓고, 가시 울 미리 막아 잃지 않게 한다.

누에를 위한 뽕잎 채취하는데 사람을 위한 것이다. 응달에 말려 가루내서 먹는다. 혈액순환과 중풍 예방에 좋다. 참깨 수확하기 시작한다. 거꾸로 세워 두고 나중에 턴다.

산초·차조기·오이 수학하고 쑥도 베어 말린다. 부추를 갈라 심는다. 채소 밭을 간다. 부녀들도 생각 있어 앞일을 헤아리고 베짱이 우는 소리 자네를 위함이라. 저 소리 깨처 듣고 정신을 가다듬어 장마를 겪었으니 집안을 돌아보아 곡식도 바람 쐬고 옷가지 말리고 명주 조각 어서 뭉쳐 줍기 전에 자아내고 늙으신 어른 기운 빠져 환절기를 조심하고 가을이 가까우니 입는 옷 살핀다.

빨래하여 바래이고 풀 먹여 다듬을 때 달빛 아래 다듬이 소리 소리마다 바쁘다. 부녀자 힘들지만 한편으론 재미있다. 채소 과일 흔할 때에 뒷날을 생각하여 박·호박 얇게 썰어 말리고 오이·가지 짜게 절여 겨울에 먹고 귀한 반찬 또 있을까 이때부터 겨울 준비를 한다.

낮에 하는 일은 이런 잎을 따서 말린다. 묵나물을 만든다. 낮에는 뒤적이는 일을 한다. 아주까리 나물도 이 때 데쳐서 말린다. 그냥 말리면 부스러지니까 데쳐서 말리면 잘 말려진다. 고구마 쪄서 말려 간식으로 한다.

팔월령

팔월이라 중추가 되니 백로 추분이 있는 절기로다. 북두칠성의 국자 모양의 자루가 돌아 서쪽을 가리키니, 서늘한 아침 저녁 기운은 가을의 기분이 완연하다. 귀뚜라미 맑은 소리가 벽 사이에서 들리는구나. 아침에 안개가 끼고 밤이면 이슬이 내려, 온갖 곡식을 여물게 하고, 만물의 결실을 재촉하니, 들 구경을 돌아보니 힘들여 일한 공이 나타나는구나. 온갖 곡식의 이삭이 나오고 곡식의 알이 들어 고개를 숙여, 서풍에 익는 빛은 누런 구름이 이는 듯하다.

눈같이 흰 목화송이, 산호같이 아름다운 고추 열매, 지붕에 널었으니 가을 볕이 맑고 밝다. 안팎의 마당을 닦아 놓고 발채와 옹구를 마련하소. 목화 따는 다래끼에 수수 이삭과 콩가지도 담고, 나무꾼 돌아올 때 머루 다래와 같은 산과일도 따오리라. 뒷동산의 밤과 대추에 아이들은 신이난다. 알밤을 모아 말려서 필요한 때에 쓸 수 있게 하소.

명주를 끊어 내어 가을볕에 표백하고, 남빛과 빨강으로 물을 들이니 청홍이 색색이로구나. 부모님 연세가 많으니 수의를 미리 준비하고, 그 나머지는 마르고 재어서 자녀의 혼수하세

지붕 위의 익은 박은 긴요한 그릇이라. 대싸리로 비를 만들어 타작할 때 쓰리라. 참깨들깨를 수확한 후에 다소 이른 벼를 타작하고 담배나 녹두 등을 팔아서 아쉬운 대로 돈을 만들어라. 장 구경도 하려니와 흥정할 것 잊지 마소. 북어쾌와 젓조기를 사다가 추석 명절을 쇠어 보세. 햅쌀로 만든 술과 송편, 박나물과 토란국을 조상께 제사를 지내고 이웃집이 서로 나누어 먹세

며느리가 휴가를 얻어 친정에 근친 갈 때에, 개를 잡아 삶아 건지고 떡고리와 술병을 함께 보낸다. 초록색 장옷과 남빛 치마로 몸을 꾸미고 다시 보니, 농사 짓기에 지친 얼굴이 원기가 회복되었느냐. 추석날 밝은 달 아래 기를 펴고 놀다 오소

금년에 할 일을 다 못 했지만 내년 계획을 세우리라. 풀을 베고 더운가리하여 밀과 보리를 심어 보세. 끝까지 다 익지 못했어도 급한 대로 걷고 가시오. 사람의 일만 그런 것이 아니라 자연 현상도 마찬가지이니, 잠시도 쉴 사이가 없이 마치면서 다시 새로운 것이 시작되도다

9월의 노래

한가을이다. 9월 7일에 백로에는 제비가 강남으로 날아가고, 풀에 이슬이 맺힌다. 9월 23일에 추분에는 벌레가 땅 속으로 들어가기 시작한다. 여름 뇌우가 끝난다. 이때 김장배추를 파종한다.

아침저녁으로 서늘하니 가을이 완연하다. 귀뚜라미 맑은 소리 벽 사이로 들린다. 부들 베어서 잘게 갈아 말린다. 떡갈나무 잡초가지 잘라서 우리에 넣어둔다.

아침에 안개 끼고 밤이면 이슬 내려 백곡은 열매 맺고 만물 결실 재촉하니 들 구경 돌아보니 힘들인 보람 나타난다. 백곡은 이삭 패고 무르익어 고개 숙이니 서쪽 바람에 익는 빛이 누런 구름 일어난다.

백설 같은 면화송이 산호 같은 고추송이 처마에 널었으니 가을 볕 명랑하다. 안팎 마당 닦아 놓고 발채 망태기 장만하고 면화 따는 다래끼에 수수 이삭 콩 가지 나무꾼 돌아올 때 머루 다래 산과일이다.

뒷동산 밤 대추는 아이들 차지다. 아름 모아 말려 철 되면 쓴다. 명주를 끊어 내어 가을 햇볕에 널어 말리고 쪽 들이고 잇들이니 울긋불긋 하다. 부모님 나이 드시니 수의를 준비하고 나머지는 말려 놓고 자녀의 혼수감 준비한다.

집 위의 익은 박은 긴요한 그릇이라.

댑싸리 비를 매어 마당질에 쓴다. 댑싸리는 어린 나물로도 먹는다. 붉은 댑싸리도 있다. 큰 댑싸리 짧은 댑싸리 등이 있다. 참깨 들깨 거둔 뒤에 올벼 타작하고, 담배 녹두 팔아다가 필요한 돈 마련하자. 가을 밀 파종을 준비, 한로 전까지 한다.

구월령

구월이라 늦가을이니 한로 상강 절기로다 제비는 돌아가고 떼기러기 언제 왔느냐
창공에 우는 소리 찬 이슬 재촉한다 온 산 단풍은 연지를 물들이고
울 밑 노란 국화 가을 빛깔 뽐낸다 구구절 좋은 날 꽃부침개로 제사 지내세
절기를 따라가며 조상 은혜 잊지 마소 보기는 좋지만은 추수가 더 급하다
들마당 집마당에 개상에 탯돌이라 습한 논은 베어 깔고 마른 논은 메 두드려
오늘은 점근벼요 내일은 사발벼라 밀따리 대추벼와 동트기 경상벼라
들에는 조 피 더미 집 근처 콩 팥 가리 벼 타작 마친 뒤에 틈 나면 두드리세
비단조차 이부꾸리 매눈이콩 황부대를 이삭으로 먼저 잘라 종자로 따로 두소
젊은이는 태질이요 계집 사람 낫질이라 아이는 소 몰고 늙은이는 섬 싸매기
이웃집 힘을 합쳐 제 일 하듯 하는 것이 뒷목 줍기 짚 널기와 마당 끝에 키질하기
한쪽에서 면화 트니 씨아 소리 요란하다 틀 차려 기름짜기 이웃끼리 합력하세
등유도 하려니와 음식도 맛이 나네
밤에는 방아 찧어 밥쌀을 장만할 때 찬서리 긴긴 밤에 우는 아기 돌아볼까
타작 점심 차려 내니 닭국 배갈 없을소냐 새우젓 계란찌게 벌어지게 차려 놓고
배춧국 무나물에 고춧잎 장아찌라 큰 가마로 지은 밥이 태반이나 모자란다

추수하여 흔할 때에 나그네도 대접하니 한동네 이웃하여 한들에 농사하니

수고도 나눠 하고 없는 것도 서로 도와 이때를 만났으니 즐기기도 같이 하세

아무리 바쁘지만 일하는 소 보살펴라 조피대에 살을 찌워 제 공을 갚을지라

10월의 노래

늦가을이며 서리가 내린다. 10월 8일 한로에는 귀뚜라미가 운다. 기러기가 날아오고 국화꽃이 핀다. 10월 23일 상강 절기에는 서리가 내린다.

상강은 꼭 기억해야 한다. 잎사귀들이 죽는 시기이기 때문이다. 이때 묵나물을 만든다. 칡 넝쿨 베어 밧줄을 만든다. 삼 껍질과 같아 습기에 잘 견딘다.

닥나무도 잎 떨어지면 베어내서 삶고 껍질을 벗겨낸다. 들에는 조와 피 더미, 집 근처엔 콩과 팥, 가리. 벼 타작 마친 뒤에 틈나면 두드린다.

썩은 콩대 남겨서 토란과 산약을 심는 데 쓴다. 산초·수유·마늘과 겨자를 심는다. 비단차조 이부꾸리 매눈이콩 황부대를 이삭으로 먼저 잘라 종자로 따로 둔다. 젊은이는 타작하고 계집사람 낫질하고, 아이는 소 몰고 노인은 섬 싸매기. 이웃집 힘을 합쳐 제 일 하듯 하는 것이 뒷목추기 짚 널기와 마당 끝에 키질하기. 한쪽에서 면화틀기 씨앗 소리 요란하다.

틀 차려 기름 짜기 이웃끼리 협력한다. 등유도 하려니와 음식도 맛이 나네. 밤에는 방아 찧어 밥쌀을 장만하고, 황계 백주 점심하고 새우젓 계란찌개 상찬으로 차려 놓고 배춧국 무나물에 고춧잎 장아찌라.

큰 가마로 지은 밥이 태반이나 모자란다. 추수하여 흔할 때에 나그네도 대접하니 한동네 이웃하여 농사하니 수고도 나눠 하고 없는 것도 서로 도와 때를 만났으니 즐기기도 같이 한다.

아무리 바쁘지만 일하는 소 보살피고, 조와 피대 잘 삶아 먹여 살을 찌워 일 년 농사 열심히 지은 공을 갚는다.

닥나무 잎이 떨어지면 베어내서 삶고 껍질을 벗겨내서 종이를 만든다. 닥나무 줄기 가운데 커다란 것은 울타리를 만드는 데에도 적당하다. 가느다란 것은 길쌈할 때 사용하는 뱁대(베를 짤 때 낚이 서로 붙지 못하게 하느라고 사이에 가로지르는 막대를 가리킨다)로 사용할 수 있다.

시월령

시월은 초겨울이니 입동 소설 절기로다 나뭇잎 떨어지고 고니 소리 높이 난다

들거라 아이들아 농사일 끝났구나 남의 일 생각하여 집안 일 먼저 하세

무 배추 캐어 들여 김장을 하오리라 앞 냇물에 깨끗이 씻어 소금 간 맞게 하소

고추 마늘 생강 파에 조기 김치 장아찌라 독 옆에 중두리요 바탱이 항아리라

양지에 움막 짓고 짚에 싸 깊이 묻고 장다리 무 아람 한 말 수월찮게 간수하소

방고래 청소하고 바람벽 매흙 바르기 창호도 발라 놓고 쥐구멍도 막으리라

수숫대로 울타리 치고 외양간에 거적 치고 깍짓동 묶어 세우고 땔나무 쌓아 두소

우리 집 부녀들아 겨울옷 지었느냐 술 빚고 떡하여라 강신날 가까웠다

꿀 꺾어 단자하고 메밀 찧어 국수 하소 소 잡고 돼지 잡으니 음식이 널렸구나

들 마당에 천막 치고 동네 사람 모여 앉아 노소 차례 틀릴세라 남녀 분별 따로 하소

풍물패 불러오니 광대가 줄무지라 북 치고 피리 부니 솜씨가 제법이구나

이풍헌 김첨지는 잔소리 끝에 취해 쓰러지고 최권농 강약정은 체괄이 춤을 춘다

잔 들어 올릴 때에 동장님 높이 앉아 잔 받고 하는 말씀 자세히 들어 보소

어와 오늘 놀음 이 놀음 뉘 덕인가 하늘 은혜 그지없고 임금 은혜 끝이 없다

다행히 풍년 만나 굶주림을 벗어났구나 향약은 아니라도 마을 규약 없을소냐

효제 충신 대강 알아 도리를 잃지 마소

사람의 자식 되어 부모 은혜 모를소냐 자식을 길러 보면 그제야 깨달으리

온갖 고생 길러 내어 결혼을 시켰는데 제 혼자만 생각하여 부모 봉양 잊을소냐

기운이 없어지면 바라느니 젊은이라 옷 음식 잠자리를 정성껏 살펴 드려

어쩌다가 병 나실까 밤낮으로 잊지 마소 섭섭한 마음으로 걱정을 하실 때에

삐죽거려 대답 말고 좋은 얼굴 하여 보소 들어온 지어미는 남편의 행동 보아

그대로 따라 하니 보는 데 조심하소 형제는 한 기운이 두 몸에 나뉘었으니

귀중하고 사랑함이 부모의 다음이라 간격 없이 합치고 네 것 내 것 따지지 마소

남남끼리 모인 동서 틈나서 하는 말을 귀에 담아 듣지 마소 자연히 따르리니

몸가짐에 먼저 할 일 공손함이 첫째이니 내 부모만 공경하고 남의 어른 다를소냐

말씀을 조심하여 인사를 잃지 마소 하물며 위아래 도리 높낮음이 분명하다

내 도리 다하면 잘못 짓지 않으리니 임금의 백성되어 은덕으로 살아가니

거미 같은 우리 백성 무엇으로 갚아 볼까 갚아야 될 환곡이 그 무엇 많다 할꼬

기한 전에 바쳐야 사람 구실 한 것이라 하물며 전답 세금 토지따라 나눠 내니

생산량을 생각하면 십일세도 못 되나니 그러나 굶주리면 재해로 줄여 주니

이런 일 잘 알면 세금 내기 거부할까

한 동네 몇 집에 여러 성씨 모여 사니 서로 믿지 아니하면 화목할 수 없으니

결혼을 서로 돕고 장례를 보살피며 어려울 때 도와 주고 필요할 때 꾸어 주어

나보다 잘 사는 이 욕심 내어 시비 말고 그중에도 외로운 이 특별히 구휼하소

정해진 자기 복 억지로 못 바꾸니 자네들 분수 알고 내 말을 잊지 마소

이대로 살아가면 딴 생각 아니 나리 주색잡기 하는 사람 처음부터 그랬을까

우연히 잘 못 들어 한 번 하고 두 번 하면 마음이 방탕하여 그칠 줄 모르나니

자네들 조심하여 적은 허물 짓지 마소

11월의 노래

이른 겨울이니 11월 7일 입동에 땅이 얼기 시작한다. 금잔화가 향기롭다. 북풍에 낙엽 지는 11월 23일 소설 절기다.

입동에는 메주 만든다. 억새풀 베어 이엉을 만든다. 볏짚보다 좋다. 멀칭하는 데 사용하기도 하는 것이다.

땅을 파서 저장고를 만든다. 콩과 팥 씨를 받는다. 우슬(쇠무릎)을 거둔다. 곡식 종자를 받는다. 이제 농사일도 끝났다.

남은 일 생각하여 집안 일 먼저 한다. 무·배추 캐어 들여 김장을 하고 앞 냇물에 깨끗이 씻어 소금 간 맞게 한다. 고추·마늘·생강·파에 조기·김치·장아찌라 독에 넣는다.

양지에 움막 짓고 짚에 싸 깊이 묻고 장다리 무 아람 한 말 수월찮게 간수한다. 방고래 청소하고 바람벽 매흙질 창호도 발라 놓고 쥐구멍도 막는다. 수숫대로 울타리 치고 외양간에 거적 치고 깍짓동 묶어세우고 땔나무 쌓아둔다. 우리 집 부녀들아 겨울옷 지었느냐 술 빚고 떡 한다.

꿀 꺾어 단자하고 메밀 찧어 국수 한다.

소 잡고 돼지 잡으니 음식이 널렸다.

십일월령

십일월은 한겨울이라 대설 동지 절기로다 바람 불고 서리 치고 눈 오고 얼음 언다
가을에 거둔 곡식 얼마나 되었던가 몇 섬은 환곡 갚고 몇 섬은 세금 내고
얼마는 제사 지내고 얼마는 씨앗 하고 도지도 되어 내고 품값도 갚으리라
꾼 돈 꾼 벼를 낱낱이 갚고 나니 많은 듯하던 것이 남은 것 거의 없다

그러한들 어찌할꼬 양식이나 아껴 보자 콩기름 우거지로 죽이라도 다행이다

여자들아 네 할일이 메주 쑬 일 남았구나 익게 삶고 매우 찧어 띄워서 재워 두소

동지는 좋은 날이라 양(陽)이 생기기 시작하는구나 특별히 팥죽 쑤어 이웃과 즐기리라

새 달력 널리 펴니 내년 절기 어떠한가

해 짧아 덧이 없고 밤 길기 지리하다 공채 사채 다 갚으니 관리 면임 아니 온다

사립문 닫았으니 초가집이 한가하다 짧은 해 저녁되니 자연히 틈 없나니

등잔불 긴긴 밤에 길쌈을 힘써 하소 베틀 곁에 물레 놓고 틀고 타고 잣고 짜네

자란 아이 글 배우고 어린아이 노는 소리 여러 소리 재잘거림이 집안이 재미구나

늙은이 일 없으니 돗자리나 매어 보세 외양간 살펴보아 여물을 가끔 주소

짚 넣어 만든 두엄 자주 쳐야 모이나니

12월의 노래

땔나무 솜을 준비한다. 한겨울이라. 12월 17일 대설, 노루의 뿔이 빠진다는 12월 22일 동지 절기다. 눈 속에서 보리가 나고 밤이 가장 길다. 이 절기에는 수확하고 쉬는 시기다.

대설이나 그 즈음에 수확한 것을 장에 가서 소금과 거래한다. 장 담그려고 소금과 교환하는 것이다. 소금은 3~4년 묵혀 사용한다. 옛날에는 몇 년을 내다보고 살았다.

바람 불고 서리치고 눈 오고 얼음 언다. 울타리 붙들어 세운다. 여자들은 메주 쑬 일 남았다. 익게 삶고 매우 찧어 띄워서 둔다.

동지는 좋은 날이라 양陽이 생기기 시작한다. 특별히 팥죽 쑤어 이웃과 즐긴다. 새 달력 널리 펴니 내년 절기 어떤가. 사립문 닫았으니 초가집이 한가하다. 짧은 해 저녁 되니 자연히 틈 없나니 등잔불 긴긴 밤에 길쌈을 힘써 한다.

베틀 곁에 물레 놓고 틀고 타고 잣고 짠다. 자란 아이 글 배우고 어린아이

노는 소리 여러 소리 재잘거림에 집안이 재밌다.

　늙은이 일 없으니 돗자리나 매어보고 외양간 살펴 여물을 가끔 준다. 짚 넣어 만든 두엄 자주 쳐야 모인다.

십이월령

십이월은 늦겨울이라 소한 대한 절기로다 눈 덮힌 산봉우리 해 저문 빛이로다

새해 전에 남은 날이 얼마나 걸렸는가 집안 여인들은 새 옷을 장만하고

무명 명주 끊어 내어 온갖 색깔 들여 내니 짙은 빨강 보라 옅은 노랑 파랑 짙은 초록 옥색이라

한편으로 다듬으며 한편으로 지어 내니 상자에도 가득하고 횃대에도 걸었도다

입을 것 그만하고 음식장만 하오리라 떡쌀은 몇 말이며 술쌀은 몇 말인고

콩 갈아 두부하고 메밀쌀 만두 빚소 설날 고기는 계에서 나오고 북어는 장에 가서

남평일에 덫을 물어 잡은 꿩 몇 마린가 아이들 그물 쳐서 참새도 지져 먹세

깨 강정 콩 강정에 곶감 대추 생밤이라 술동이에 술 들이니 돌 틈에 샘물 소리

앞뒷집 떡 치는 소리 예서 제서 들리네 새 등잔 세발 심지 불을 켜고 새울 때에

윗방 봉당 부엌까지 곳곳이 떠들썩하다 초롱불 오락가락 묵은 세배 하는구나

1월의 노래

　늦겨울이라 1월 6일 소한, 1월 21일 대한 절기다. 이때는 놀고 먹는다. 농부는 살이 찌는 계절이다. 새해 전에 남은 날이 얼마나 걸렸는가? 집안 여인들은 새 옷을 장만하고 무명 명주 끊어 내어 한편으로 다듬으며 한편으로 지어 내니, 상자에도 가득하고 횃대에도 걸었다. 입을 것 그만하고 음식도 장만한

다. 떡쌀, 술쌀은 몇 말 하고 콩 갈아 두부하고 메밀쌀 만두 빚는다. 설날 고기는 계에서 나오고 북어는 장에 사서 납평일에 덫을 묻어 꿩을 잡는다. 아이들 그물 쳐서 참새도 지져 먹는다. 12월에는 술과 초를 만들어 먹는다. 깨강정·콩강정에 곶감·대추·생밤. 술동이에 술 들이고 돌 틈에 샘물 소리 앞뒷집 떡 치는 소리. 새 등잔 세발 심지 불을 켜니 초롱불 오락가락한다.

맺는노래

농사는 일 년 내내 힘들지만 그 가운데 즐거움이 있다.

집안 식구 관혼상제, 먹고 쓰고 하는 것을 농사짓지 아니하면 어떻게 감당할까?

예로부터 "농업이 근본이다."고 했다.

농사는 내 몸을 믿는 일이라서 계절이 바뀌고, 풍흉이 있어도, 홍수·가뭄·바람·우박 있어도 걱정할 게 없다.

열심히 힘을 쏟아 온 가족이 한마음 되면 흉년이 들어도 굶어 죽지 않는다.

하늘은 너그럽다. 화를 내도 잠깐뿐이다.

긴 안목으로 십 년을 내다보면 칠 분은 풍년이요 삼 분은 흉년이다.

흉한 것이 30%밖에 안 되니 나머지는 풍년으로 행복하다.

조금 더 듣기2_복원이 필요한 식물 이야기

▪대마▪

재배가 금지된 대마는 우리에게 수의를 만드는 삼베로 잘 알려져 있다. 삼 베인 대마는 삼과로 온대지방과 열대지방에서 3~5미터까지 자라며 주로 섬 유를 목적으로 재배했다. 삼베는 자연섬유 중에서 섬유질이 가장 긴 섬유로 면사(絲)보다도 섬유의 강도가 10배정도 강해서 직물용 이외에 로프, 그물 또는 하절기의 모기장 용으로 사용되고 있다.

항균 작용이 있어 시신의 뼈가 땅속에서도 썩지 않게 하므로 수의로 사용 했으며, 이 외에도 행주나 생선을 건조할 때, 된장이나 고추장 항아리 안을 덮는 것으로 삼베포를 이용했다. 이런 일상적인 이용 외에도 대마를 민간 의 약품과 식용으로 이용하였다. 빠른 성장으로 인해 대마줄기와 대마종자 그리 고 대마잎을 이용하는 것 외에 사용하고 남은 것을 땔감으로 사용하기도 했 다. 대마는 버릴 것이 없는 식물이다. 전국 어디에서나 재배되었고 섬유를 만 들 때는 마을 사람들이 함께 모여 벗기고 찌는 수공과정을 거쳤다. 이렇게 만 든 섬유로 여성들은 베를 짰다.

▪석유문명을 대체할 자원▪

대마는 성장속도가 빨라 90일 정도면 3~4미터로 자라서 일 년에 두 번 경 작이 가능하다. 또한 많은 엽록소를 가지고 있어 다량의 산소를 배출하고, 이 산화탄소를 흡수하는 활발한 탄소동화작용으로 지구 환경개선에 기여한다. 또한 대마는 우리에게 의복, 식량 그리고 주거할 수 있는 원료를 제공해 준다.

석유문명은 끝난 뒤 우리가 자급해야 할 시점에서 대마는 우리가 주목해야 할 자원이며, 지금 당장 탄소배출량으로 인해 기후변화를 절감시킬 수 있는 식물이기도 하다. 이러한 다양한 기능, 즉 대량생산 체제를 만들어낸 석유산업에 의해 밀려나고 불법화된 대마는 석유문명이 끝나가는 시점에서 다시 찾아와야 할 우리의 식물이다. 특히 자급에 필요한 자연자원에서 제일 우선적으로 복원시켜야 할 자원이다.

■대마 종이■

대마의 줄기로 종이와 분해가능한 프라스틱까지 만들어 낼 수 있다. 종이는 같은 면적에서 재배할 수 있는 나무에서 만들어내는 것의 네 배를 생산할 수가 있다.

■대마 씨앗과 줄기■

대마는 식용으로도 쓸모가 크다. 씨앗에는 콩과 같은 정도의 단백질이 포함되어 있어 소화도 잘되며 필수아미노산과 지방산도 포함된 이상적인 영양식이다. 지방산 중에서 오메가3과 6은 인간의 건강에 많은 효능을 가진 것으로 알려져 있다. 이런 지방산은 사람의 세포 성장 및 재생에 도움을 줄 뿐만 아니라 심장혈관 건강을 개선하는 데 기여한다.

대마에는 항균 성분이 있어 항생물질, 항우울제, 진통제, 두통약 등 의료용으로 연구되고 있으며, 아토피성 피부염에도 효과가 있는 것으로 알려졌다.

■인피섬유의 용도■

우리나라에서는 한복감으로 오래 전부터 사용되었으며 현재는 여름철 중의 적삼, 침대시트, 이불, 요 특히 수의복으로 많이 유용되고 있다.

대마 섬유는 항균, 항독을 함유하고 있어 잡균의 서식이나 근접을 막아주는 특성이 있으며, 수분 흡수력, 통기성이 타 섬유에 비해 월등하다. 또한 농약에 오염된 면보다 피부에 좋다.

다른 섬유에 비해 단위 +면적당 생산량도 면의 서 너 배나 되므로 유용성도 입증된 셈이다.

■ 모시 ■

모시는 섬세하고 우아하며 섬유 자체의 열전도가 좋아서 여름철 한복감으로 많이 이용된다. 모시 역시 섬유를 분쇄해 가늘고 고운 실을 생산할 수 있어서 합성 섬유와 혼방하여 의복 재료로 많이 쓴다.

충남 서천군에서는 한산 세모시라 해서 지금도 많이 재배하는데, 이는 방적사가 아닌 수공으로 섬유를 만들어 한산 모시를 제작하고 서천군에서는 한산 모시관을 개관하여 여름철 여자 한복을 판매하고 있다.

■ 닥나무와 닥풀 ■

일면 닥나무라고 불리며 오래 전부터 우리나라에서 한지를 만들 때 사용한 인피성 식물이다. 야생닥나무는 잔가지가 많고 두께가 균일하지 않으므로 1년 단위로 재배하여 수확하는 재배닥나무 줄기를 주로 이용한다.

가을에 수확한 닥나무의 줄기에서 작은 가지를 제거하고, 적당한 길이로 절단한 것을 다발로 묶어 솥에 넣어 찐 다음 껍질을 벗겨서 말린다. 이 껍질을 흑피黑皮라고 하며, 이것의 겉껍질을 벗겨낸 것을 백피白皮라고 한다. 백피로 만드는 방법은 흑피를 물에 담가 부드럽게 한 다음 칼로 겉껍질을 벗겨서 말리면 된다.

종이를 제조할 때는 백피를 물에 담가 불린 다음, 뚜껑이 없는 솥에 넣고 소다회·수산화나트륨을 첨가해서 분리해서 이물질을 제거해야 한다(고대에는 증해제로 나무를 태운 재를 사용했으며, 근래에도 나트륨 대신 칼슘을 쓰는 예가 있다).

유질의 채취에 있어서 닥나무 껍질로부터 섬유질이 잘 분리되도록 하기 위해 건조 닥껍질을 가성소다 수용액(10% 정도) 탕에 적당량 넣고 2~3시간 정도 가열하여 삶아 내는 공정을 자숙煮熟 또는 증자蒸煮라고 한다.

한지 제조 시 닥나무 백피를 사용한 펄프화 공정은 전통적인 방법으로 닥방망이로 40~50분 정도 두들겨서 닥 섬유를 찧는다. 섬유를 풀어주는 해섬 과정으로 고해叩解라고 한다. 증해된 백피는 흐르는 물에 담가 표백시키거나, 직접 표백 약품을 사용하여 표백시켜서 육안으로 볼 수 있는 이물질을 다시 제거한 다음 고해한다. 고해는 백피를 절구통 속에 넣고 찧거나 넓은 돌이나 나무판 위에 놓고 방망이로 두들겨서 한다.

고해한 원료를 초지함으로 옮겨 물로 희석시킨 다음 흔히 말하는 닥풀의 뿌리에서 채취한 식물성 점액과 삼출액을 첨가하면 종이의 재료가 된다. 한지 제조에서 양지에 비하여 독특한 것은 닥풀을 사용하는 일이다.

■뽕나무■

옛날 마을 뒷산 언저리에는 뽕나무밭이 있었다. 뽕나무는 하나도 버릴 것이 없다. 뽕잎은 누에를 기르는 데 이용하고, 오디는 날것으로 먹거나 오디술, 오디식초를 담가 먹는다. 또한 어린가지를 '상지'라 하여 신경통 치료에 사용하고, 잎을 '상엽'이라 하여 해열제로, 열매를 '상감자'라 하여 강장제, 발모촉진제, 빈혈 예방에 사용하였으며, 뿌리껍질을 '상백피'라 하여 이뇨제와 고혈압 치료제로 이용한다.

비단을 얻기 위한 누에 먹이로서, 양잠을 하고 나면 번데기를 먹게 되는 식용으로서, 뽕 열매를 과일로 이용하고 식초나 술의 재료로 그리고 뽕 전체를 약재로 사용하는 것이니 자급에 꼭 필요한 식물이다. 버릴 게 하나도 없는 기특한 식물이다. 뽕 나무로 부엌문을 만들기도 하고, 나머지는 땔감으로도 사용하니 이보다 더 좋을 수 없을 것이다.

■오동나무■

옛날에는 집안에서 딸아이를 낳으면 오동나무를 심었다. 15년이 지나면 시집보낼 때 쓰는 장을 짤 수 있다. 길이 15미터 지름 1미터에 달하는 오동나무는 한국에서만 나는 특산물이다. "오동나무로 만든 악기는 천 년을 묵어도 자기 곡조를 간직하고, 매화는 일생을 추워도 그 향을 팔지 않는다. 달은 천 번을 이지러져도 본바탕이 변치 않으며, 버드나무 가지는 백 번 꺾여도 새 가지가 돋아난다."는 한시처럼 오동나무로 악기·옷장·평상 등을 만드는 것은 오동나무의 변하지 않는 단단함 때문이다.

■목화■

전통적인 양식의 집에는 늘 웃풍이 있어 이불을 두껍고 무겁게 만들어 썼다. 위를 눌러 주어야 찬 공기가 이불 안으로 들어가지 않으니까. 그 이불을 만드는 게 바로 목화솜이다. 도시에서는 솜이불을 덮는 이가 거의 없다. 하지만 석유에너지가 끝나고 난방이 예전처럼 되지 않는 앞날을 생각한다면 미리 솜이불을 만들어두어야 할 것이다.

초가을 무렵 볼 수 있는 목화 열매 다래는 단맛이 농익어 시골 아이들의 좋은 군것질거리가 된다. 또 해소천식의 특효약으로도 사랑받았다. 그래서 민가에서는 어느 집이나 목화 몇 그루 정도를 길렀다. 목화로 만든 무명베는 이 땅의 옷 문화로 언젠가 다시 복원될 것이다.

| 찾아보기 |